陇上学人文存

LONGSHANG XUEREN WENCUN

陇上学人文存

范汉森　卷

范汉森 著　李君才　刘银军 编选

甘肃人民出版社

图书在版编目（ＣＩＰ）数据

陇上学人文存. 范汉森卷 / 范鹏，王福生总主编 ；
范汉森著 ；李君才，刘银军编选. -- 兰州 ：甘肃人民
出版社,2017.11
ISBN 978-7-226-05224-2

Ⅰ. ①陇… Ⅱ. ①范… ②王… ③范… ④李… ⑤刘
… Ⅲ. ①社会科学－文集②马克思主义哲学－文集③西方
哲学 － 文集 Ⅳ. ①C53②B0-0③B5-53

中国版本图书馆CIP数据核字(2017)第297613号

出 版 人：王永生
责任编辑：陈拥军
封面设计：王林强

陇上学人文存·范汉森卷

范鹏　王福生　总主编

范汉森　著　李君才　刘银军　编选
甘肃人民出版社出版发行
（730030　兰州市读者大道 568 号）
兰州新华印刷厂印刷
开本 890 毫米×1240 毫米　1/32　印张 10.5　　插页 7　字数 265 千
2017 年 12 月第 1 版　　2017 年 12 月第 1 次印刷
印数：1~1000
ISBN 978-7-226-05224-2　定价：60.00 元
（图书若有破损、缺页可随时与印厂联系）

《陇上学人文存》第三辑

编辑委员会

《陇上学人文存》第六辑

编辑委员会

名誉主任：林　铎
主　　任：陈　青
副 主 任：范　鹏　彭鸿嘉　王福生
委　　员：管钰年　王永生　朱智文　安文华
　　　　　马廷旭　王俊莲　王　琦　方忠义
　　　　　李树军

学术指导委员会

王希隆　王肃元　王洲塔　王晓兴　王嘉毅
田　澍　刘进军　伏俊琏　张先堂　陈晓龙
李朝东　郝树声　傅德印　程金城　蔡文浩

总 主 编：范　鹏　王福生
副总主编：马廷旭

编 辑 部 主 任：董积生　周小鹃
编辑部副主任：赵　敏　胡圣方
学 术 编 辑：丁宏武　丹　曲　王志鹏　艾买提
　　　　　　庆振轩　孙　强　李君才　李瑾瑜
　　　　　　汪受宽　郭国昌

总　序

陇者甘肃，历史悠久，文化醇厚。陇上学人，或生于斯长于斯的本地学者，或外来而其学术成就多产于甘肃者。学人是学术活动的主体，就《陇上学人文存》（以下简称《文存》）的选编范围而言，我们这里所说的学术主要指人文社会科学研究。《文存》精选中华人民共和国成立以来，甘肃人文社会科学领域成就卓著的专家学者的代表性著作，每人辑为一卷，或标时代之识，或为学问之精，或开风气之先，或补学科之白，均编者以为足以存当代而传后世之作。《文存》力求以此丛集荟萃的方式，全面立体地展示新中国为甘肃学术文化发展提供的良好环境和陇上学人不负新时代期望而为我国人文社会科学事业做出的新贡献，也力求呈现陇上学人所接续的先秦以来颇具地域特色的学根文脉。

陇原乃中华文明发祥地之一，人文学脉悠远隆盛，纯朴百姓崇文达理，文化氛围日渐浓厚，学术土壤积久而沃，在科学文化特别是人文学术领域的探索可远溯至伏羲时代，大地湾文化遗存、举世无双的甘肃彩陶、陇东早期周文化对农耕文明的贡献、秦先祖扫六合以统一中国，奠定了甘肃在中国文化史上始源性和奠基性的重要地位；汉唐盛世，甘肃作为中西交通的要道，内承中华主体文化熏陶，外接经中亚而来的异域文明，风云际会，相摩相荡，得天独厚而人才辈出，学术思想繁荣发达，为中华文明做出了重要贡献。

近代以来，甘肃相对于逐渐开放的东南沿海而言成为偏远之地，反而少受战乱影响，学术得以继续繁荣。抗日战争期间作为大后方，接纳了不少内地著名学府和学者，使陇上学术空前活跃。新中国成立之后，人文社会科学领域的专家学者更是为国家民族的新生而欢欣鼓舞，全力投入到祖国新的学术事业之中，取得了一大批重要的研究成果，涌现出众多知名专家，在历史、文献、文学、民族、考古、美学、宗教等领域的研究均居全国前列，影响广泛而深远。新中国成立之后，人文社会科学几次对当代学术具有重大影响的争鸣，不仅都有甘肃学者的声音，而且在美学三大学派（客观派、主观派、关系派）、史学"五朵金花"（史学在新中国成立之后重点研究的历史分期、土地制度史、农民战争史等五个方面的重点问题）等领域，陇上学人成为十分引人注目的代表性人物。改革开放以来，甘肃学者更是如鱼得水，继承并发扬了关陇学人既注重学理求索又崇尚经世致用的优良传统，形成了甘肃学者新的风范。宋代西北学者张载有言："为天地立心，为生民立命，为往圣继绝学，为万世开太平"，此乃中华学人贯通古今、一脉相承的文化使命，其本质正是发源于陇原的《易》之生生不已的刚健精神，《文存》乃此一精神在现代陇上得到了大力弘扬与传承的最佳证明。

《文存》启动于中华人民共和国成立六十周年之际，在选择入编对象时，我们首先注重了两个代表性：一是代表性的学者，二是代表性的成果，欲以此构成一部个案式的甘肃当代学术史，亦以此传先贤学术命脉，为后进立治学标杆。此议为我甘肃省社会科学院首倡，随之得到政界主要领导、学界精英与社会各界广泛认同与政府大力支持，此宏愿因此而得以付诸实施。

为保证选编的权威性，编委会专门成立了由十几位省内人文社会科学领域著名学者组成的专家指导委员会，并通过召开专题会议研讨、发放推荐表格和学术机构、个人举荐等多种方式确定入选者。为使读者对作者的学术成就、治学特色和重要贡献有比较准确和全面的了解，在出版社选配业务精良的责任编辑的同时，编委会为每一卷配备了一位学术编辑，负责选编并撰写前言。由于我院已经完成《甘肃省志·社会科学志》（古代至 1990 年卷，1990 至

2000 年卷）的编辑出版工作，为《文存》的选编提供了坚实的基础和基本依据，加之同行专家对这一时期甘肃人文社会科学发展的研究，使《文存》能够比较充分地反映同期内甘肃人文社会科学的基本状况。

我们的愿望是坚持十年，《文存》年出十卷，到 2019 年中华人民共和国成立七十周年之际达至百卷规模。若经努力此百卷终能完整问世，则从 1949 至 2009 年六十年间陇上学人以"人一之、我十之，人十之、我百之"的甘肃精神献身学术、追求真理的轨迹和脉络或可大体清晰。如此长卷宏图实为新中国六十年间甘肃人文社会科学全部成果的一个缩影，亦为此期间甘肃人文社会科学学术业绩的一次全面检阅，堪作后辈学者学习先贤的范本，是陇上学人献给祖国母亲的一份厚礼。此一理想若能实现，百卷巨著蔚为大观，《文存》和它所承载的学术精神必可存于当代，传之后世，陇上学人和学术亦可因此而无愧于我们所处的伟大时代，并有所报于生养我们的淳厚故土。

因我们眼界和学术水平的局限，选编过程中必定会出现未曾意料的问题，我们衷心期望读者能够及时教正，以使《文存》的后续选编工作日臻完善。

是为序。

2009 年 12 月 26 日

目　录

编选前言 ●●●●●●●●●●●●●●●●●●●●●●●●●● 李君才　刘银军

第一编　邓小平哲学思想研究

邓小平在新时期坚持

　　和发展了毛泽东哲学思想 ●●●●●●●●●●●●●●● 003

邓小平与生产力理论 ●●●●●●●●●●●●●●●●●●●●● 043

试论邓小平价值观的基本构架 ●●●●●●●●●●●●●●● 057

第二编　社会和谐论研究

"对立面协调、和谐"与矛盾的正确调处 ●●●●●●●●● 067

西部大开发中的若干矛盾关系 ●●●●●●●●●●●●●●● 076

第三编　市场经济理论中哲学问题研究

西方市场经济理论的哲学基础 ●●●●●●●●●●●●●●● 089

西方市场经济的实践与价值理论的重建 ●●●●●●●●● 099

第四编　社会文明论研究

论文明是人对自己本质的自觉 ●●●●●●●●●●●●●●● 111

积极地宣传和实行社会主义的人道主义 ●●●●●●●●● 121

中华民族是富有珍贵道德遗产的民族 ●●●●●●●●●●● 129

论责任制的道德意义 ………………………………………… 138

第五编　西方哲学研究

英国经验主义——关于认识发生的哲学 ………………… 151

大陆理性主义——关于认识深化的哲学 ………………… 196

胡塞尔和现象学运动 ……………………………………… 231

弗洛伊德及其精神分析哲学 ……………………………… 261

附录　范汉森先生论著目录 ……………………………… 297

编选前言

一

范汉森先生,江苏海门人,1937年出生于一个小商人家庭。先生的父亲虽然文化水平不高,但因受到"长三角"地区"时新"教育观念的影响,对孩子的教育有着一些"时新"的想法。他赞成孩子的早教,在先生刚满四岁时,就被送到一所国民学校"开蒙"当一个预备生(相当于现在的学前班);他还主张孩子应有自己的"课外阅读",在他自己还是单身青年的时候,就从自己微薄的收入中,持续买了一大箱的古典小说,后来又在旧书刊收购中,挑选出一批中学教材,留给孩子们阅读。因此,在先生刚刚具有一点阅读能力的时候,就开始与书籍为伴,并因此养成了终身爱读书的习惯。

1953年,先生考取了江苏省的名校南通中学高中部。南通中学较为完整的藏书对他有着特别的吸引力。他在课余,大量阅读了哲学社会科学类图书和学术刊物,广泛的阅读使他渐渐喜欢上了哲学。他决心做一个哲学工作者,运用哲学工具,来启发民智和推进社会进步。因此,在1956年高考中,他以第一志愿报考北京大学哲学系并被录取。在进入北大以后,又根据自己的兴趣和条件,选择西方哲学作为自己的专业方向。

当时的北大哲学系,有着众多的高水准的导师,尤其是西方哲学。不仅从国外学成回归的名师,绝大多数汇集在这里,而且北大哲学系有着充足的文献资料可供阅读。在当时，北大从"五四"时期形成的"兼容并包、学术自由"的治学传统依然存在，因而使这个立志献身哲学事业的学子感到异常的幸运。

然而，不幸紧跟着幸运而来。1958年整团期间，先生因在反右期间"同情右派"和"思想右倾"遭到批判，并因此被开除学籍。正因为这次处分，1961年毕业时被分配到大西北的甘肃兰州——西北民族学院，到了民院之后，又被人事部门分配到图书馆管理图书。对一个有志于从事哲学教学和研究的青年才俊来说，这样的安排自然是一种大不幸。

在先生遭遇的不幸当中，又有一点值得庆幸。图书馆的馆长是一位忠厚长者，他爱才惜才，利用自己手中的一点点权力，指定先生担任图书馆一个部门的负责人，并让先生担负起图书推介和咨询的任务。要做好图书推介和咨询，首先负责人自己要大量读书，于是先生利用晚上时间集中精力来读书，每天长达5到6小时，有的精读、有的泛读、有的随手翻阅。正是由于这样近乎"疯狂地"阅读，十年不到，馆藏社科图书几乎被先生翻了个遍。读书杂而多，大大拓宽了先生的眼界，优化了先生的思维，塑造了先生后来的学术格局和学术风格，可谓因祸得福，坏事变好事。

俗话说，"福无双至，祸不单行"。在阶级斗争为纲和斗争哲学盛行的年代，厄运会随时袭来。1970年，甘肃省革委会中一些极"左"分子，痴迷政治投机，打着"民族斗争说到底是阶级斗争"的旗号，说"民族问题"在中国已经不再存在，强行撤掉西北民族学院。随着学校被撤销，数名民院的工作人员被下放到民族地区。在这场大驱逐中，有"前科"的先生自然不能幸免，他被分配到甘南藏族自治州舟曲县，当了一名行政干部，他的工作就是在一些贫困乡镇"扶贫"。

在贫困乡镇"扶贫"的辛苦自不待言，同时也离先生钟爱的哲学专业越来越远。但是，先生并未因此而怨天尤人、自暴自弃，而是把"扶贫"看作历练自己、深入实际的机会。他沉下心来与农民一起"改土造田、兴修水利"，兴办小型水电工程以及改变耕作方法，就这样整整干了10年。其中有4年，因在一个民族"大队"扶贫成绩显著，在全县大会上还受到表彰。即使在下乡"扶贫"的艰苦岁月里，先生利用"山川秀丽"和"无人干扰"的特殊条件，抱着"位卑不敢忘忧国"的使命感，对国家命运和前途，进行着认真地思索，这些思索成为他后来教学活动和学术研究的一种宝贵资源。

1978年，先生蒙冤20年后终于获得平反。平反后，随即调入新成立的甘肃省社会科学院从事哲学研究工作。这时，他想到20余年的荒疏，心痛之余，以只争朝夕的精神状态自觉地为自己"补课"。他通过重读哲学经典、参加学术会议以及与同行交流等方式，以期寻找失去的"世界"和无端浪费的光阴。1982年，先生调入中共甘肃省委党校，开始为省内高中层干部辅导马克思主义哲学和西方哲学。先生讲课视野开阔、逻辑严谨、新意迭出、见解独到、语言生动，党校学员被先生的大家风范折服。1995年，甘肃省委党校开始招收哲学专业研究生，先生担任导师组组长，他讲授的《西方哲学史》是学生们最喜爱的课程之一，他培养的研究生，有的成长为党的高级干部，有的成长为高校的教学骨干、学科带头人。这些学生每每谈及先生，无不充满感激和尊敬。由于教学和研究工作成绩显著，先生1989年被评选为全国优秀教师，1993年起开始享受国务院发放的特殊津贴。先生的事迹，先后被《中国社会科学家大辞典》、《北大人》和《甘肃专家》等辞书登载。

二

哲学是时代精神的精华，它通过对时代精神的提炼和表达而影响时代，但正是时代本身为哲学提供了所提炼的材料、所表达的呼声。只有密切关注时代的状况，把握时代的脉搏，反映社会的要求，哲学才能反过来对社会发生影响，给时代留下烙印。1978年，中共十一届三中全会的召开，揭开了中国改革开放的大幕，催生了中国改革开放的新时代。在此后的岁月中，由于摈弃了阶级斗争为纲的错误方针，聚精会神搞建设，一心一意谋发展，中国取得了异乎寻常的进步和发展，面貌为之一新。改革开放改变了国家的命运，凸显了哲学的地位和作用，也开启了范汉森先生学术研究的黄金时代。先生紧跟时代步伐，紧贴改革开放实际，以时不我待的精神状态，持续不断地进行了具有鲜明风格和维度多元的哲学思索。先生的研究领域和学术成就集中体现在以下五个方面。

第一，邓小平哲学思想，改革开放的智慧之源

邓小平是中国改革开放的总设计师，是中国社会大变革的倡导者和推动者。因此，他的思想特别是他的哲学思想，指引着改革开放全过程。或者说，改革开放过程中，处处展现出邓小平哲学智慧的无比魅力。

邓小平在哲学上，坚持马克思主义的唯物主义历史观，始终不渝地把发展生产力放在一切工作的首位。马克思、恩格斯这样说过："历史过程中的决定因素，归根到底是现实生活的生产和再生产"。对于这一点，邓小平深信不疑。"文化革命"中，他因此被扣上"唯生产力论"的帽子。在他恢复工作之后，依然专心致志地抓生产，改善人民生活。他倡导的改革开放的中心内容，依然是发展社会生产力，把经济搞上去，使中国变为现代化的强国。

邓小平曾经说过，马克思主义的基本原则就是要发展生产力，我们在总结经验的基础上，提出整个社会主义历史阶段的中心任务是发展生产力，这才是真正的马克思主义。他还说，十一届三中全会以

来,全党把工作重点转移到社会主义现代化建设上来,在坚持四项基本原则的基础上,集中力量发展生产力,这是最根本的拨乱反正。邓小平不仅这样说,还是这样做的。他在耄耋之年,依然披挂上阵,为中国经济振兴发挥自己的才智和经验。

邓小平不仅是个忠实的马克思主义者,而且是个富有现代意识的忠实的马克思主义者。他懂得,发展社会生产要靠人,要靠人的艰苦劳动;他又懂得,在现时代发展生产力,要靠科学技术,要靠技术人才。他说过:"马克思讲过科学技术是生产力,这是非常正确的。现在看来,这样说可能不够,恐怕是第一生产力。"基于这种认识,他认为,中国要发展离不开科学,实现四个现代化,关键是科学技术现代化。他还从自己的工作经历中认识到人才的作用,从而主张发展生产力要靠人才,尤其要依靠那些"拔尖人才"。因而主张,要制造一种环境,使技术人才能脱颖而出。正是邓小平主张应用科学技术和人才来发展生产力,中国的生产力得以异乎寻常的速度展现出来,成为当今世界的一个奇迹。

邓小平是个革命家,他懂得革命就是解放生产力,因而为解放生产力投入民族革命和社会主义革命。在社会主义制度基本确立之后,他总结实践经验,主张运用社会改革的方式,继续解放社会生产力。他认为,改革也是一场革命。社会革命是一个阶级推翻另一个阶级的革命,改革与社会革命的不同之点在于它是依靠对现存制度中那些有缺陷、有弊病的具体制度、具体办法进行调整和充实。

邓小平在领导经济工作的长期实践中深刻感受到,我国在社会主义改造基本完成之后,照搬的苏联计划经济模式,是缺乏生机活力的。相反,在西方国家,长期实行的那种市场经济体制,却显示出了它的效能。但是,正如人们熟知的那样,西方的经济体分别是同资本主义制度相结合的,在原本形态上是不适合社会主义社会需要的。面对这种复杂的情况,邓小平主张用改革的方式解决问题。他主张,在改革中,一方面是坚持社会主义基本制度;另一方面,大胆地汲取市场经济的合理成分,再加上我们自己的创造,建立起符合社会主义的、又是充满生机和活力的市场经济体制。以后的实践表明,这样做的确能使中国的社会生产力更加有效的释放。

为了加快发展生产力,邓小平还主张实行对外开放的方针。他明确指出,任何一个民族、一个国家,都需要学习别的民族、别的国家的长处,学习人家的先进科学技术。他指出,发展中的社会主义中国,更应当大胆吸取和借鉴当今世界各国,包括资本主义发达国家的一切反映现代化社会生产规律的先进经营方式、管理方法,然后经过钻研、吸收、融化、发展,创造出更多为我们所需要的东西。因此,他主张,应当善于将国外的资金、国外的先进设备、国外的先进技术和管理吸收过来,为我所用,作为我们发展的起点,然后,在一个较高的起点上继续向前发展。

邓小平是一位特别注重实践效果的马克思主义效用论者,他主张运用实实在在的效果检验和检查规划和决策。在他看来,白猫、黑猫,只有捉住老鼠的才是好猫。正因为注重效果的检验,曾经在50年代盛行一时的"浮夸风"在新的历史条件下再也没有发生,改革开放以来我们发展的效果是实实在在的。

正是邓小平及其事业的继承者,坚持不懈地把发展生产力放在各项工作的首位,并用各种有效的办法促进生产力发展,中国的社会事业取得了前所未有的成就。通过30多年的努力,我国经济总量跃居世界第二位;90%以上的贫困人口实现脱贫;在经济高速发展的支撑下,国防现代化快速推进,中国正在迅速成为世界一流的军事强国。邓小平开创和领导的中国改革开放事业的巨大成功,显示出邓小平理论的创造性和科学性,也显示出邓小平哲学智慧的巨大感染力和非凡魅力。

面对邓小平领导中国改革开放事业的伟大实践,范先生以心悦诚服、无限佩服的心情,从 20 世纪 80 年代开始,就对邓小平哲学思想认真的关注和深入的研究,并写下了一系列的文章。文集第一编刊载的《邓小平在新时期坚持和发展了毛泽东哲学思想》《邓小平与生产力理论》和《试论邓小平价值观的基本构架》等文章,就是先生潜心研究邓小平哲学思想的代表性作品。

第二,"对立面协调和谐"与人际关系合理化调整

邓小平在总结历史经验时这样说过:"我们过去在社会主义改造完成以后仍然搞这个运动、那个运动,一次运动耽误多少事情,伤害多少人。""文化大革命"搞"大民主",以为把群众哄起来就是民主,就能解决问题,实际一哄起来就打内战,结果搞得人心涣散,四分五裂。因此,十一届三中全会以后,一个迫切的任务就是把人心调整过来,把人心凝聚起来,把人际关系调整到"协调和谐"的状态。为了厘清"人际关系"问题,先生把目光聚焦到中国古代哲学和古希腊哲学。

1. 中外古代哲人关于"对立面协调和谐"的观念

中国古代和古希腊哲学家都是朴素的辩证法家,在他们的思想里,包括"对立面协调和谐"的观念。在中国的春秋时代,就有了"和实生物、同则不继"的说法。此后的儒家学派更是打起了"礼之用,和为贵"的旗帜,以"人和"的原则,来调整人际关系。在古代希腊,从毕达格拉斯到亚里士多德,尽管彼此间哲学观念上有分歧甚至严重对立,但也有共同之处,就是主张人际关系应当"协调和谐"。在古代中外哲学家那里,有着如下的闪光思想:

(1)"协调和谐"是在矛盾内部对立基础上形成的。"协调和谐"是矛盾对立面相互关系的一个侧面,或者说是一种关系、一种状态。希腊著名的辩证法家赫拉克利特这样认为:"互相排斥的东西结合在一

起,对立造成和谐"。他还说:"自然追求对立的东西,是从对立的东西产生和谐";他认为:"矛盾内部对立面之间既是协调的,又是不协调的,既是和谐的,又是不和谐的"。

(2)"协调和谐"是因果关系运动而形成的。古代哲学家普遍推崇关系"适度"。中国的儒家尽管说"不偏之谓中",实际上是在追求两极之间的一种适中或适度。他们说人的心理情绪适中方才平和,"喜怒哀乐未发谓之中,发而皆中节谓之和"。亚里士多德倡导"中道"伦理观,他所谓的"中道"正是存在于两极之间"适当的量",是两极端之间取得恰到好处的点。古希腊唯物主义哲学家德谟克利特还把适度理解为"恰当的比例",在他看来恰当的比例对一切事物都是好的。

(3)矛盾统一体"协调和谐",导致统一体整体功能得以发挥和发展。中国春秋时代的史伯已经意识到这一点。他认为:"和六律"可以造成悦耳动听的音乐;"和五味"可以造成脍炙人口的滋味;"杂五材、各十数"可以造成千姿百态的万事万物(《国语·郑语》)。古希腊的赫拉克利特也认为:"绘画在画面上是混合着白色和黑色、黄色和红色的部分,从而造成与原物相似的形象。音乐混合不同音调的高音和低音、长音和短音,从而造成和谐曲调;书法混合元音和辅音,从而构成整个艺术。"

(4)"对立面协调和谐"是调适人际关系的指针。在原始社会末期,被后人尊称为古圣人的虞舜,就已经懂得族里人人和顺的意义。他主张通过对人际关系的合理调适,以达到"内平外成"。春秋时代,孔子把和谐等同于中庸。在他看来,一个真正有道德的人(君子),必然崇尚中庸,而不讲道德的人,反对中庸(君子中庸,小人反中庸)。后期儒家的代表孟珂更看到人际和谐具有最高的社会价值,他笃信:"天时不如地利,地利不如人和"。在古希腊毕达哥拉斯也把道德与和谐等同起来。在他看来:"道德是一种和谐",所谓友谊实际就是和谐的平等。

人们不难看出，中外古人关于"对立面协调和谐"的言论，还只是一些零星的不成体系的观念。但就是这些零星的不成体系的论点却成为现代科学理论中的重要环节和闪光点。在现代的系统论中，协同和结构功能理论都离不开"协调和谐"。"协调和谐"观念正随同现代科学理论在更广泛的领域发挥着作用。

2."对立面协调和谐"与人际关系的合理调节

古今中外，许多有社会责任心的人总是把促进社会的"协调和谐"当作推动社会发展的目标，尽可能地促进社会走向协调和谐。在当今的社会主义社会，由于消除了阶级对抗，促使社会"协调和谐"更是人们共同努力的方向，构建和谐社会也是全体人民的共同职责。因而可以说，这是社会主义社会建设中的题中应有之义。

然而，不幸的是，在阶级斗争为纲的年代里，崇尚的是斗争哲学，而真正富有辩证法智慧的"协调和谐"，被诬指为"矛盾调和论"而加以批判。轻者把它说成是"和事佬哲学"，重者把它与政治上的"投降主义"挂起钩来。在这样的背景下，越批人心越乱，越批人际关系越散，直至到了难以收拾的地步，这是一个严重的历史教训。

人们知道，社会经济关系实际上是人际关系的延伸。一方面人际关系的好坏直接影响经济事业的成败；另一方面，对立面协同共进，正引导从事经济活动的不同个人、经济体联合起来，达到了协同共进与合作双赢。正是这只无形的手，把一些互不相识的人、互不相识的经济体拉扯在一起。20世纪后半期，开始出现的"欧盟""东盟"等方面的共同市场，"北美自由贸易区"和"亚太经合组织"等经济联合体，正是因经济领域里需要协调和谐而造成的。对立面协同共进，正在经济领域展示出它的导向作用和支配力。

既然"对立面协调和谐"的思想是调解人际关系和促进经济发展

的导向和机制,范先生认为在实践中应长期做好以下几点。

(1)学习和宣传"对立面协调"的和谐理念。经过反复宣传,使人们能够真正领悟它,并在实践中自觉地贯彻它,以至成为全国人民的共识,使这一认识成为推动社会进步的精神力量。

(2)让协调和谐的社会和行动进入立法程序。人们知道,一个再高尚、再有价值的观念,如果脱离社会现实、脱离法治的保障,是很难发挥其应有作用的,甚至有可能被曲解。如果把它列入立法,使之成为一种法治原则,就能更有效推进法治建设,成为促进社会进步的有效措施。

党的十一届三中全会以来,范先生一方面对"文化大革命"造成的社会现象进行深入反思,一方面重温古代先贤的哲学智慧。经反复思考写成了《"对立面协调和谐"与矛盾的正确调处》、《西部大开发中的若干矛盾》和《矛盾对立面"协同共进"与西部大开发的合作双赢战略》等论文。2006年10月11日,当十六届六中全会做出《中共中央关于构建社会主义和谐社会若干重大问题的决定》时,我们深深地感到,这些论文不仅为宣传"对立面和谐"理念,尽了一个有强烈责任感的学者的一分力量,而且从一个侧面印证了哲学反思时代又引领时代的不容忽视的作用。

第三,"经济哲学"与研究思路的调整

在改革开放的形势下,理论界出现了"经济热",大有千军万马闯难关之势。先生苦于自己的经济学功底较差,加上忙于教学,深感从事经济理论的调查研究很难有所成就。经过一阵思索之后,决定发挥自己的哲学专业优势参与经济理论的研究,具体来说就是把现代西方哲学同现代市场经济理论关联起来加以研究和思考。他认真的考察了1870年以来现代西方经济各个学派,并把不同的经济学派与现代哲学学派挂起钩来,写出了第一篇论文《西方市场经济理论的哲学基础》，发表在一个叫《新视野》的刊物上。经人大复印资料全文转载，文章引起了人们的关注。当时在上海正筹备第一次全国经济哲学研讨会，会议筹备组发出特别邀请函，邀请先生与会参加讨论。为了参会，先生写出了第二篇论文，题为《西方市场经济的实践与价值理论的重建》。

《西方市场经济理论的哲学基础》是一篇横向研究的文章。文章具体揭示了一定时期的经济学说与同一时期流行哲学观念上的关联。例如活跃在 19 世纪的德国人戈森认为，事物的价值量要从事物供人享乐或满足的程度来衡量；活跃在 19 世纪后期的边际效用学派，把经济学看作是欢乐与痛苦的微积分学。这些经济学派后面站着的是流行在 18 到 19 世纪的功利主义和 19 世纪方兴未艾的实用主义。无论是功利主义还是实用主义，既直率又粗鄙，因而均具有一定程度的物质主义气息。再如雄踞于 20 世纪前半期的马歇尔和 20 世纪中期红极一时的凯恩斯，他们共同的特点，是把经济活动当作一个整体来考察。他们的经济整体观，是与同时代的斯宾塞等人的"社会机体理论"和贝塔朗菲的"一般系统理论"有着血肉的联系。至于 19 世纪后半期至 20 世纪前半期的"经济分析"派别和"经济研究"的数理学派，总是与经验主义新形式——"实证主义、分析哲学"紧密关联着。在 19 世纪，哲学发展具体表现为渐进主义。与此相呼应，在经济学上，普遍流行着渐进主义的"成长论"。其中包括"主动论"、"助动论"和"制动论"等多种形式。主动论者，包括崇尚自由竞争的以哈耶克为代表的自由主义者，也包括强调国家干预和宏观调控的凯恩斯，还包括创新论者约瑟夫·熊彼特，他们共同为市场主体强化自身力量出谋划策。所谓助动论者，包括以凡勃伦、加尔布斯为代表的制度学派和突出货币功能的货币学派，他们通过改善经济环境和制度，主张发挥货币功能，为经济发展创造出口的外部环境。还有所谓"制动论者"，以麦多斯为代表，他们看到经济盲目增长的严重后果，其中包括环境污染、粮食匮乏等种种不利于社会持续发展的严重后果，从而主张停止经济继续发展即实现经济和人口的零增长。这样说，听起来是悲观论调，实际上是呼吁人们调整自己原先的种种空想，走可持续发展的道路。总而言之，西方经济学家们，尽管立足点不同，所持观念各异，但有一点是共同的，即在经济达到一定的发展水平之后，发展速度应该是渐进的，是一种斯宾塞主张的那种"渐进主义"，在他们看来富有效能的渐进胜过盲目的突进。

先生发表的另一篇经济哲学论文《西方市场经济的实践与价值论的重建》，是一篇纵向展开的评论性文章。在这篇文章中，针对现代市场经济立足的那种特有价值观念进行了分析和评价。

先生旗帜鲜明地指出，劳动价值论的优点，在于肯定了价值创造过程中人的劳动所起的作用，也为价值计量提供了较为可靠的依据。最重要的还是马克思从这个理论出发，创造了剩余价值学说，为无产阶级革命提供了重要的理论武器。

在先生看来，劳动价值论是有缺陷的，主要表现在：

（1）在价值形成过程中，过分突出价值创造环节，相对地看低价值实现的环节。

（2）在价值创造过程中，过分强调劳动的作用，忽视机制作用；对于劳动，过分地强调了人的体力因素，相对地忽视人的智力因素。

（3）在经济评估的过程中，片面强调操作过程中的劳动因素，以致完全抹杀了价值效能或效益的因素。

关于效用价值论，它的优点在于把价值归结为效用。在这个基础上，它把价值的效用性实现当作研究的主题。效用价值论，一方面注重产品的效用性，这与消费者对产品的质量的追求相对应；另一方面，它注重以流通服务为主要内容的价值实现过程的研究。这与生产者、经营者尽可能地占有市场,从而获取更大利润目标是一致的。

效用价值论也是有缺陷的,它的缺陷在于:

(1)离开价值创造,未注意价值的实现过程的探讨,因而无法把握价值形成的深层基础。

(2)离开价值创造,单纯的依赖效能评估,缺少可靠的评估依据和标准。

19世纪末20世纪初,西方市场经济发展到了一个新的阶段——现代市场经济的阶段。在现代市场经济阶段,市场经济本身出现了许多新情况,提出了一系列新问题,其中主要有:(1)随着经济活动的深入和扩大,一切本来认为是无价值的东西成了有价值的东西,于是有了生态价值、文化价值、技术价值等等的概念。(2)随着现代科学技术的发展和应用,信息、知识、科学和技术的价值凸显出来。(3)随着经济活动的深入和扩大,服务业也成了真正的实质性产业。(4)随着市场经济的发展,"价值评估方式"也发生了巨大的变化。

基于以上情况,传统的价值理论已经显得无所适从,面临着新的突破,或者说需要有一种新的价值理论来取代传统的价值理论。

对于如何突破传统的价值理论,先生大胆地提出了三点设想。一是重新奠定价值理论的基础;二是善于把价值当作一个过程;三是创造出一套与现实需要相适应的评估方式。

虽然先生多次谦虚地说,从事经济哲学的研究本不是他的初衷。但他独特的视角、独到的见解为经济哲学起步阶段的研究,写下了不能被忽略的一笔。

第四,为"文明"下一个精准的定义

人们都知道,中国的改革开放,归根结底,是要在中国的大地上建立起一个具有高度精神文明和物质文明的现代化强国。那么人们会问:什么是"文明"呢?对文明,理论界总有着多种多样的说法。

一是进步状态说。按照这种见解,文明是与野蛮相对立的人类进步状态,或者说,文明是指物质生产和精神生产的进步和开化状态。

二是"成果说"或"财富说"。按照这类见解,所谓文明是指人类在历史过程中所创造的物质和精神成果。或者说是物质和精神的财富。

三是"清明政治说"。按照这里见解,文明是指一种国家治理有方和政治清明、国泰民安的社会局面。

以上三种见解,立论的角度是不同的。如果将三者综合起来,就能从整体上展现出文明的外观,使人们对文明的外观有一个较为完整的了解。但遗憾的是,上述见解并未揭示文明的内在本质的全部真相,因而难以使人们迅速把握文明的实质。

那么,文明究竟是什么呢?先生通过研读马克思主义经典著作,提炼出了富有创见的观点。按照马克思主义的看法,人是社会历史的主体,它既是实践的主体,也是认识的主体,人在其历史舞台上,既改造着外部的自然界,也创造出人化的自然,又改造着人自己,创造出人本身。因此,凡是称得上"文明"的一切,无一不是人的本质的体现和展示,无一不是人化了的自然或对象化的人。马克思说过,历史是在人的意识中反映出来的,因而作为产生过程也是有意识地扬弃自身的过程。马克思主义还认为,人作为历史的主体,在其创造历史的过程中,总是在不断地提高着对自身本质的自觉即对自己的历史使命的自觉,以及对自己本质力量的自觉。这种历史性的自觉,就是一定时代的精华,就是这个时代的精神文明。

在马克思主义看来,人类社会的精神文明是一个由多种成分整合起来的复合体。精神文明中,包含有知识、情感和意志等多方面的内容。它以世界观、社会政治观、伦理道德观、审美观和科学知识素养等方式表现出来,还同一定的物质条件相结合形成教育、科学、文化、体育、卫生等部门和行业,而这些都在以不同方式体现着人对自己本质的自觉。所以,文明是人对自己本质的自觉。这个结论体现着马克思主义"以人为本"的基本观点,又把所有精神文明的具体形式容纳于一身,它既是精神的,也是广泛适用的。

为了体现精神文明的巨大包容性,在第四编我们选取了先生撰写的一组论文,其中既包括政治伦理类的文章,也包括阐述科学思维方式类的文章。在这组论文中,《论责任制的道德意义》一文切中时弊,振聋发聩,见解独到,观点新颖,影响甚广。

在这篇文章中,先生重申了马克思主义关于道德根植于利益这一基本观点。恩格斯在《反杜林论》中指出:"人们自觉地或不自觉地,归根到底总是从他们进行生产和交换的经济关系中,吸取自己的道德观念。"俄国著名的马克思主义理论家普列汉诺夫也明确认为:"不论在什么地方,只要个人利益和公共利益分离,就会引起道德上的堕落。"马克思在《神圣家族》一书中,讲得更为尖锐,"思想一旦离开利益,就一定会让自己出丑"。

先生尖锐地指出,马克思主义道德论的这些最基本的观点,曾经被人遗忘或假装遗忘。有那么一些人,一方面唱着发扬共产主义精神的高调,另一方面却肆无忌惮地干着损害人民群众正当利益的勾当。20世纪50年代的"共产风"、70年代批"唯生产力论"就是证明。造成这种状况有多种多样的原因,其中的一个原因在于,这些人把道德意义上的"公心"和"私心"同社会意义上的"公共利益"和"私人利益",以及经济意义上的"公有制"和"私有制"混为一谈。

先生认为,在道德意义上的"公心"实际指的是一种道德觉悟。有"公心"表示有道德觉悟,"公心"大表示道德觉悟高。"私心"表示没有道德觉悟,"私心"大,表示道德觉悟低。在社会主义社会,所谓大公无私并不是不讲个人利益,而是要旗帜鲜明地保护人民大众的正当利益,还要为争取和保护人民利益而斗争。"大公无私",对国家工作人员来说就是"全心全意为人民服务";对于人民大众来说,就是认识自己的利益所在,并为其实现而奋斗。离开人民的正当私人利益和现实利益,讲什么"破私立公"、"大公无私",只能是在高调掩护下,侵犯人民的实际利益。人们千万不要忘记在极左思想大泛滥的年代,"大公无私"、"破私立公"一类的神圣字眼蜕变成了一个掩护"分配上的平均主义"、"物质上的禁欲主义"和对待群众的"官僚主义"的遮羞布。先生大声疾呼,这个惨痛的历史教训,要认真汲取。可以说,这篇文章是 20 世纪 80 年代解放思想浪潮激发出来的既有理论勇气又饱含哲学智慧的好文章。

第五,面对"对外开放"讲好"现代西方哲学"

邓小平倡导的"对外开放"对于广大党政干部来说,既是一个机遇,也是一个鞭策。党政干部是对外开放的主导力量,在开放过程中,有大量机会与外国人打交道,而要在打交道过程中事事顺利,必须对外国的事和外国的人有所了解,为此就需要学点现代西方哲学。为了便于干部学习,从 1983 年起,省级以上党校都要开设现代西方哲学,不但长达两三年的班级要学,就连三四个月的短期轮训也得安排时间,讲一讲国外哲学的概况。

先生对西方哲学不仅情有独钟,而且造诣最深。甘肃省委党校的"西方哲学"讲授任务自然落在了先生肩上。对于学校这样的安排,先生一则以喜一则以忧。喜的是在经历了一系列挫折之后,曾经渐行渐远的"西方哲学"又回到了身边;忧的是将来会不会有人再来抓辫子,因为讲西方哲学,尤其是现代西方哲学,风险太大,随时可能陷入政治的漩涡。这样的忧虑是有来由的。

据先生回忆,20 世纪 40 年代,苏联哲学界经历了一次大整肃。这次整肃中,以反对"世界主义"为旗号,对一些著名学者无理指责。整肃的结果是西方哲学史变成了唯物主义孕育和发展的历史,唯心主义失去合理存在的理由;现代西方哲学遭遇更惨,被指责为反对马克思主义哲学而存有异心,是帝国主义乃至法西斯主义的意识形态,是进入坟墓的哲学。受其影响,20世纪50年代的北大哲学系,只讲半张面孔的哲学史,而把现代西方哲学长期排除在教学之外。许多在国外学有所成,并在国内长期从教的老专家,只能在教学之外逍遥徘徊,造成严重的人才浪费。

对于这种情况,学生们有着强烈的不满,一再呼吁,让老专家讲述现代西方哲学,以填补学习的空缺。有着兼容并包、学术自由传统的北京大学,终于回应了学生们的期待。从1959年起,用了一年的时间,邀请著名专家顾颉刚、郑昕、贺麟、金岳霖、黄子通和熊伟,系统评介不同流派的西方哲学。为了避开一些左派人士的视线,课程命名为"资产阶级哲学批判",听讲者只限于选择西方哲学专业的学生。

先生说他有幸聆听了多位专家的讲演。在听课过程中,先生觉得现代西方哲学的不同学派各说各话,内容却十分丰富,很少有对马克思主义恶意攻击的成分,听起来很能引起人们对一些现实问题的思考。课程结束,就面临写作毕业论文。先生毕业论文写的正是一篇关于存在主义学派的评论。

听了"资产阶级哲学批判"课程之后,现代西方哲学,因名声"太臭",而在长达20年时间里很少有人问津,直至1979年举行全国现代西方哲学研讨会,情形才有所改观。这次会议,至少有两大成就,一是动员与会人员,用自己的专业特长为改革开放效力。二是实事求是看待现代西方哲学的不同学派,不搞歪曲性的"批判"。在会议之后,现代西方哲学的研究教学开始振作起来,有了新的气象。

但是"大批判"的惯性思维,不会轻易消失的,先生的担忧不幸成了事实。在改革开放不久的1983年,国内的一些中心城市,掀起了一股批判精神污染的狂潮。闹得厉害的地方,竟然殃及整个现代西方哲学,有的城市新华书店将讲述现代西方哲学的书概不上架。这股风也开始波及兰州大学。兰州大学的领导很是冷静,为了弄清真相,举行了一次报告会,邀请先生对被视为"精神污染源"的存在主义,做一个完整讲解。先生依据自己掌握的资料明确指出:存在主义,本质上是一种悲观主义,其观念主要在失意的下层人士中流传,其产生地在咖啡厅等下层人集中的地方,并不像人们传说的那样"张牙舞爪、令人惊恐"。因为讲得有理有据,可谓"谣言止于智者",在兰州大学避免了一次新的"大批判"。

据先生介绍,讲座举办不久,北京大学熊伟教授外出讲学路过兰州。熊伟教授是存在主义大师海德格尔的嫡传弟子,是研究存在主义哲学的大家,他在与先生的交谈中自然谈到不久前发生的批判"精神污染"一事。他告诉先生,他在北京遇到同样的情况,他也是用事实说服了人们。在这次会面中,师生之间达成了一个共识,教现代西方哲学除了学识外,还应有一点职业自信,在一定时期还应具有一点政治的担当。

1984年以后,再无大的政治风波,先生一面教学,一面继续学习和研究西方哲学,根据自己的思考写下了一批论文,这些论文收入由他主编的《西方哲学史稿》和《当代西方哲学思潮》等书中。本书中第五编正是其中的一部分。

在上述文章中,先生鲜明地指出,近代西方哲学把认识论的探讨作为重点,因观察问题的角度不同,就有了经验主义和理性主义的区分,经验主义是"关于认识发生的哲学",理性主义则是"关于认识深化的哲学"。在西方近代经验主义发展序列中,先生尤其推崇培根,认为培根把哲学同实验科学的研究结合起来,发扬和完善了传统的归纳方法,特别是培根对知识的社会功能做了多角度多层次的探讨,为以后的"知识价值论"的形成打下了良好的基础,是"知识价值论"的早期形态。先生还指出,胡塞尔开创的现象学避开经验主义,倡导本体论的先验主义;避开西方传统哲学习以为常的现成论,倡导知识构成论;但本质上,胡塞尔哲学是自觉地避开流行的经验的或理性的方法,属于认识论中的直觉主义。先生又指出,弗洛伊德的重大发现和杰出贡献在于:在人们的意识背后存在着一个神秘的"无意识"的"王国"。这个王国是由人们精神压抑特别是本能压抑所造成;它在事实上支配人们整个精神活动和建构。它是一种无形的力量,又是一种无所不在的力量。把这种洞见运用于精神病的治疗,就创建了一种新的心理学;把这种洞见应用到社会历史和文化领域,就形成了具有弗洛伊德个人特色的精神分析派哲学。因此,精神分析派哲学实质上就是"无意识"哲学。

三

纵观先生的学术历程,体会先生的学术风格,概览先生的学术成就,对推动当下中国哲学的创新发展有着多方面的启迪。一是面向生活立足实践是哲学创新的动力。哲学不能脱离现实,必须直面现实问题,解答时代课题。哲学必须以哲学的方式联系现实,解答时代课题。哲学研究不能仅仅成为哲学家之间的"对话",更不能是哲学家个人的"自言自语",哲学必须与现实"对话",与实践"交流"。二是拓宽理论视野是哲学创新的条件。要推动中国哲学创新,就必须打破哲学与自然科学、社会科学之间的壁垒,高度重视当代自然科学、社会科学的新成果新发展,切实加强哲学与自然科学、与社会科学的联盟,在不同学科的交流与合作中,从各个学科的新发展中吸取有助于丰富和创新哲学的营养;要拆除哲学内部各学科之间的篱笆,形成哲学内部各学科之间的良性交融与互动,走宏观、辩证、综合的"大哲学"之路。三是善待传统资源是哲学创新的基础。学习和研究哲学必须阅读哲学史上的伟大著作，这是因为哲学的发展不是跨越式的而是积累性的，这些著作具有的魅力是超越历史年代的，是哲学中起界碑作用的标志性成就。因此，哲学研究中重视历史继承性是必然的，是合乎哲学发展规律的。所以，当代中国的哲学创新，要重视对哲学遗产的继承，要在继承的基础上进行创新。当然，重视传统并不意味着对以往哲学的全盘接受，而是对传统哲学问题的重新关注诠释。马克思主义哲学、中国传统哲学和西方哲学是当下中国的三大哲学资源。我们应该自觉地挖掘、整理、研究和利用好这些资源，既立足当代又继承民族优秀哲学传统，立足本国又充分吸收外国哲学优秀成果，使三种资源之间形成良性互动、优势互补。四是营造良好环境是哲学创新的关键。哲学创新是一项复杂的、艰苦的脑力劳动，需要自由探索的空气，需要营造生动活泼、求真务实的宽松环境，需要倡导民主团结的学术氛围。

文集编选过程中，我与先生有过多次长谈，难免涉及先生特殊年代的不幸经历。先生坎坷的人生经历和被耽误的黄金岁月令人痛惜，但先生在逆境中所表现出的坚韧和对哲学的痴迷令人钦佩；尤其是先生忆及逆境时所表现的豁达态度，更让人心生敬意。逆境不放弃，顺境懂珍惜，自是哲人风范。最后，我想借用王国维的言说方式表达我对先生的敬意：作为学养深厚、学术精到的先生是可敬的，作为学而不厌、诲人不倦的先生是可亲的，作为不忘初心、葆有童心的先生是可爱的。如今，先生年界耄耋，仍手不释卷，勤思不辍，思想之活跃，见解之新奇，令人感慨有之，钦佩之至。衷心祝福先生，愿先生平安康健！

李君才　刘银军

2017 年 9 月

第一编
邓小平哲学思想研究

邓小平在新时期坚持和发展了
毛泽东哲学思想①

　　邓小平是一位深受中国人民尊敬和爱戴的卓越的无产阶级革命家和杰出的马克思主义思想家和理论家。在长期的革命生涯中，他曾为中国人民的解放事业，贡献出巨大的才智和精力，也曾为中国化了的马克思主义——毛泽东思想在中国的形成和发展做出过重要的理论贡献。20 世纪 60 至 70 年代，中国共产党的第一代主要领导人毛泽东、周恩来、刘少奇和朱德相继辞世，于是，领导党和国家的历史重任落到了邓小平等党的第二代领导人肩上。作为中国共产党第二代领导集体核心的邓小平，和其他领导成员一起，承前启后，继往开来，创造性地解决了中国社会主义事业面临的一系列重大问题，把中国的社会主义事业推进到了一个新的发展高度。与此同时，又以科学的世界观和方法论为指导，实事求是地总结历史经验，研究现实状况，并使之上升为理论，从而形成了具有新的时代气息和邓小平个人特色的理论系统，进一步丰富和充实了毛泽东思想的理论宝库。邓小平在新时期理论上的创造，是毛泽东思想体系的一个重要构成部分，是毛泽东思想体系在新的历史条件下进一步的发挥和发展。

　　毛泽东思想体系，就其内在结构而言，是一个包含广泛的有机整体。它包括哲学、政治经济学、政治学、法学、军事学、伦理学、文化学

――――――――――

　　①原载《毛泽东哲学思想与当代中国现实》，甘肃人民出版社，第 155–202 页。

和党的建设理论等多方面的学说，而哲学则是构成这个体系的基础和核心。在新时期，邓小平对毛泽东思想体系的发挥和发展也是多方面的，它涉及上述具体理论的各个主要方面，而邓小平对于哲学的贡献，尤其值得人们重视。

邓小平的哲学思想，融理论、实践为一体，形式民族化，语言大众化。因而，对一切从事中国社会主义建设和改革事业的人们来说，具有特殊的现实感和亲切感。既易于理解，又便于应用，是一种活生生的哲学。但邓小平与毛泽东也有所不同，迄今为止，邓小平还没有为人们提供一批专门阐述自己哲学思想的著作，他的深邃的哲学思索，总是渗透于他的关于政治、经济、文化和外事工作等方面的具体论述之中，贯穿于他的一次又一次重大决策活动之中。因此，要深刻把握和领会邓小平的哲学思想，需得阅读他的多方面著作，熟悉他广泛的实践活动，并在此基础上，进行全面、深入、反复的思考。否则，就难以真正把握其实质和精华。

一、坚定不移地维护毛泽东哲学思想的指导地位

邓小平是一位以革命的坚定性而著称的马克思主义者。他的革命的坚定性根植于他对于马列主义、毛泽东思想信仰的坚定性。在他漫长的革命生涯中，他始终不渝地坚信马列主义和毛泽东思想的真理性及其实践中的伟大指导作用，因而，始终如一地把马列主义、毛泽东思想（包括其中的哲学思想）作为全党和全国人民中的指导思想，并为此作了长期的、艰苦卓绝的斗争。

毛泽东哲学思想，即辩证唯物主义和历史唯物主义，它的核心内容就是毛泽东概括的"实事求是"。"实事求是"作为一种科学的认识理论，它是引导革命和建设事业走向胜利的指针。坚持它，革命、建设事业发展就顺利，就会由一个胜利走向又一个胜利；背离它，革命、建

设事业,就可能受挫折,甚至遭到失败。

　　中国共产党从1935年的遵义会议起,全党在实际上接受了毛泽东所倡导的"实事求是"认识路线的指导,从而取得了民主革命和社会主义革命的胜利。但50年代中期,党内滋长起一种"左倾"的思想和情绪,逐渐背离了"实事求是"的认识路线。随着这种情形的发生,党在此后的20年间,犯了"大跃进"和"文化大革命"两次严重的错误。正如邓小平所说,"大跃进"是"主观愿望违背了客观规律","文化大革命"是"对于中国本身的实际情况做了错误的估计",以致"把革命对象搞错了,导致了抓所谓'党内走资本主义道路的当权派'"。

　　为了对实际工作进行"实事求是"的指导,邓小平从60年代中期开始,就坚持不懈地同背离"实事求是"的倾向做斗争。在60年代中期开始的长达10年之久的"文化大革命"中,邓小平蒙受了严重的打击,先后两次被迫离开领导岗位。尽管身处逆境,但他仍以"实事求是"原则为指导,冷静地总结历史的经验,分析中国的现实,探索中国进一步发展的道路。其间,当他有机会一度重新主持中央日常工作时,他就大刀阔斧地在经济、政治、科技、军事和党务等社会生活的各个领域进行"全面整顿"。邓小平在1975年进行的"全面整顿",就其思想实质而言,就是通过一系列整顿,克服因背离"实事求是"认识路线而造成的种种谬误,把党的基本方针和基本政策重新置于"实事求是"原则之上。这次整顿,尽管进行不久就被迫停止了,但它在人们的思想上起着振聋发聩的作用。它使广大干部和群众从中受到一次深刻的教育,为以后重新确立"实事求是"的党的思想路线准备了良好的思想基础。

　　1976年10月,党中央一举粉碎了"四人帮"反革命集团。此后是华国锋主持中央工作。华国锋坚持所谓的"两个凡是"的方针。"两个凡是",就是把"凡是"毛泽东说过的做过的,统统原封不动地坚持下去，即使错误的，也得坚持。因此，"两个凡是"，就其思想实质而言，它实际在主张，凡事不是要从实际出发，而是要从某个伟人的言行出发，不是从"实事"中"求是"，而是用某个伟人的言行取代对客观规律性的把握。这个方针，实际就是用"权威真理"论取代客观真理论。概而言之，"两个凡是"，实际是在传播一种同"实事求是"相对立的唯心主义和形而上学的错误的认识路线。邓小平以其高度的政治素养和哲学素养，敏锐地觉察到"两个凡是"的实质和危害性，尽管当时仍身处逆境，就义无反顾地指出："两个凡是不符合马克思主义"。接着，全国掀起了一场关于真理标准的讨论。在这场具有历史意义的讨论中，刚刚恢复中央领导职务的邓小平，又以十分积极的姿态参与这场讨论。在讨论中，他满腔热忱地支持正确意见，并利用各种机会和场合，全面地阐发毛泽东哲学思想，明确指出，"实事求是"是毛泽东哲学和整个毛泽东思想体系的"出发点"和"根本点"，是毛泽东哲学思想和整个毛泽东思想体系的"精髓"，是否坚持"实事求是"，是对毛泽东哲学思想和整个毛泽东思想体系"真坚持"还是"假坚持"的分水岭。在邓小平和党内外许多同志的共同努力下，"实事求是"的认识路线越来越深入人心。就在全党、全国人民认识普遍提高的时刻，党中央召开了第三次全会（即十一届三中全会），在这次全会上，正式决定把"实事求是"作为党的思想路线确立下来。以后，这一重要决定又载入党的"十二大"通过的新的党章。由于把"实事求是"重新作为党的思想路线，中国的社会主义事业，很快走出困境，重新走上健康发展的道路。

为了维护毛泽东哲学思想的指导地位，邓小平还同那些肆意曲解和公然否定毛泽东哲学思想的敌对分子进行了长期的斗争。

林彪、江青一伙出于篡党夺权的需要，装扮成马列主义、毛泽东思想的积极传播者。就在他们大力"提倡"学习马列主义、毛泽东思想的过程中,乘机兜售他们的形而上学和唯心主义。他们割裂马列主义同毛泽东思想的内在联系,把马列主义同毛泽东思想分割开来,贩卖一种形而上学的"顶峰论"和"绝对权威论";他们割裂毛泽东思想各个观点、论点的内在联系,大搞"章句学";他们借口"应用",大搞"实用主义";他们借口普及,大搞"庸俗化"。由于林彪、江青一伙,以形而上学、唯心主义的观念对待马列主义、毛泽东思想,并在宣传中阉割马列主义、毛泽东思想中所包含的辩证唯物主义和历史唯物主义的精神,结果在全社会造成"形而上学猖獗"和"唯心主义横行"。

邓小平凭着自己高度的哲学素养和政治警觉,很早就看穿了林彪、江青一伙的伎俩,并针锋相对地与之斗争。早在60年代初期,邓小平针对林彪、江青一伙曲解和歪曲马列主义、毛泽东思想恶劣行径,强调"毛泽东思想同马列主义是一回事"。他还同罗荣桓一起,强调学习毛泽东思想,要"当作体系来学",要"学精神实质",不能搞"庸俗化",不能搞"实用主义"。以后又强调学习毛泽东思想要注意理论联系实际全面地把握。他指出:"毛泽东思想紧密联系着各个领域的实践,紧密联系着各个方面工作的方针、政策和方法,我们一定要全面地学习、宣传和实行,不能听到风就是雨。"①邓小平以辩证唯物主义和历史唯物主义的态度对待马列主义、毛泽东思想,强调学习马列主义、毛泽东思想的过程中要善于把握其中科学的世界观和方法论,这就给林彪、江青一伙无疑是一个迎头痛击。

70年代末,党内外又出现了少数顽固坚持资产阶级自由化路线的分子。这些人热衷于走资本主义道路,搞资产阶级专政。为了达到他们的目的,在政治上,竭力攻击四项基本原则,在哲学上,竭力否定马列主义、毛泽东哲学思想基本原理和原则,主张无批判地吸收资产

阶级哲学。他们有的宣传一种"过时论",宣称马列主义、毛泽东哲学思想基本原理、原则"过时了",主张用西方资产阶级哲学取代马列主义、毛泽东哲学思想的指导地位。他们有的则宣传一种"真理多元论",宣称马列主义、毛泽东哲学思想是哲学"百家中的一家",主张西方资产阶级哲学同马列主义,毛泽东哲学思想平起平坐,分庭抗礼,拐弯抹角地否定马列主义、毛泽东哲学思想的指导地位。

针对这种情况,邓小平从一开始就旗帜鲜明地予以反击。早在1979年春天,即在这股反动思潮刚刚露头的时候,就向全社会提出,"要坚持四项基本原则",以后,又明确地把这股思潮称之为"资产阶级自由化",要求全党、全国人民旗帜鲜明地反对资产阶级自由化。针对极少数人否定毛泽东思想其中包括毛泽东哲学思想指导地位的狂妄企图,邓小平强调指出:"毛泽东思想过去是中国革命的旗帜,今后将永远是中国社会主义事业和反霸权事业的旗帜,我们将永远高举毛泽东思想旗帜前进。"在80年代,邓小平从政治上和思想上,始终领导着反对资产阶级自由化的斗争,通过斗争,使毛泽东思想和毛泽东哲学思想的指导地位不断地得到巩固,并在社会主义建设和社会主义改革事业中发挥出越来越大的指导作用。

为了维护毛泽东哲学思想的指导地位,在新时期,邓小平还与陈云一起,反复倡导干部首先是各级领导干部学习马克思主义理论特别是马克思主义哲学,并借以提高干部在社会主义实践中的"原则性、系统性、预见性和创造性"。由于邓小平、陈云等人的积极倡导和大力支持,一个遍及全国的干部学习哲学的热潮终于在今天形成了。随着这种学习热潮不断推进,马列主义、毛泽东哲学思想的基本观点、基本原则,必将深深扎根于干部和群众之中,并不断化为改造社会、改造世界强大的物质力量。

二、运用毛泽东哲学思想,创建安定团结的政治局面

邓小平是一位忠诚而又成熟的马克思主义者。在他的革命生涯中,不仅勇于坚持和维护毛泽东哲学思想,而且善于运用毛泽东哲学思想,解决革命和建设中遇到的种种难题。

经历了十年内乱,中国社会问题成堆。在纷繁复杂的问题中,最为棘手又最关键性的问题有两个:一是如何摆脱内乱的困扰,在全国造成一个长期稳定的、民主和谐的新局面;一是如何摆脱长期形成的僵化体制的束缚,创造出一个充满生机和活力的社会主义的新体制。为了解决这两个关系到中国社会主义事业前途和命运的重大问题,邓小平从党的十一届三中全会起,尊重实践,依靠集体,依靠群众,并以毛泽东哲学为指导,苦心思虑,终于取得了巨大的成果。

在认真总结历史经验教训的基础上,邓小平深刻指出:"在今天,中国的问题,压倒一切的是需要稳定。没有稳定的环境,什么都吹了,已经取得的成果也会失掉;实现四个现代化没有一个安定团结的政治局面是不可能的。"

邓小平强调社会的稳定,强调社会的安定团结,并不意味着不要民主,不发挥群众的首创精神,更不意味着全社会"鸦雀无声"。邓小平所谓的"稳定"和"安定团结",是在充分尊重和保障每个社会成员正当的民主、自由权利基础上的"稳定"和"安定团结";是在充分发挥每个社会成员建设社会的主动性、积极性和创造性基础上的"稳定"和"安定团结",是在将每个社会成员的个人意志集中起来作为一种统一行动的基础上的"稳定"和"安定团结"。用邓小平自己的话说,他所设想的"稳定"和"安定团结",也就是毛泽东在《1957年夏季的形势》中所设想的那样一种政治局面,亦即"又有集中又有民主,又有纪律又有自由,又有统一意志又有个人心情舒畅,生动活泼,那样一种

政治局面"。

实践经验表明,要在中国造成这样一个局面,首先需要以正确的认识教育干部和群众,并在干部和群众认识提高的基础上统一人们的意志,统一人们的行动。为了提高人们的认识,在十一届三中全会以后的十年中,邓小平对以下实践提出的若干重要认识问题,作了马克思主义的说明:(1)当前中国社会的阶级斗争形势;(2)社会主义民主;(3)资产阶级民主;(4)群众运动和"大民主"。

关于阶级斗争形势。邓小平按照实事求是原则的要求,从当前中国社会的现实出发,客观地分析了当前国内阶级斗争的形势。他指出,在社会主义改造基本完成以后,在中国"确已消灭了剥削阶级",在这样的条件下,社会上不会再"产生一个资产阶级或其他剥削阶级",党内也不会"有一个资产阶级"。基于这种情况,他认为,我们必须"反对把阶级斗争扩大化"。同时,他又指出:"在社会主义社会,仍然有反革命分子,有敌特分子,有各种破坏社会主义秩序的刑事犯罪分子和其他坏分子,有贪污盗窃,投机倒把的新剥削分子,并且这种现象在长时期内不可能完全消灭。同他们的斗争不同于过去历史上的阶级对阶级的斗争(他们不可能形成一个公开的完整的阶级),但仍然是一种特殊形式的阶级斗争,或者说是历史上阶级斗争在社会主义条件下的特殊形式的遗留。对于这一切反社会主义的分子仍然必须实行专政"。

客观地全面地阐明当前社会阶级斗争的形势,不仅对于正确地开展阶级斗争具有重大的指导意义,而且对于造成安定团结的政治局面具有重大的指导意义。实践表明,错误地对待阶级斗争,常常导致社会的动乱;忽视必要的阶级斗争,让阶级敌人钻了空子,就可能造成一种类型的动乱;夸大阶级斗争,把阶级斗争扩大化,又会造成另一种类型的动乱。因此,对阶级斗争形势的恰当估计,并按这种估计正确地开展阶级斗争,成为保证社会安定团结,防止社会动乱的基础和前提。

关于社会主义民主。邓小平根据历史唯物主义和科学社会主义的基本观点,把社会主义民主看作是社会主义政治制度中的一项基本内容和社会主义进一步发展的要求,因而,在他看来,社会主义社会应当是具有"高度民主"的社会,"没有民主就没有社会主义"。基于这个基本观念,他主张,通过政治体制改革,逐步扩大社会主义民主。同时,他又按照唯物辩证法的要求,历史地、全面地看待社会主义民主。他认为,人们在看待社会主义民主的时候,应当:(1)善于将社会主义民主同资产阶级民主严格区别开来;(2)善于把社会主义民主同对敌专政,同集中制、法制、纪律以及党的领导联系起来;(3)善于把社会主义民主本身当作一个不断发展、不断完善的过程。他说:"我们在宣传民主的时候,一定要把社会主义民主同资产阶级民主、个人主义民主严格区别开来,一定要把对人民的民主和对敌人的专政结合起来,把民主和集中、民主和法制、民主和纪律、民主和党的领导结合起来。"又说:"民主化和现代化一样,也要一步步地前进。社会主义愈发展,民主也愈发展。"邓小平强调指出,决不能离开民主的阶级本质、离开民主同其他相关范畴的联系、离开民主自身的过程性去谈论民主,否则,就会陷入"极端民主化和无政府主义"。

关于资产阶级民主。邓小平根据历史唯物主义的阶级观点和阶级分析方法,具体地分析西方资产阶级社会中的那种民主。他反复指出,资产阶级民主在实际上只是资产阶级少数人的民主。在他看来,盛行于西方资产阶级社会的那种"多党制"、"三权鼎立"和"普选制",实质上是为资产阶级的统治服务的,它并不代表劳动群众利益,并不意味着劳动群众当家做主,只是资产阶级社会的一种欺骗性的装潢。他指出,西方社会的"那种多党制是资产阶级互相倾轧的竞争状态所决定的,它们谁也不代表广大劳动人民的利益";西方社会的那种"三权鼎立"和"普选制",无非是一种资产阶级专政的一些愚弄本国人民和向外扩张的具体手段;从管理效能上看,恰恰是"它们的弱点而不是强点"。他指出,"三权鼎立",实际是形成"三个政府",结果"力量互相牵制和抵消"。"普选制",吵吵嚷嚷,无益于集中统一的领导。因此,这些形式对于需要通过集中统一领导加速本国经济发展的发展中国家来说,只能起消极、破坏作用。他在同一位西方资产阶级的头面人物谈话中指出:"中国如果照搬你们三权鼎立、普选制(我们没有这个条件),中国肯定是动乱局面,今天这个上街,明天那个上街,这个日子还能过吗? 还有什么精力搞建设? "

关于群众运动和"大民主"。邓小平运用历史主义的观点看待群众运动和"大民主"。群众运动和"大民主"是一种大规模的、不受法制限制的社会活动方式和斗争方式。这种方式在不同的历史条件下起着不同的作用。在中国革命历史上,它曾在推翻剥削阶级统治和剥削制度斗争中起过十分积极的作用。但是,到了社会主义制度基本确立、人民成了国家和社会主人的时候,它又可能走向自身的反面,搞群众运动,搞"大民主",客观上起着乱了人民自己帮助敌对势力的消极作用。邓小平基于这种历史主义的观念,反对在新时期继续搞群众运动和实行"大民主"。他指出:"我们过去在社会主义改造完成以后,仍然搞这个运动、那个运动,一次运动耽误多少事情,伤害多少人"[1];"'文化大革命'时搞'大民主',以为把群众哄起来,就是民主,就能解决问题,实际一哄起来就打内战"[2];大鸣、大放,大字报和大辩论,亦即所谓的"四大","作为一个整体看,从来没有产生积极的作用"[3],因

---

①②③《邓小平文选》(1975—1982)第 162,154,231 页。

此,他坚决主张,停止群众运动,废止"大民主"和取消"四大"。

如同准确地估计阶级斗争形势一样,全面地、准确地阐述社会主义民主概念及与此相关的一些问题,对于社会主义事业具有十分重要的指导意义。一方面,有利于人们按照正确途径建设社会主义民主政治;另一方面,也有利于保障社会的安定团结和防止敌对分子借用"争取民主"口号来制造社会动乱。国际的经验和中国自身的经验表明,社会上的极少数敌对分子,为了推翻社会主义制度和人民政权,常常通过抽象地谈论民主,把社会主义民主篡改为资产阶级民主;常常以资产阶级的"形式民主"来否定社会主义的"实质民主";常常利用人们,特别是青年学生急于民主化的心理煽动搞"大民主",从而制造出一次又一次的动乱。从这个意义上讲,邓小平的完整、准确的民主观,对于广大干部和群众来说,无疑是一种保证社会安定团结,防止社会动乱的"新式武器";对于容易上当受骗的人们来说,又无疑是一种"头脑清醒剂"。

在邓小平看来,在中国创建安定团结的政治局面,除了澄清理论是非,还得有一整套强有力的实际措施。他根据历史唯物主义关于社会治理的基本要求,突出地抓了以下几方面的工作。

(1)激励人们团结奋进的精神。毛泽东曾经指出,人是要有一点精神的。这里所谓的精神,就是社会主义、共产主义团结奋进的精神。人们有了这种精神,一方面可以发挥出巨大的创造力,另一方面,也可以促进全社会的团结和统一。为了培养和发挥社会主义、共产主义精神,邓小平提出,要在建设物质文明的同时,大力建设社会主义精神文明,抵制资产阶级和其他剥削阶级的"精神污染";提出要在全社会发扬革命战争时期那种"革命和拼命精神,严守纪律和自我牺牲精神,大公无私和先人后己精神,压倒一切敌人,压倒一切困难的精神,坚持革命乐观主义,排除万难去争取胜利的精神";提出要在全社会大力造就"有理想、有道德、有文化、有纪律"的社会主义新人。为了使全国人民成为一个紧密的整体，特别强调对社会成员特别是青年进行理想和纪律的教育。他说："我们这么大的国家，怎样才能团结起来、组织起来呢? 一靠理想，一靠纪律。组织起来就有力量。没有理想，没有纪律，就会像旧中国那样一盘散沙"，因此，"教育我们的人民尤其是青年要有理想"。

(2)进一步发挥"专政"的镇压功能。按照历史唯物主义，人民民主专政的根本职能就在于保护人民，镇压敌人。由于当今中国社会仍然存在着"特殊形式的阶级斗争"，专政的镇压职能决不能削弱，而且必须加强。邓小平根据客观实际，尖锐地指出，在今天，社会上仍然存在着"四人帮"的残余分子、新生的打砸抢分子、各种流氓集团、刑事犯罪分子、国外和境外派遣的特务分子、"民主派"、无政府主义分子、极端个人主义分子以及那些"别有用心的人"。他指出，"这些都是不安定的因素"; 我们同他们的斗争，"虽然不都是阶级斗争，但是包含阶级斗争"。他指出，对于这些人，"凡能教育的都要教育，但是不能教育或教育无效的时候，就应该对各种罪犯采取法律措施，不能手软。"他强调指出："在对反革命分子、破坏分子和各种犯罪分子做斗争的问题上，各级党组织直到每个支部的态度都要十分坚定，不能有任何游移不定、含糊不清的表现。"

(3)抓社会的总体建设。按照历史唯物主义，一个社会的经济、政治、思想和文化，是一个紧密联系、交互作用的整体。社会的发展，要靠这些因素共同发挥作用，社会的安定团结，也要靠这些因素共同发挥作用。基于这种观念，邓小平指出："真正要巩固安定团结，主要地当然还是要靠积极的、根本的措施，还是要依靠发展经济、发展教育，同时也要依靠完备法制"; "经济搞好了，教育搞好了，同时法制完备起来，可以在很大程度上保障社会有秩序地前进"。

正是由于邓小平坚持以毛泽东哲学思想为指导，正确地解决了有关中国社会安定团结的一系列重大理论问题和实践问题，中国社会能够较快地从"十年文革"造成的严重动乱局面中摆脱出来，并在此基础上形成了比较巩固的安定团结的局面。尽管在过去的十年中，由于某些领导人的失误，忽视了思想政治工作和必要的斗争，一小撮坏人伺机多次制造动乱，但都迅速得到制止。随着人们对邓小平基于毛泽东哲学思想基础的安定团结的理论不断深入人心，中国社会安定团结的局面将不断地巩固和发展。

三、运用毛泽东哲学思想，拓宽社会主义建设的思路

在运用毛泽东哲学思想创建安定团结的政治局面的同时，邓小平还着力运用毛泽东哲学思想的原理、原则，解决中国社会主义事业进一步发展的问题。

邓小平一贯坚定地认为：社会主义不仅能够救中国，而且能够发展中国，走社会主义道路是中国人民的唯一正确的选择。他曾指出，中国一走上社会主义的发展道路，中国历史上长期存在的那种混乱状态终于结束，中国长期存在的那种贫困落后状态，也开始得到改变。他说："社会主义革命已经使我国大大缩短了同发达资本主义国家在经济发展方面的差距。我们尽管犯过错误，但我们还是在三十年间取得了旧中国几百年、几千年所没有取得过的进步。我们的经济建设曾经有过较快的发展速度。现在我们总结了经验，纠正了错误，毫无疑问将来会比任何资本主义国家发展得都快，并且比较稳定而持久"；"社会主义的经济是以公有制为基础的，生产是为了最大限度地满足人民的物质、文化需要，而不是剥削。由于社会主义制度的这些特点，我国人民能有共同的政治经济社会理想，共同的道德标准。"基于这种见解，他认为，在过去，"我们选择的道路是正确的"，在今后，

"我们必须坚持社会主义道路"。

在充分肯定道路选择正确性的同时,邓小平又实事求是地指出,中国社会主义的实际发展过程是经历了曲折的。这种曲折,具体表现在"中国社会实际上从 1958 年开始到 1978 年 20 年时间内,长期处于停滞和徘徊状态,国家的经济和人民的生活,没有得到多大的发展和提高"。在他看来,造成这种状况,一方面是因为我们自己犯了"大跃进"和"文化大革命"一类的错误;另一方面,也因为"过去我们搬用别国的模式,结果阻碍了生产力的发展,在思想上导致僵化,妨碍人民和基层积极性的发挥"。

邓小平这里所谓的"别国模式",自然是指苏联的社会主义模式。苏联的社会主义模式,作为一种社会模式,一方面体现着社会主义的原则精神,另一方面,它又反映着本国的具体情况。长期实践表明,苏联模式在促进社会发展上是有严重缺陷的。这种缺陷主要表现在:

(1)经济成分过分地单一化;

(2)从根本上否定了社会经济所具有的"商品经济"性质;

(3)忽视了国民经济各部门的协调发展;

(4)忽视了社会主义民主建设和精神文明建设;

(5)社会管理上,权力过分集中。

正是由于这些缺陷,不可避免地要压抑社会主义事业的生机和活力。

基于这种实事求是的分析,邓小平依照唯物辩证法"共性同个性相统一"的要求,明确提出:"把马克思主义的普遍真理同我国的具体实际结合起来,走自己的道路,建设有中国特色的社会主义。"

为了建设具有中国特色的社会主义,邓小平对社会主义的原则体系做了进一步的集中和概括。人们知道,过去人们谈论社会主义原则时,总是举出关于经济、政治、思想、文化等各具体领域的原则。在邓小平看来,在这些具体的原则中包含有更为根本性的原则。坚持了它,就是坚持了社会主义;背离了它,就是背离了社会主义。经过深入研究,邓小平认为:"一个公有制占主体,一个共同富裕,这是我们所必须坚持的社会主义的根本原则。"

为了建设具有中国特色的社会主义,邓小平还实事求是地分析了中国经济发展的现状。他指出,中国当前社会的经济,就其水准来说,一方面,经过多年的努力,已经"建立了比较完整的工业体系,培养了一批技术人才",从而有了较好的基础;另一方面,又"由于底子太薄","现在中国仍然是世界上很贫穷的国家之一。中国的科学技术力量很不足,科学技术水平从总体上看要比世界先进国家落后二三十年"。就其潜力来说,中国的特点是"地大物博"、"人口众多",人均资源和耕地偏少。这一方面,给以后的发展带来资源、劳力和人才方面的有利条件,同时,又会在吃饭、教育和就业等方面造成"严重的问题"。

结合社会主义的根本原则和中国的具体国情,中国的社会主义道路不能不具有许多独特之点。"构成复杂","过程漫长","劳动密集","东方风情"等等,不能不是这种社会主义的一些基本特征。基于这种情况,邓小平形成了自己关于中国社会主义进一步发展的基本构想。这个构想的主要内容是:

(1)中国的社会主义,必须是从中国的实际出发,"按照中国的情况"建设的社会主义,中国的社会主义,还只能是"依靠中国人自己的力量","独立自主、自力更生"建设的社会主义。

(2)中国的社会主义,由于起点较低,必然经历一个很长的分阶段的发展过程。在中国,从社会主义改造基本完成,直至21世纪中期,社会主义事业仍处于发展的初期。这个阶段属于社会主义发展的"初级阶段"。

（3）中国的社会主义，"第一位任务是要发展社会生产力"，在社会主义发展的初级阶段，主要任务是实现农业、工业、科学技术和国防四个方面的现代化。

（4）中国的社会主义，始终把建设社会主义的精神文明作为一项重要的发展目标；在大力发展物质文明的同时，努力建设社会主义的精神文明。

（5）中国的社会主义，它的经济性质属于社会主义的有计划的商品经济。在社会主义发展的一定时期，社会主义经济，在所有制形式上，实行"公有制占主体"条件下的多种经济成分并存；在分配方式上，实行"按劳分配占主体"条件下的多种分配方式并存。

（6）中国的社会主义，它的国家政权性质是人民民主专政。在党派关系上，实行中国共产党领导下的多党合作制。社会主义国家始终把建设社会主义的民主政治作为一项重要的发展目标。

（7）中国的社会主义，在其发展的一定时期，实行"一个国家，两种制度"的方针。在保证"主体是社会主义"和承认国家统一的条件下，通过"一国两制"的方式逐步实现祖国统一。

（8）中国的社会主义，在对外关系上，实行"独立自主"的外交政策和对外开放政策，同时坚定不移地反对各种形式的霸权主义和国外垄断资产阶级对中国进行侵略、颠覆以及"和平演变"的活动。

（9）中国的社会主义，在其整个发展过程中，通过有领导、有秩序的社会改革，自觉地调整各种社会矛盾，逐步完善社会主义制度，不断激发自身的生机和活力。

（10）中国的社会主义，在其整个发展过程中，始终坚持中国共产党在各项工作中的领导地位，同时，不断改善这种领导，以发挥人民群众的社会主义主动性、积极性和创造性。

邓小平关于中国社会主义进一步发展的基本构想，由于它是立足于中国实际的,又是体现了社会主义根本原则的,因而它能准确地回答中国社会主义在其发展过程中所遇到的种种难题。其中主要表现在:

(1)中国社会主义发展的总的航程和航船的即时定位问题。邓小平在构想中,把中国的社会主义看作是一个很长的分阶段的发展过程,指出中国的社会主义在当前正处于社会主义发展的"初级阶段"。这就在实际上,为中国的社会主义航船提供了一个科学的"坐标系",并准确地测定这个航船当前所处的具体坐标。人们有了这个坐标系和即时定位,就可正确地规划自己的行动。人们有了这个坐标系和即时定位,就能防止和克服那种无压力、无紧迫感的右倾情绪,又能防止和克服那种"急于求成"、"忙于过渡"的"左倾"观念。曾经发生过的"左"的错误,就其认识根源而言,它与对中国社会主义发展的长期性和当前所处的初始地位缺乏了解有关。现在有了准确的航程图和准确的定位,中国社会主义航船就可既积极又稳妥地向前航行。

(2)中国社会主义进一步发展动力源泉问题。邓小平在自己的构想中,在明确各自的主次地位的前提下,强调社会主义发展目标的"总体性"和"相互协调性";提出社会主义经济形式的"多样性"和彼此间的"互补性";提出中国同外国在经济和技术上的"相互开放","相互交流",这就在实际上为中国社会主义进一步发展开拓了新的"动力源"。在"总体协调"中发掘动力,在多种经济成分互补中发掘动力,以及在中外交流中开拓动力,最终为社会主义进一步发展增强"实力"。十年的实践表明,这些思路是完全正确的,它确实能为社会主义事业增加推动力。过去,由于僵化观念的束缚,不能自觉地、积极地开拓这些动力的源泉,而是通过夸大主观意志的作用和扩大化的阶级斗争来发掘动力,结果,非但不能开拓出"动力",反而挫伤了人民群众的积极性。现在有了新的思路,社会主义发展的动力不断涌现,社会主义事业就可持续而又快速的发展。

(3)推动中国社会主义发展的正确变革方式问题。邓小平在自己的构想中,把有领导、有秩序的社会改革作为推动社会主义自身发展的唯一的变革方式。由于这种变革方式,突出了人的自觉性,突出了变革的秩序性,突出了渐变和部分质变,就可避免遭受巨大破坏的情况下,逐步实现社会主义制度由不完备到完备,由不成熟到成熟,由低级到高级的发展。在过去,人们也曾希望找到一种推动社会主义发展的变革方式,但是囿于传统观念,采取了"一个阶级推翻一个阶级"的社会革命方式,结果,不但没有推动社会前进,反倒造成严重的破坏。现在有了既积极而又稳妥的变革方式,中国的社会主义事业就可不断向前发展。

在新时期,中国的社会主义事业正是由于在这种基本构想指引下进行的,因而取得了中国历史上前所未有的发展。新时期的实践成功,反转过来又表明,邓小平关于中国社会主义进一步发展的构想,是切合中国国情的,实践中是行之有效的,因而是完全正确的。今后,只要严格按照这一基本构想开展工作,中国的社会主义事业定会取得更大成功。

四、在实践中,进一步发挥发展"实事求是"的原则

邓小平在以毛泽东哲学思想为指导,解决社会主义建设重大理论问题和实践问题的同时,认真吸取新的时代精神,总结历史的和现实的实践经验,并使之上升到哲学理论的高度,从而为毛泽东哲学思想体系增添了新的内容。

在新时期,邓小平对毛泽东哲学思想做出的理论贡献是多方面的,它涉及认识论、发展观和社会历史观的许多具体环节。其中,最为突出的,有这样几个方面:

(1)在实践中，进一步发挥、发展了实事求是的原则；

(2)在实践中，重新肯定了"对立面协调、和谐"辩证观念；

(3)在实践中，将社会改革当作社会历史中的重要变革方式；

(4)在实践中，准确估计了科学技术和知识分子在社会历史发展过程中的地位和作用。

我们知道，最先将"实事求是"作为哲学命题的是毛泽东。毛泽东运用"实事求是"这一中国人熟悉的语言来表述辩证唯物主义的认识路线，即从客观到主观，从对事物现象的认识到本质、规律的认识路线。由于这个表述，既通俗易懂，又富有中国特色，因而使这种科学的认识理论在中国人中间广泛地传播开来。

随着人们对"实事求是"原则的反复运用，积累起新的认识经验，并把这些经验上升为理论的则是邓小平。邓小平在新的历史条件下，总结了近40年人们贯彻"实事求是"原则的成功经验和失败教训，进一步发挥、发展了"实事求是"的原则。

(一)赋予"实事求是"更为广阔的含义

什么是"实事求是"? 毛泽东曾经有过经典性的解释。在他看来，所谓"实事"，就是客观存在着的一切事物，所谓"是"，就是客观事物的内部联系，即规律性，所谓"求"，就是我们去研究。概括起来，"实事求是"，也就是通过对客观事物由表及里的研究，把握其中的客观规律性。

毛泽东的解释自然是科学的、准确的。但是，毛泽东当时的解释，主要是针对教条主义者和经验主义者主观唯心主义倾向的，因而着重强调认识的客观性，而没有特别强调认识的不断变动和发展。在新形势下，由于客观情况的变化，人们需要从僵化的观念束缚下解放出来，因而需要对"实事求是"做出动态的解释。

什么是"实事"? 在邓小平看来，所谓"实事"，就是不断变化、发展着的客观事物。在邓小平那里，"实事"，不仅指客观事物的原有情况，原有条件，原有问题，而且还指客观事物的"新情况，新条件，新问题"。换句话说，"实事"，既指客观事物的原有情况，又指它的新情况；既指客观事物的原有条件，又指它的新条件；既指客观事物中包含的原有问题，又指它在新形势下出现的新问题。坚持"实事求是"，就不仅要着眼于客观事物的原有情况，原有条件，原有问题，而且要着眼于它的"新情况、新条件、新问题"。

邓小平在新形势下对"实事求是"所做的新的解释，既肯定了认识的客观性，又强调了认识的变动性，从而把认识论中的唯物主义和认识论中的辩证法进一步统一起来，正是由于这种统一，既有益于人们继续坚持"一切从实际出发"的唯物主义立场，又有益于人们不断解放思想，自觉地研究新情况，解决新问题。

党的十一届三中全会的召开，标志着中国社会主义进入新的发展时期。在这个时期，中国的社会主义事业势必出现许多新的情况，提出许多新的问题，无视这些新情况、新问题，社会主义事业就不能前进。例如，中国在社会主义改造基本完成以后，国内阶级斗争形势发生了根本性的变化。尽管社会上还存在阶级斗争，但它已不是社会的主要矛盾。认识不到这一点，继续坚持"阶级斗争为纲"，势必造成阶级斗争扩大化。又如，在国际上，在当前，尽管战争的危险依然存在，但是，和平和发展已成了当今世界的两大主题。认识不到这一点，过分强调战争爆发的危险性和迫在眉睫，势必会造成在国际交往中放不开手脚。

邓小平从动态角度解释"实事求是"，为人们冲破陈腐观念的束缚，不断解放思想，提供了哲学的指导。既然客观事物不断变化着、发展着，人们就得不断地使自己的思想适应变化了的形势，不断研究变化了的情况，解决新出现的问题。在新时期，邓小平特别强调人们要解放思想,在他看来,"解放思想,就是要运用马列主义、毛泽东思想的基本原理,研究新情况,解决新问题"。在新时期,人们正是解放了思想,人们对于社会主义的认识有了较大的进展。基于这种认识的进展,整个社会主义事业出现了新的局面。

邓小平在对"实事"做出动态性解释的同时,还总结了历史上的认识经验,进一步阐明了"求是"的正确途径。在充分肯定毛泽东历来倡导的"调查研究"、"群众路线"等基本方法的前提下,特别对以下几个方面作了重要的发挥和补充:

(1)在认识中要不断破除成见。按照辩证唯物主义的观点,人们的认识过程也是一个不断地除旧布新的过程。在认识中,原有的认识,如果已经被实践证明已经过时或者已经起阻碍作用的时候,应当无情地抛弃它,根据新的实践建立起新的认识。至于个人的偏见和社会的谬见,更是在首先应当克服之列。不克服错误认识,认识就不能深化和发展。邓小平在新时期倡导思想解放,就其实质而言,就是消除种种成见,并在此基础上建立起新的认识。正如他自己所说,解放思想,在实质上,就是"在马克思主义指导下打破习惯势力和主观偏见的束缚,研究新情况,解决新问题"。因此,人们为了获得客观事物"新情况、新问题"的认识,就得自觉地破除自己的成见,切实净化自己的头脑,并在此基础上,面向新的实际,通过反复的调查研究,把握其本质及其规律性。

(2)充分尊重实践的权威。按照辩证唯物主义的观点,实践是认识的源泉,又是检验认识是否具有真理性的唯一标准。但是,长期以来,人们囿于历史唯心主义的谬见,总是习惯于把"权威人物"的言论作为评判认识是非的标准。结果,迷信之风盛行,堵塞了认识继续发展的道路。针对这种情况,邓小平满腔热情地支持1978年开始的关于真理标准的讨论。他指出:"不要小看实践是检验真理的唯一标准的争论。这场争论的意义太大了,它的实质就在于是不是坚持马列主义、毛泽东思想。"又说:"一个党,一个国家,一个民族,如果一切从本本出发,思想僵化,迷信盛行,那它就不能前进,它的生机就停止了。"总之,在邓小平看来,唯有充分尊重实践的权威,人们的认识,才有可能切合实际,才有可能继续发展,唯有如此,人们才算真正做到了"实事求是"。

（3）全面地对待"犯错误"。按照辩证唯物主义的观点,人们在认识过程中,由于客观和主观的条件限制,出现这样那样的错误"总是难免的"。正确的态度,应当是及时地总结经验、修正错误,通过不断地克服小错误防止犯大的错误。但是,人们在认识过程中,或是由于过分自信,不承认错误;或是借口"错误难免",不认真地克服错误,结果造成了严重的错误。针对这种情况,邓小平反复强调,对待错误,一是要勇于承认,二是"发现问题就赶快改"。在他看来,只有这样,"错误就可以随时得到纠正",人们的认识也就更接近真理。

（二）以"实事求是"为核心,建构完整的认识路线

邓小平在总结人们认识经验过程中深刻认识到,"实事求是"绝不是一项孤立的原则,它与认识论中其他许多原理、原则都有着深刻的内在联系。人们要取得正确的认识,必须把"实事求是"同其他重要的原理、原则有机地结合起来,从而形成一个完整体系。邓小平根据实际的认识经验,特别注意把"实事求是"同"一切从实际出发"、"理论联系实际"和"在实践中检验真理和发展真理"等认识原则结合起来,这就形成了党的"十二大"所肯定的"一切从实际出发,理论联系实际,实事求是,在实践中检验真理和发展真理"的完整的认识路线。

在邓小平看来,要做到"实事求是",首先得"一切从实际出发"。所谓"一切从实际出发",就是观察和解决"一切问题"的时候,观察和解决一个问题的时候,自始至终都得从实际出发。只有这样,才能保

证认识的充分客观性,才能保证认识的充分可靠性。否则,认识中或是全部地或是部分地存在着主观臆测的成分。这样,在实践中仍有可能犯错误。从这个意义上说,"一切从实际出发",是认识中做到"实事求是"的根本前提。

在邓小平看来,要"实事求是",还得"理论联系实际"。所谓"理论联系实际",就是要求人们在运用理论指导实践的时候,善于把理论同当时、当地的实际情况结合起来,善于把一般的理论原则具体化。只有这样,理论才能起到改造社会、改造世界的作用。否则,理论,即便是十分科学的理论,也会变成"无对象的"和空洞的理论,甚至还会产生消极作用。因此,"理论联系实际",实际成了保证认识能有效地指导实践的一个重要环节。

在邓小平看来,要"实事求是",还得承认"在实践中检验真理和发展真理"的原则。所谓"在实践中检验真理和发展真理",就是要求人们在认识中,真正把实践当作整个认识的基础,当作认识的源泉,当作检验认识是否具有真理性的唯一标准,并注意运用实践来考验认识和发展认识。只有这样,认识才能切合实际,不断发展。否则,就认识论认识,认识势必会凝固化或发生偏差。因此,"在实践中检验真理和发展真理"的原则,也是保证人们的认识能够"实事求是"并继续发展的根本性原则,切不可脱离。

邓小平以"实事求是"为核心,结合认识论相关原则,建构完整的认识路线,从理论上说,可以使人们对"实事求是"把握得更为完整,更为准确,从指导实践来说,则可使人们少犯错误,取得更为积极的效果。

(三)明确肯定"实事求是"是整个哲学体系的基础和核心

邓小平根据马克思主义的观点和实践经验,反复强调,"实事求是"在整个哲学体系中,不是一般性的原则,而是整个体系的基础和核心。

按照马克思主义的观点，任何一种哲学都包含着它对哲学基本问题的回答。是认为存在决定精神，还是精神决定存在？是认为世界可知的，还是世界不可知的？所谓的"实事求是"，体现着辩证唯物主义哲学对于基本问题的回答，它肯定着存在决定精神，肯定着世界的可知性。正是由于这种回答，决定着这种哲学具有彻底的唯物主义性质，决定着整个哲学体系的各项原理、原则，都立足于彻底的唯物主义基础之上。因此，从这个意义上讲，"实事求是"是毛泽东哲学思想以至整个毛泽东思想的基础和核心。

按照马克思主义的观点，认识路线还是"确定政治路线的基础"。一条正确的政治路线，总是从本国的国情出发，善于把马克思主义普遍真理同本国国情具体地结合起来的，换句话说，总是"实事求是"的。一条错误路线，总是不从本国国情出发，总是简单地搬用理论或外国的模式，换句话说，它总是不"实事求是"的。因此，正确路线同错误路线的争论，归根到底是关于是否"实事求是"的争论。这样，是否实事求是，成为正确路线同错误路线斗争的真正焦点。

邓小平，作为一个马克思主义的理论家和杰出的无产阶级革命家，深知马克思主义理论，亲历革命的实践，他根据长期的理论实践相统一的切身体验，明确地认为："实事求是"是"无产阶级世界观的基础"；是毛泽东哲学思想以至整个毛泽东思想体系的"出发点"和"根本点"；是毛泽东哲学思想以至整个毛泽东思想体系的"精髓"。

邓小平强调"实事求是"是毛泽东哲学思想和整个毛泽东思想体系的"基础"、"出发点"和"根本点"，强调"实事求是"是毛泽东哲学思想和整个毛泽东思想体系的"精髓"和灵魂，从根本上揭示了毛泽东哲学思想和整个毛泽东思想体系本身包含的"彻底的唯物主义"本质精神。人们把握了这种精神，就可变得思想开阔，在实践中

"勇于思考、勇于探索、勇于创新"，从而为革命和建设事业做出更大的贡献。

五、在实践中，重新肯定"对立面协调、和谐"的辩证观念

邓小平在哲学上另一个重要理论贡献，是他在新的实践中，重新肯定了"对立面协调、和谐"这一古老的辩证法原则。

"对立面协调、和谐"本是辩证法"题中应有之义"。辩证法认为，事物矛盾的两个对立面的关系，既可能是不协调、不和谐的，又可能是协调、和谐的。正基于此，古希腊辩证法家们，总是把艺术作品的协调、和谐作为美学的追求；中国古代辩证法家，总是把人群内部的协调、和谐当作人伦的理想。

在古代辩证法家那里，所谓的"协调、和谐"，绝不是后代人误解的那样，是对立面双方的"等同"，或是对立面双方的"合并"，而是对立面双方，在特定条件下，因特性上的"契合"、"匹配"和"对路"而造成的"协同共进"。这种情形是在对立基础上出现的，是"对立造成和谐"①。因此，"对立面协调、和谐"的观念，本质上是一种辩证的观念。

那么，什么是"对立面协调、和谐"的具体所指呢？

首先，它指矛盾存在和演变过程中出现的一种状态。古希腊的辩证法大师赫拉克里特曾经指出，事物矛盾的对立面之间，"既是协调的，又不是协调的；既是和谐的，又不是和谐的"②。换句话说，事物矛盾在其存在和发展过程中，两个对立面之间的关系，呈现出"不协调、不和谐"和"协调、和谐"的两种状态，"协调、和谐"，是其中的一种状态。

---

①②《古希腊罗马哲学》，第 23、19 页。

其次,它指矛盾对立面演变的一种趋势、一种结局。在辩证法家看来,事物矛盾不是静止的,总是向前发展的。但这种发展是"两向"的。一种趋向,是对立双方的相互关系,在特定的条件下,变得越来越不协调、越不和谐;随着冲突的不断加剧,最后导致矛盾的"一方克服另一方"。另一种趋向,则是对立双方的相互关系,在特定条件下,变得越来越协调、越和谐,最后导致"对立双方协调、和谐",并造成"对立双方"的"协同共进"。

最后,它指调处矛盾关系的一种指导原则。基于以上两种情况,就为人们调处各类矛盾提供了一种指导原则。一般说来,对于具有对抗性质的矛盾,矛盾的一方为了克服另一方,总是力图促使不协调、不和谐的状态加剧,最后达到"战而胜之"、"取而代之"的目的。对于具有非对抗性质的矛盾,总是通过调整相互关系,力求使对立双方变得越来越协调、越来越和谐,最后达到对立双方"长期共存、相互促进"的目的。另外,有一些对抗性矛盾,因其发展是一个很长的过程。在这种长过程中的一定阶段上,矛盾一方,为了迅速增殖自身的力量,也常常把对立双方的相互关系调整到"相对的""协调、和谐"的状态,借助对方的力量来发展自己,达到"化消极为积极"的目的。

因为"对立面协调、和谐",是客观矛盾存在和演变过程出现的状况,因为人们在长期实践中渐渐懂得运用促使对立面协调、和谐的原理、原则达到自己的目的,所以,在历史上,人们作了许多创造。例如,人们在日常生活中,总是善于通过不同音响的和谐造成"乐音";通过不同颜色的和谐造成"悦目的色彩";通过人与人之间的协调、和谐发展友谊;通过两性间的协调、和谐建立爱情。又例如,人们在革命和建设中,总是善于通过不同革命阶级、不同革命政党间的协调、和谐建立革命的统一战线;社会不同领域、经济不同部门的协调、和谐形成"总体发展"。

人们之所以重视特定性质的矛盾在特定条件下的"协调、和谐"，根本在于矛盾对立面之间的协调、和谐，可以产生出一种推动事物的"积极力量"。具体地说，它(1)可以促使矛盾统一体变得更为稳定；(2)由于双方特性的"契合"、"匹配"，造成一种"新力"；(3)由于双方特性的"契合"和"匹配"，发挥出一种新的"社会功能"。

在新时期，为了充分发挥社会主义制度的优越性，为了增强建设社会主义的"物质动力"和"精神动力"，人们需要在调处各类社会矛盾的方式上来一个重大的变化。即既用"战而胜之"、"取而代之"的方式来解决一部分社会矛盾，又用促使"对立面协调、和谐"的方式调处另一部分社会矛盾。

邓小平，这位杰出的马克思主义的领导人，在新的历史时期，坚定而又彻底地贯彻马列主义、毛泽东思想"运用不同方式解决不同性质矛盾"的原则，创造性地调处各类社会矛盾，并在实践中取得了巨大的成功。他一方面，主张用"毫不手软"的镇压手段对付那些破坏社会主义事业的敌对势力和敌对分子；另一方面，他又以调整关系的方式，调处人民内部矛盾和其他非对抗性矛盾，促使人民积极性的进一步发挥和社会内部关系进一步协调。同时，对一部分解决矛盾的时机远未成熟的对抗性矛盾，主张在不放弃原则斗争的前提下，在相互关系上做出有限度的调整。具体地说，他主张：

（1）在社会发展上，应当社会的物质文明建设和精神文明建设"一起抓"，在保证经济建设为中心的前提下，全面抓好经济建设、政权建设和思想、文化建设，造成各项建设相互促进，协调发展。

（2）在经济构成和发展上，在保证社会主义经济成分占主体地位的条件下，允许一定数量的非社会主义的经济成分存在，作为社会主义经济成分的"补充"；在保证按劳分配方式占主体地位的条件下，允许一定数量的非按劳分配方式存在，作为按劳分配方式的"补充"；在保证建设重点的条件下,协调各地区、各部门、各行业的关系,保证整个经济的协调发展。

(3)在社会政治关系上,在坚持开展一定范围内阶级斗争的同时,运用民主、和谐的原则,调整人民内部形形色色的矛盾关系。在保证中国共产党居于领导地位的前提下,根据"长期共存、互相监督、肝胆相照、荣辱与共"的原则,调整共产党同民主党派的关系。在保证具有"共同理想、共同道德"的条件下,通过权利和利益关系的调整,促使工人和农民、体力劳动者和脑力劳动者、领导和群众以及民族和民族间的协调发展和进步,使全社会成为一个具有凝聚力的整体。

(4)在对待境外和国外关系上,在坚持"国家统一"和"大陆搞社会主义"的条件下,通过"一个国家,两种制度"的方式统一中国。在保证本国的独立自主的地位和反霸权主义的前提下,开展与不同社会制度及相同社会制度国家间的经济、技术和文化上的合作和交流。从而造成国家的不同部分之间和不同国家之间,在不同程度上"相对的"相互协调、相互促进的状态。

邓小平以上进一步发展社会主义事业的基本主张,由于它们是切合中国国情的,同时,又是完全符合辩证法要求的,从而在实践中为中国社会主义事业开掘出新的"动力"。由于运用"对立面协调、和谐"的原则调处人民矛盾,就使人民内部的方方面面,进一步协调起来,并且发挥出更大的社会主义的积极性。由于运用"对立面协调、和谐"的原则调处社会各部门、经济各领域的矛盾,不同的社会、经济领域也就更高水准上协调起来,并且发挥出各自的和整体的更大的积极作用。由于根据"对立面协调、和谐"的原则,正确地调处了社会主义因素同非社会主义因素间的关系,就使那些本来属于消极的因素,转化为"为我所用"的积极因素。这样,社会主义事业发展的"内力"大大增强了,又可借用一部分"外力",从而使中国的社会主义事业具有更为充足的发展动力。

邓小平在实践中运用"对立面协调、和谐"原则调处矛盾的巨大成功，不能不在理论上充实和发展着毛泽东哲学思想关于矛盾和调处矛盾的学说，把毛泽东哲学思想关于矛盾的理论推进到一个新的高度。

（1）它进一步充实了"矛盾是事物发展动力"的理论。唯物辩证法历来认为，事物的变化、发展，渊源于事物内部的矛盾性，事物矛盾的既同一又斗争推动着事物的发展。但是，长期以来，人们只是强调事物矛盾两个对立面的"排斥"、"冲突"是推动矛盾发展的力量，忽视了事物矛盾两个对立面之间在特定条件下的"协调"、"和谐"，也会产生推动事物发展的力量。邓小平运用"对立面协调、和谐"调处矛盾的巨大成就，不能不使人认识到对立面的"协调、和谐"，在事物变化、发展所具有的积极作用。因此，可以认为，事物矛盾的变化、发展，既渊源于两个对立面的相互排斥、相互冲突，又渊源于两个对立面间的相互协同。

（2）它进一步充实了事物矛盾两种基本属性的理论。唯物辩证法历来认为，事物矛盾具有"同一性"和"斗争性"两种基本的属性。所谓的"同一性"，也就是恩格斯所说的"相互吸引"；所谓"斗争性"，也就是恩格斯所说的"相互排斥"。按照恩格斯的说法，基于矛盾的"一切运动都存在于吸引和排斥的相互作用中"，因此，在矛盾中，"同一性"和"斗争性"是具有同等地位的范畴。但是，长期以来，人们常常把二者割裂开来，片面地抬高"斗争性"，片面地压低"同一性"。认为"斗争性"是绝对的，是事物变化、发展的动力源；认为"同一性"是相对的，只是起着联结两个对立面的作用。邓小平运用"对立面协调、和谐"的原理调处矛盾的巨大成功，不能不使人重新肯定恩格斯那种把"同一性"、"斗争性"紧密结合、同等看待的认识。按照恩格斯的观点，

"所有的两极对立，总是决定于相互对立的两极的相互作用，这两极的分离和对立，只存在于它们的相互依存和相互联系之中，反过来说，它们的相互联系只存在于它们的相互分离之中，它们的相互依存，只存在于它们的相互对立之中"。

（3）它进一步充实了矛盾调处方式的理论。唯物辩证法历来要求，根据矛盾的不同的类型和性质，采取不同的方式来调处矛盾。但是，长期以来，人们总是习惯于运用"一方克服另一方"的方式来解决矛盾。由于调处矛盾方式的"单一化"，结果就不能不在事实上混淆了不同性质的矛盾。邓小平在新时期运用"对立面协调、和谐"的原则来调处矛盾，就在实际上提供了一种调处非对抗性矛盾、人民内部矛盾以及特定条件下对抗性矛盾的有效方式。（自然，这种方式还可具体化为多种形式）有了另一种方式，就有可能从实际上保证做到，运用不同方式解决不同类型和性质的矛盾。在我国，在现时，由于剥削阶级和剥削制度已经消灭，调处非对抗性矛盾和人民内部矛盾已成了主题，运用"对立面协调、和谐"的原则指导调处各类社会矛盾，具有特殊的现实意义。

六、在实践中，肯定"社会改革"是社会变革的一种重要方式

邓小平在哲学上一个突出贡献，是他在实践中，肯定社会改革是社会历史发展过程中的一种重要的变革方式。

纵观人类社会的发展历史，人们不难发现，在历史发展过程中，总是存在着"社会革命"和"社会改革"两种基本的变革方式。所谓"社会革命"是指一种"一个阶级推翻另一个阶级"、"一种制度取代另一种制度"的激烈的社会变革；所谓"社会改革"是指占统治地位的统治阶级进行的，以调整社会制度的某些具体环节为内容的较为缓和的社会变革。由于这两种变革方式，都在不同程度上调整和变革着社会

制度,都在不同程度上调节着各类社会矛盾,都在不同程度上促进社会生产力发展,因而都在社会历史发展中起着积极的作用。

在社会主义社会,由于它的社会制度,是在否定剥削制度的基础上建立起来的公有制为基础的制度,由于它的社会制度,是保证工人阶级和人民大众当家做主的制度,由于它的社会制度,同人类社会最先进的共产主义制度直接联系起来,因而它不需要通过"一种制度取代另一种制度"的方式来解决社会制度问题。

在社会主义社会, 由于它的统治阶级是代表先进社会生产力的工人阶级,由于它的统治阶级是由"解放全人类"为己任的"最大公无私"的阶级,由于它的统治阶级是以科学的世界观和方法论武装起来的阶级,因而,这个社会的统治阶级能够自觉地对社会制度某些有缺陷的环节自觉地进行调整和充实。因而,也就不需要通过"一个阶级推翻另一个阶级"的方式解决社会统治权的问题。

基于以上的原因,社会主义社会为了前进,唯一的选择,就是通过不断地有领导、有秩序的社会改革,促使自身的完善和成熟。

为了推动中国社会主义社会的进一步发展, 邓小平从党的十一届三中全会起,具体地领导了中国社会主义的改革。邓小平领导的这场改革,包含着以下特点:

(1)这场改革是肯定社会主义基本制度的前提下进行的。这场改革,并不否定社会主义基本制度,只是对那些有缺陷、有弊病的"具体制度,具体办法"进行调整和充实。因此,它在性质上,是"社会主义的自我完善",同时,也"在一定的范围内发生了某种程度的革命性变革"。

(2)这场改革是一种具有广泛性的全面改革。这场改革,既在"经济上进行改革,同时相应地进行社会其他领域的改革",因而是涉及经济、政治、文化和社会多个领域的全面改革。

(3)这场改革是和平地、有秩序地进行的。在这场改革中,采取了积极而又慎重的方针;采取了和平的、渐进的方式,在改革中,本着先易后难的原则,先农村、后城市,先经济、后政治,一步一步地向前推进。

(4)这场改革是在共产党和人民政府统一领导下进行的。在改革中,把党和政府的自上而下的领导同人民群众自下而上的支持紧密结合起来。

(5)在这场改革中,始终坚持反对错误倾向的斗争。在改革中,既坚持不懈地克服僵化观念和习惯势力,又坚持不懈地反对试图把改革引入歧途的"自由化"倾向。

邓小平亲自领导的中国社会主义改革,由于它的方向和措施是稳妥的,因而在实践中取得了积极的成果。中国的社会主义社会,由于这场改革,已经发挥出巨大的生机和活力;由于这场改革,社会生产力重新获得了较快的发展;由于这场改革,关于中国特色的社会主义的基本构想,也部分地变为现实。只要人们坚持改革,一个充满生机和活力的社会主义体制,必将出现在中国的大地上。

邓小平领导社会主义改革并取得成功的实践,对于毛泽东哲学思想的社会历史观,也是一个重要的发挥和补充。邓小平改革实践的哲学意义主要在于:

(1)它肯定了社会改革是社会变革的一种重要方式。按照历史唯物主义,任何一种社会,都存在生产力同生产关系、经济基础同上层建筑这样一些社会的基本矛盾。随着这些基本矛盾的发展和激化,势必要求社会制度发生变革。在人类历史上,社会的变革方式,基本上有两种,一是社会革命,一是社会改革。因此,马克思主义者,一方面以赞赏的口吻谈论着历史上的革命,另一方面,也给以对历史发展有促进作用的社会改革以积极的评价。例如,马克思、恩格斯曾经积极评价了欧洲的宗教改革,列宁也曾以肯定的态度评价过中国的"王安石变法"和俄国废除农奴制那样的改革。但是,在马克思主义产生的最初的一百年间,社会革命是当时的时代的主题,马克思主义者的着眼点主要在社会革命。正是由于这种情况,在一些人中间产生了错觉,仿佛马克思主义者只承认社会革命不承认社会改革,以致在讲述社会变革观时,只讲社会革命不讲社会改革。

邓小平在中国进行的社会主义改革取得初步成功,向人们表明了这样一个真理:社会改革对于推动社会历史进步具有重要作用;它也是推动社会历史发展一种重要变革方式。

诚然,历史上剥削阶级从事的社会改革,在社会历史作用上,与社会主义改革不尽相同。历史上的社会改革,从事改革的主体是占统治地位的剥削阶级。受着阶级的局限,他们的改革不可能是自觉的,同时也是脱离劳动群众的,他们改革的范围,持续性和成果也是很有限的。但是,作为一种社会改革,总在不同程度上,对社会进步产生积极的影响。有的改革(如商鞅变法),也曾对国家振兴有过重大推动;有的改革(如秦始皇实行中央集权制度),曾大大强化了一种社会制度;有的改革(如日本的明治维新)则推动着一种社会制度向另一种社会制度的过渡。因此,无视历史上的社会改革及其历史作用的观点也是不对的。

(2)它肯定了社会改革是社会主义社会中唯一的变革方式。按照历史唯物主义的观点看问题,社会主义制度是具有高度先进性的社会制度,同时又是需要不断完善和发展的社会制度,在社会主义社会中,仍然存在社会变革的问题。

但是,长期以来,人们对于社会主义社会需要不需要变革以及如何变革,存在着严重的分歧。有的人,借口社会主义制度的先进性,否定社会主义制度的变动性和发展性,否定社会变革;有的人,则因袭社会革命的传统做法,试图运用"一个阶级推翻另一个阶级"、"一个制度取代另一种制度"的方式来解决社会主义发展问题。实践一次又一次地表明,这些观点,都是行不通的,对于社会主义事业是有害的。

邓小平在中国进行的社会主义改革并在实践上取得初步成功,也向人们表明了另一个真理,在社会主义社会中,唯有社会改革才是这个社会必要的和可能的变革方式。

邓小平在中国进行的社会主义改革,是在否定社会主义制度"不需要变革"和"用社会革命办法进行变革"两种错误观念基础上进行的。因此,他在改革中,充分吸取了历史的经验和教训,既坚定不移地坚持变革,又采取积极而稳妥的方针实行变革。具体地说,邓小平所主张的变革,从性质上说,不是否定社会主义基本制度,而是推动社会主义制度的"自我完善";从改革的主体来说,不是依靠别的什么阶级,而是依靠工人阶级的政党自上而下的领导和广大人民群众自下而上的支持;从改革的具体对象来说,不是"革人的命",而是"革制度的命",对制度中有缺陷有弊病的环节进行调整和充实;从改革方式来说,不是采取激烈的、突进的方式,而是采取缓和的、渐进的方式。由于这种变革既坚持了社会主义的方向, 又采取切合实际要求的方法,就在实践中取得成效。中国的社会主义事业,正是由于这种变革,在不遭受大的破坏的条件下,加快了发展的步伐。邓小平领导的中国社会主义改革的实践表明:社会主义社会要发展自己,唯有采取这种既坚持社会主义方向,又有领导有秩序地进行的社会改革,才是正确的选择。"不变革"或者"乱变革",都是没有出路的,也是有害于社会主义事业的。

七、在实践中,准确地估价了科学技术和知识分子的历史作用

邓小平在实践中,重新估价科学技术和知识分子历史作用,进一步丰富和充实了毛泽东哲学思想社会历史观。

马列主义、毛泽东思想,对于科学技术和知识分子的历史作用,历来是重视的。但是,受着时代的限制,对科学技术和知识分子在现代社会中所起的作用,难免存在着估计不足的缺陷。邓小平在新时期,认真研究了国际和国内的情况,切实总结了历史的经验,对科学技术和知识分子历史作用做出了新的评价。

(一)重新估价了科学技术在生产力发展中的地位和作用

对于科学技术在生产力发展中的地位和作用,马克思曾经作过经典的说明。马克思指出,科学技术"既是观念的财富同时又是实际的财富"的"一个方面,一种形式";是生产力构成中的一个重要因素,"生产力中也包括科学"。实践表明,马克思的这些见解是完全正确的。

但是,就在马克思做出论断后的一百多年间,科学技术有急速的发展,科学技术越来越迅速地应用于生产,从而科学技术在生产发展中所显示的作用越来越显得突出。基于这种情况,邓小平敏锐地指出,过去说"科学技术是生产力",现在看来还不够,科学技术应当是"第一生产力"。

邓小平称"科学技术是第一生产力",按照他自己的理解,这是因为:

(1)科学技术在生产力中是一种贯穿性的因素。在邓小平看来,"生产力的基本因素是生产资料和劳动力"。但是,这些都只是生产力中的实体性的因素。生产力还包括一些非实体性的因素,其中首要的是科学技术。科学技术不是独立存在的方式,而是以渗入各个实体环节的方式发生作用。因此,"历史上的生产资料,都是同一定的科学技术相结合的,同样,历史上的劳动力,也都是掌握了一定科学技术知识的劳动力"。

(2)科学技术是生产力中变化最快的因素。马克思曾经指出,在生产力中,科学技术是一种"可变性"的因素。邓小平则根据当代科学技术发展的新情况,进一步认为,在生产力的诸要素中,科学技术是其中变化最快的因素。邓小平指出,在当今世界上,"现代科学技术正经历着一场伟大的革命";"当代的自然科学正以空前的规模和速度,应用于生产,使社会物质生产的各个领域面貌一新";在今天,"在同样的劳动时间里,可以生产出比过去多几十倍几百倍的产品"[①]。在他看来,科学技术的发展和作用,将是"无穷无尽的"[②]。

(3)科学技术的发展是推动生产力发展的关键性因素。既然科学技术是贯穿生产力基本要素各个环节的要素,既然是生产力诸要素中变化最快的要素,科学技术的发展及其在生产中的应用,就成了发展生产力的关键性因素。基于这样的观念,邓小平进一步认为,在中国"没有现代科学技术,就不可能建设现代农业、现代工业、现代国防";"没有科学技术的高度发展,也就不可能有国民经济的高速度发展",因此,"四个现代化,关键是科学技术现代化"[③]。

在新时期,由于邓小平的积极倡导,中国在社会主义建设中,注意把发展科学技术放在各项工作的首位,注重科学技术在生产中推广和应用,有效地促进了生产力的生产。

邓小平"科学技术是第一生产力"的观点,对于历史唯物主义,也是一个重要的发挥和发展。这种发挥和发展,具体地体现在以下几个方面:

(1)它突出了科学技术在生产力结构中的地位。马克思曾经指出,决定劳动生产力的因素具体包括:"工人的平均熟练程度,科学的

---

①《邓小平文选》,(1975—1982年),第84页。

②③邓小平《建设有中国特色的社会主义》(增订本),第47,83页。

发展水平和它在工艺上的应用程度,生产过程的社会结合,生产资料的规模和效能,以及自然条件"。按照这个表述,生产力的各个要素,在地位上是同等的,无所谓何者是先,何者是后,无所谓何者为关键性的,何者为非关键性的。邓小平在实践中,强调"科学技术是第一生产力",就在实际上,肯定发展科学技术是发展生产力的前提和关键,这样,也就把科学技术在生产力结构中的地位完全突出出来了。

(2)它进一步扩充了生产力"人的因素"的含义。历史唯物主义历来认为,生产力中包括"物的因素"和"人的因素",在两种因素中,人是占据主导地位的最活跃的因素,这无疑是正确的。邓小平强调"科学技术是第一生产力",就在实际上大大拓宽了"人的因素"的具体含义。既然科学技术是生产中的前提和关键,那么生产过程中的"人",既包括直接生产者,也包括科学技术工作者;发挥"人的因素"的作用,既指直接生产者劳动作用,也指科学技术工作者研究、创造作用。因此在讲述"人的因素"时,决不能把"人"局限于直接生产者。只有这样,也才可能在更广大的范围内发挥"人的因素"的作用。

(3)它进一步强调了科学技术对社会历史发展的积极推动作用。历史唯物主义一贯认为,生产力是社会发展的最终决定因素。既然"科学技术是第一生产力",那么科学技术的发展,必将对整个社会历史的发展产生越来越大的影响。因此,考虑社会历史发展时,既不能把科学技术当作社会发展的"决定因素",又不能忽视科学技术的进步对整个社会历史进程所产生的影响。

(二)重新估价了知识分子在社会历史发展进程中的地位和作用

知识分子是一个特殊的社会阶层。对于这个阶层,马克思主义者历来运用阶级分析的方法进行分析和评价。按照马克思主义的观点,知识分子因其在社会生产体系中实际所处的地位,可区分为"剥削者"和"劳动者"。马克思曾经指出,在资本主义社会里,一般的工程技术人员也参与创造剩余价值。但是,由于这些知识分子独特的社会地位,也不能不同时接受了剥削阶级的影响,形成了种种剥削阶级的偏见。尽管如此,马克思主义者决不把这些人的观点同他们的阶级地位混为一谈。就如列宁所说,这些人尽管浸透了资产阶级偏见,但是他们本人并不是资本家,而是学者。

邓小平在新时期继承了马克思、列宁的观点,进一步指出,在剥削阶级统治的社会里,知识分子中,"有些人是完全为反动统治阶级服务的,他们同从事体力劳动的劳动者处在对立的地位","但就在那个时候,也有很多从事科学技术工作的知识分子","他们的劳动成果为剥削者所利用,一般是社会制度决定的,并不是他们的自由选择。他们同那些绞尽脑汁直接为反动统治阶级出谋划策的政客是截然不同的"。还指出,在我国的社会主义社会里,经过社会主义改造,知识分子的绝大多数,"已经是工人阶级和劳动人民自己的知识分子","已经是工人阶级自己的一部分";"他们与体力劳动者的区别,只是社会分工不同"。

邓小平把知识分子区分为作为剥削者的知识分子和作为劳动者的知识分子,肯定在现时,在我国,知识分子的绝大多数已经成为"工人阶级的一部分",成为"工人阶级和劳动人民自己的知识分子",这实际上是将知识分子由"团结对象"变为"依靠对象";由"社会的客人"变为"社会的主人"。这十分有利于引导广大知识分子以主人翁的状态对待社会主义事业,为社会主义事业贡献出全部聪明和才智。同时,也有利于引导广大工人、农民自觉地提高自己的文化、技术素养,为社会主义事业做出更大的贡献。

实事求是地分析知识分子的状况,也有利于准确地估价知识分子在历史发展过程中的地位和作用。

历史唯物主义历来认为,历史是人民创造的。在历史创造过程中，一切进步的阶级起着积极的作用，一切反动的阶级起着消极作用。在进步的阶级中，那些被称之为"群众"的普通人的总体,起着"主体"和"决定性"的作用，与"群众"相对应的"杰出个人"起着"带头人"那样的重大作用。

但是,长期以来,出于对知识分子状况把握不准,人们在阐述"社会历史创造"时,讲到"群众"作用时,总是在体力劳动者身上做文章,讲到"杰出人物"作用时,总是在政治人物身上打圈圈,把知识分子置于历史创造者之外。这样的"历史创造"论,也就不可能切合历史实际,理论上也不可能是完整和准确的。

明确了历史上的和当前社会的知识分子阶级地位，就可根据不同历史时期从属于不同阶级的知识分子状况来估计它们的历史作用。那些从属于进步阶级的知识分子,在历史创造中,自然同样起着积极的作用;那些从属于反动阶级的知识分子,自然起着消极作用。从属于进步阶级的普通知识分子,作为"群众"一部分,同其他部分的"群众"一起,起着"主体"和"决定性"作用;从属于进步阶级的杰出的知识分子,同其他"杰出个人"一起,起着"带头人"那样的重大作用。

肯定知识分子的历史作用，也就可能准确地说明具体的历史创造过程。

（1）在社会的物质文明创造中,直接从事生产的劳动群众起着重大作用。但是,在这过程中,进步的知识分子,特别是其中的工程技术人员,同样起着重大作用。正是这两种创造力量的结合,人类社会才有灿烂的物质文化。

（2）在社会的精神文明创造中,直接从事生产的劳动群众起着重大作用。但是,在这过程中,进步的知识分子,特别是其中的从事文化艺术工作的知识分子起着突出的作用。没有知识分子的创造,人类的灿烂的精神文化是无法想象的。

（3）在社会的重大变革中，直接从事生产的劳动群众自然也起着重大作用。但是，在这过程中，进步的知识分子，特别是其中的思想家、政治家和各式各样的谋略家，同样发挥着重大作用。没有进步知识分子的作用，社会变革的成功，也是难以想象的。

总之，明确知识分子的历史地位，肯定知识分子的历史作用，就能使社会历史创造变得清晰而易于理解；就使历史唯物主义的"历史创造论"成为真正科学的理论。

邓小平对于毛泽东哲学思想的理论贡献，远不止如此。邓小平关于"在实践过程中必须注重实效"的见解，关于"通过渐进的积累实现突进"的见解和关于"创建和发展两种社会文明"的见解，都是富有独创性的，都值得人们进一步研究和领会。限于篇幅，不再一一赘述了。

邓小平与生产力理论①

　　邓小平在新的历史条件下坚持唯物史观，破除离开生产力抽象地谈论社会主义的历史唯心主义的观念，在理论上拨乱反正，恢复了马克思主义的生产力决定作用的观点，确立以是否有利于生产力的发展作为衡量社会制度、体制、政策和工作的根本标准，提出把解放和发展生产力作为促进社会主义事业的全面战略，为建设有中国特色社会主义指明了方向。

一、重新肯定生产力最终决定作用的观点

　　唯物史观是科学社会主义的重要理论基础，它的最根本的观点是：生产方式是人类社会的基础；生产力是社会发展的最终决定力量。由于马克思发现了物质资料的生产在社会生活和历史发展中的决定作用，从而找到了理解全部历史的"锁钥"，揭示了社会发展的一般规律，论证了社会主义代替资本主义的历史必然性，为无产阶级的解放指明了方向和道路。

　　马克思、恩格斯十分重视生产力，把它当作社会历史观的基本范畴来研究。他们指出，生产力植根于人们的生产实践之中，是"人们的实践能力的结果"②；生产力由"劳动者和生产资料"所构成，是一种客观的现

---

　　①②原载《邓小平理论与建设有中国特色社会主义实践》，中共中央党校出版社，第54-67页。

实的力量;生产力是"以往的活动的产物",是"一种既得的力量"①,因而具有不可选择性。马克思、恩格斯揭示了生产力在社会历史进程中所显示出的"最终决定作用",认为生产力是社会存在的深层基础。马克思指出:"在人们的生产力发展的一定状况下就会有一定的交换和消费形式。在生产、交换和消费的一定阶段上,就会有一定的社会制度、一定的家庭、等级或阶级组织,一句话,就会有一定的市民社会。有一定的市民社会,就会有不过是市民社会的正式表现的一定的政治国家。"②恩格斯也指出:"马克思发现了人类历史的发展规律,即历来为繁茂芜杂的意识形态所掩盖着的一个简单事实:人们必须吃、喝、住、穿,然后才能从事政治、科学、艺术、宗教等等;所以直接的物质的生活资料的生产,因而一个民族或一个时代的一定经济发展阶段,便构成为基础,人们的国家制度、法的观点、艺术以至宗教观念,就是从这个基础上发展起来的。"③基于以上的思想,马克思、恩格斯进而认为:"人们所达到的生产力的总和决定着社会状况","历史进程中决定性因素归根到底是现实生活的生产和再生产。"

列宁继承了先辈的这一基本思想。他在介绍马克思、恩格斯的历史观时明确指出,马克思、恩格斯的基本观点是:"人类社会的发展也是由物质力量即生产力发展决定的。人类在生产人类必需的产品时彼此所发生的关系,是以生产力的发展为转移的"。指出马克思、恩格斯"揭示了物质生产力的状况是所有思想和各种趋向的根源"。

在马克思主义看来,人类社会是一个不断变化发展着的"自然历

---

①原载《邓小平理论与建设有中国特色社会主义实践》,中共中央党校出版社,第54–67页。

②《马克思恩格斯选集》第4卷,第321页。

③《马克思恩格斯选集》第3卷,第574页。

史过程",而造成这种历史联系和变迁的深层原因在于生产力的不断发展。人类要生存和发展,就得不断地发展自己的生产力。因此,生产力就成了整个社会机体构成中"最活跃的因素"。随着生产力的不断发展,就形成了生产力的历史联系;在生产力的历史联系基础上形成了社会阶段和社会事件的历史联系。马克思指出:"单是由于后来每一代人所得到的生产力都是前一代人已经取得而被他们当作原料为新生产服务这一事实,就形成人们的历史中的联系,就形成人类的历史,这个历史随着人们的生产力以及人们的社会关系的愈益发展而愈益成为人类的历史。"人类的历史既是连续的又是间断的,这种历史的间断性突出地表现于社会形态的历史转换过程之中。在人类历史上曾经发生过原始的、奴隶制的、封建制的和资本主义的多种社会形态的历史转换。马克思在考察人类社会历史进程中发现,这种历史转换"都根源于生产力和交往形式之间的矛盾",他指出:"社会关系和生产力密切相连。随着新生产力的获得,人们改变自己的生产方式,随着生产方式即保证自己生活的方式的改变,人们也就会改变自己的一切社会关系。"

综上所述,马克思主义认为,生产力是"全部历史的基础",是社会历史变迁的终极原因。社会主义社会的产生,社会主义从一个阶段到另一个阶段的推进,以至共产主义的实现,都离不开生产力的发展,都要受一切社会发展的最终决定力量——生产力的制约和决定。这是历史唯物主义最根本的观点。

但是,在社会主义革命取得成功之后的一个相当长的时间内,马克思主义关于生产力最终决定作用的观点却被忽视了,在人们中间滋长起生产关系和上层建筑"决定论"的错误倾向。在这种观念影响下,离开生产力的现实状况来建构经济和政治体制,并试图运用超越生产力现实状况的体制来"促"生产力,结果对生产力的发展和社会进步都带来严重损害。邓小平在回顾这段历史时这样说道:"多少年来我们吃了一个大亏,社会主义改造基本完成了,还是'以阶级斗争为纲',忽视发展生产力。"①因而"中国社会实际上从 1958 年开始到 1978 年 20 年内,长期处于停滞和徘徊状态,国家的经济和人民的生活,没有得到多大的发展和提高。"②"如果说我们建国以后有缺点,那就是对发展生产力有某种忽略。"③正是由于这个原因,我们在很长一段时间里,没有把党和国家的工作重点转移到经济建设和发展生产力的轨道上来,甚至把发展生产力的正确主张当作"经济主义"和"唯生产力论"加以批判。这一错误使我国的社会主义事业遭受到严重的损失,教训极为深刻。

十一届三中全会以后,邓小平从理论上进行拨乱反正,恢复了历史唯物主义的根本观点,即生产力对社会历史发展起最终决定作用的观点。他指出:"马克思主义的基本原则就是要发展生产力","马克思主义最注重发展生产力","我们在总结经验的基础上,提出了整个社会主义历史阶段的中心任务是发展生产力,这才是真正的马克思主义。"④"十一届三中全会以来,全党把工作重点转移到社会主义现代化建设上来,在坚持四项基本原则的基础上,集中力量发展生产力。这是最根本的拨乱反正。"⑤

在邓小平的思想中,社会主义与发展生产力是不可分割的。他说:"马克思主义的理想是实现共产主义。……共产主义的第一阶

---

①《马克思恩格斯选集》第 3 卷,第 141 页。

②《邓小平同志重要讲话》第 33 页。

③《邓小平文选》第 3 卷,第 63 页。

④《邓小平文选》第 3 卷,第 254–255 页。

⑤《邓小平文选》第 3 卷,第 141 页。

段是社会主义,社会主义就是要发展生产力,这是一个很长的历史阶段。生产力不断发展,最后才能达到共产主义。"①社会主义生产的目的是不断提高人民的物质文化生活水平,使全国人民共同富裕,社会主义决不能建立在普遍贫穷的基础上;他指出:"社会主义的首要任务是发展生产力,逐步提高人民的物质和文化生活水平。从一九五八年到一九七八年的二十年的经验告诉我们:贫穷不是社会主义,社会主义要消灭贫穷。不发展生产力,不提高人民的生活水平,不能说是符合社会主义要求的。"②

邓小平认为,社会主义制度之所以比资本主义制度具有优越性,最主要的就在于它比资本主义制度更能推动生产力的发展,创造出更高的劳动生产率。因此,邓小平在谈到社会主义优越性的时候,总是强调社会主义要在发展生产力的基础上优越于资本主义。他说:"社会主义的优越性归根到底要体现在它的生产力比资本主义发展得更快一些、更高一些。"③"所以,搞社会主义,一定要使生产力发达,……现在虽说我们也在搞社会主义,但事实上不够格。只有到下世纪中叶,达到了中等发达国家的水平,才能说真的搞了社会主义,才能理直气壮地说社会主义优于资本主义。"④只有高速度地发展生产力,才能建立起坚实的物质技术基础,使社会主义制度不断得到巩固和发展。如果社会主义国家不能摆脱贫困和落后,就不能充分发挥社会主义制度的优越性。因此,邓小平一再强调,要建设对资本主义具有优越性的社会主义,就必须大力发展生产力。

①《邓小平文选》第 3 卷,第 228 页。
②《邓小平文选》第 3 卷,第 116 页。
③《邓小平文选》第 3 卷,第 63 页。
④《邓小平文选》第 3 卷,第 225 页。

二、确立判断社会是非的生产力标准

肯定生产力是"全部历史的基础",是社会历史变化发展的"终极原因",实际上也就肯定了是否有利于生产力发展是判断各种社会是非的根本标准。

在社会历史中,总是存在着形形色色的社会制度、社会体制、社会观念、社会政策和社会行为。对于它们的孰是孰非,孰好孰坏,孰优孰劣,人们总是要从自己的特定的角度做出自己的判断。由于人们的立足点不同和观察问题的方法不同,判断的结果也五花八门。

在马克思主义看来,对于社会现象最有意义的判断是对其做出"存在论"的判断,即判断它是否有其存在的根据或理由。那么,什么是社会现象的存在根据或理由呢? 在马克思主义看来,关键看它是否符合"历史必然性"。符合的,就是有根据的,也是合理的;不符合的,就是没有根据的,就是不合理的。合理的就是现实的;不合理的就是不现实的,即便是已经存在着,也是要为历史抛弃的。既然生产力是社会存在的深层基础和变化发展的终极原因, 那么历史必然性归根到底是由于生产力的变动而造成的必然性。在特定的历史条件历史必然性具体表现为当时生产力发展的现状和进一步发展的要求。于是"是否切合生产力发展现状和进一步发展的要求"就成了判断各种社会现象孰是孰非的根本标准。

在马克思主义发展史上, 马克思主义者正是依据这个标准来判断社会是非的。马克思认为,任何一种社会形态存在的依据就是它符合当时生产力的状况。他指出:"无论那一个社会形态,在它们所能容纳的全部生产力发挥出来以前,是决不会灭亡的;而新的更高的生产关系,在它存在的物质条件在旧社会的胎胞里成熟以前,是决不会

出现的。"①列宁则进一步把现实的生产力状况,作为衡量社会形态发展高度的标准。他指出:"只有把社会关系归结于生产关系,把生产关系归结于生产力高度,才能有可靠的根据把社会形态看作自然历史过程"②,才有可能最终确定某一社会形态的历史高度。因此,在他看来,生产力的现实状况就成了衡量"社会进步的最高标准"。毛泽东把是否切合生产力发展的要求作为衡量各个政党奉行的政策孰是孰非的依据。他指出,一种政策是否合理,是否正确,归根到底要看它"对生产力的发展是否有帮助及其帮助之大小,看它是束缚生产力的,还是解放生产力的。"

但是,这些可贵的思想,在一个相当长的时间内,由于对"生产力决定"论的忽视而被忽视。在那时,离开生产力的现状和进一步发展的要求而抽象地谈论社会是非,往往以领袖的言论、书本上的条条、僵化的或被扭曲了传统观念,作为衡量社会制度、体制、政策以及各项工作是非得失的标准。这种理论上的偏差,导致了实践上的失误,做了许多愚蠢的事情,给国家和人民造成了严重的损失。

邓小平是"生产力决定"论的坚定信奉者,也是生产力标准的坚定维护者。他历来强调,必须破除离开生产力来抽象地谈论社会主义的历史唯心主义的观念,把是否有利于生产力的发展,作为衡量各项工作是非得失的根本标准。

早在 20 世纪 60 年代,邓小平在一次关于恢复农业生产的谈话中就这样说过:"生产关系究竟以什么形式为好,恐怕要采取这样一种态度,就是哪种形式在哪个地方能够比较容易比较快地恢复农业生产,就采取哪种形式;群众愿意采取哪种形式,就应该采取哪种形

---

①《马克思恩格斯选集》,第 2 卷,第 83 页。
②《列宁选集》,第 1 卷,第 4-6 页。

式。"为了通俗地说明问题,他还借用了四川民间的一句俗语:"黄猫、黑猫,只要捉住老鼠就是好猫。"这句俗语生动形象地表达了生产力是根本标准的思想。

到了20世纪70年代末80年代初,为了适应工作重点转移和引导人们从"左"的思想束缚中解放出来,邓小平明确地提出了"生产力标准"的概念。他指出:"社会主义经济政策对不对,归根到底要看生产力是否发展,人民收入是否增加。这是压倒一切的标准。"又说:"对实现四个现代化有利还是有害,应当成为衡量一切工作的最根本的是非标准。"根据邓小平的这一思想,十二届三中全会做出的《关于经济体制改革的决定》中明确指出:"全党同志在进行改革的过程中,应该紧紧把握住马克思主义的这个基本观点,把是否有利于发展生产力作为检验一切改革得失成败的最主要标准。"1987年3月,邓小平在同外宾的一次谈话中说:"我们评价一个国家的政治体制、政治结构和政策是否正确,关键看三条:第一是看国家的政局是否稳定;第二是看能否增进人民的团结,改善人民的生活;第三是看生产力能否得到持续发展。"同年10月,党的十三大报告指出:"是否有利于发展生产力,应当成为我们考虑一切问题的出发点和检验一切工作的根本标准。""一切有利于生产力发展的东西,都是符合人民根本利益的,因而是社会主义所要求的,或者是社会主义所允许的。一切不利于生产力发展的东西,都是违反科学社会主义的,是社会主义所不允许的。在这样的历史条件下,生产力标准就更加具有直接的决定意义。"1992年初,邓小平在南方谈话中,进一步提出"三个有利于"的判断标准,即"是否有利于发展社会主义社会的生产力,是否有利于增强社会主义国家的综合国力,是否有利于提高人民的生活水平。""三个有利于"标准,实质上就是生产力标准。

生产力标准的确立,为我们进一步认识社会主义,进行改革开放和现代化建设提供了理论依据。生产力标准,归根到底是衡量和判断社会主义社会中的一切具体制度、体制、运行机制、方针、政策是否合理的根本标准。以往僵化的社会主义观念的缺陷,就在于先验地把社会主义作为一种既成的东西,可以不受生产力的制约。在这种观念看来,社会主义的优越性成了一个脱离生产力的抽象概念。事实上,社会主义的优越性首先在于它能使生产力以资本主义所没有的速度持续发展,能使人民的物质文化生活水平不断提高。因此,生产力的发展状况就成为体现社会主义优越性的基本尺度和标准。

　　生产力标准的确立,冲破了旧的传统观念和思维方式,促进了人们的思想解放。长期以来,在如何搞社会主义的问题上,由于受传统的僵化观念的影响,人们中间逐渐形成了一种思维定式,凡事都要问姓"资"还是姓"社"。按照这种思维定式,凡是"社会主义"的都是好的,凡是"资本主义"的都是坏的;凡是"社会主义"的都要坚持,凡是"资本主义"的都要反对。这样,就把人们观念中姓"资"姓"社"的抽象原则当成衡量一切经济活动和社会活动的根本标准了。按照历史唯物主义的观点,社会主义制度是生产力发展的产物。生产力的发展是带根本性的,不能用抽象的姓"资"姓"社"的原则来裁判社会生活中哪些是社会主义的,哪些是资本主义的,而应当用是否有利于发展生产力判断哪些做法是真搞社会主义,哪些做法是假搞社会主义。正如邓小平所指出的:"改革开放迈不开步子,不敢闯,说来说去就是怕资本主义的东西多了,走了资本主义道路。要害是姓'资'姓'社'的问题。"①这一精辟论述,有力地批驳了从抽象原则出发的主观主义和形而上学的思维方法,为我们掌握和运用马克思主义的科学思维方法提供了新的思路和启迪。社会主义并不是一种既成的理想模式,而是

①《邓小平文选》第3卷,第372页。

一种与生产力发展相适应的社会形态，它的意义就在于能够推动生产力的迅速发展，促进人民生活水平的提高。而那些不能推动生产力发展和提高人民生活水平的理论原则和制度、政策等等，都不是真正社会主义的。因此，应当把是否有利于发展生产力，作为判定真假社会主义的根本标准。

总之，生产力标准的确立，为人们正确认识社会主义提供了新的视角，对于抛弃旧的传统观念和思维方式，解放思想，实事求是，搞好改革开放和现代化建设，有着重要的意义。

三、提出解放和发展生产力的全面战略

既然生产力是社会历史的基础和根本动因，那么，解放生产力和发展生产力就成了推动社会历史进步的基本方式，成了先进阶级和劳动群众创造历史活动的基本任务和基本活动。

纵观人类历史，不难发现，在历史上有价值的活动无非是这样两项：一是解放生产力，一是发展生产力。各种各样的革命和改革，无非是为了解放生产力；各种各样的生产、贸易和建设，无非是发展生产力。历史上的先进阶级和劳动群众，正是通过这两项基本的活动推动社会历史向前发展的。

人类理想的社会是共产主义社会，社会主义社会是它的低级阶段，所谓低级阶段就是不成熟的阶段。要使社会主义社会充分成熟起来逐步过渡到共产主义社会，同样需要在解放生产力和发展生产力两方面做长期不懈的努力。只有这样，社会主义社会不仅在经济上，而且在政治、文化等各个方面才能充分地成熟起来。

对于社会主义社会需要大力发展生产力，马克思主义者早就有了明确的认识。马克思恩格斯指出："工人革命的第一步就是使无产阶级上升为统治阶级，争得民主"；然后"利用自己的政治统治，一步

一步地夺取资产阶级的全部资本，把一切生产工具集中在国家即组织成为统治阶级的无产阶级手里，并且尽可能快地增加生产力的总量。"列宁也指出："当无产阶级夺取政权的任务解决以后"，"必然要把创造高于资本主义社会的社会经济制度的根本任务，提到首要地位；而这个根本任务就是提高劳动生产率"。

但是，对于社会主义社会仍然需要解放生产力，由于缺乏具体的历史实践，马克思主义的创始人很少提及，这不能不是一个理论上的缺陷。正是这个理论缺陷，或者使一部分后来者陷入幻想，认为社会主义制度生来就是完美无缺的，不再需要调整和变革；或者使另一部分后来者在遇到矛盾时产生愤激情绪，主张采用革命年代那种疾风暴雨式的群众斗争来解决问题。结果，都使社会主义社会的发展处于十分艰难的境地。

邓小平深刻总结了社会主义实践的历史经验，认为在社会主义社会中，不仅要大力发展生产力，同时也需要通过社会改革的方式继续解放生产力。他说："过去，只讲在社会主义条件下发展生产力，没有讲还要通过改革解放生产力，不完全。应该把解放生产力和发展生产力两个讲全了。"因为，在社会主义条件下，只讲发展生产力，不讲还要通过改革解放生产力，不符合社会主义国家的实际情况。一般说来，社会主义社会的生产关系和生产力、上层建筑和经济基础是基本适应的，但在特殊情况下，也会产生尖锐的矛盾。各种旧的体制和过时的具体制度往往会严重束缚生产力的发展，错误的路线、方针和政策也会使经济建设遭受挫折，长期停滞。在我国，社会主义制度建立以后，生产关系和上层建筑的基本形式同生产力发展的状况是相适应的，但是，生产关系和上层建筑的具体制度和具体形式还不够完善，甚至存在某些弊端。这突出地表现为以高度集中为主要特征的计划经济体制束缚了生产力的发展。因此，为了破除生产力发展的障碍,解放生产力,对这种僵化体制进行改革,就成为我国社会基本矛盾发展的客观要求。

邓小平十分赞赏毛泽东关于社会主义社会基本矛盾的观点。毛泽东曾经指出:"在社会主义社会中,基本的矛盾仍然是生产关系和生产力之间的矛盾,上层建筑和经济基础之间的矛盾。"在毛泽东看来,社会主义社会的基本矛盾,一般说来,都是非对抗性的,对于这些矛盾应当采取非对抗性的手段和方法来解决。邓小平在总结历史经验的基础上提出,解决社会主义社会基本矛盾的非对抗性方法就是社会主义改革。在他看来,所谓社会主义改革,就是在共产党和人民政府的统一领导下,对现存制度中那些有缺陷、有弊病的环节或方面进行调整和变革,使生产关系和上层建筑更加适合生产力的现状和进一步发展的要求,从而推动生产力的发展。所以,邓小平称改革"是一场革命","是对体制的革命"。

我国在社会主义改造基本完成以后,曾经搬用了苏联模式,采用了计划经济的体制。几十年的实践证明,这种体制是缺乏生机和活力的。相反,在西方国家长期实行的市场经济体制却显出了它的效能。但是这种体制又是同资本主义制度结合着,从原本的形态上它是不适合社会主义需要的。鉴于以上情况,邓小平主张,在改革中,一方面要坚持社会主义的基本制度,另一方面吸取市场经济的合理部分,再加上自己的实践和创造,建立既是社会主义的又是充满生机和活力的社会主义市场经济体制,通过这种体制使生产力得到更大的解放;邓小平在总结历史经验时这样说过:"从根本上改变束缚生产力发展的经济体制,建立起充满生机和活力的经济体制,促进生产力发展,这是改革,所以改革也是解放生产力。"①十二届三中全会关于经济体

①《邓小平文选》第 3 卷,第 370 页。

制改革的决定指出:"在坚持社会主义制度的前提下，改革生产关系和上层建筑中不适应生产力发展的一系列相互联系的环节和方面。这种改革，是在党和政府的领导下有计划、有步骤、有秩序地进行的，是社会主义制度的自我完善和发展。"

邓小平在坚持运用改革促进生产力发展的同时，还主张通过生产力要素的"强化"快速增殖生产力。他深入地考察了西方发达国家发展经济的经验,发现在西方,科学技术"正以空前的规模和速度应用于生产,使社会物质生产的各个领域面貌一新"。在今天,"在同样的劳动时间里,可以生产出比过去多几十倍几百倍的产品"①。高速发展科学技术并尽快地应用于生产过程,是发展生产力又一条经验。基于以上情况,邓小平认为,科学技术不仅是生产力而且是"第一生产力"。他认为:"经济发展得快一点,必须依靠科学和教育","靠科学才有希望。"②

科学技术的载体是人才。科学技术要靠人才来掌握,要靠人才来创造,要靠人才将它应用到生产领域。因此,发现和培养人才成了科学技术转化为现实生产力的前提。基于以上情况,邓小平主张,尽快"把教育搞上去","培养出数以亿计的各级各类人才",主张"创造一种环境,使拔尖人才能够脱颖而出"。

为了保证科学技术转化为生产力，邓小平还特别重视知识分子的作用。针对长期存在的轻视脑力劳动、歧视脑力劳动者的偏见,邓小平反复强调:"不论脑力劳动、体力劳动都是劳动","从事脑力劳动的人也是劳动者"。他还要求"把'文化大革命'时的'老九'提到第一",在他看来,这是因为"科学技术是第一生产力嘛,知识分子是工

---

①《邓小平文选》第 2 卷,第 87 页。
②《邓小平文选》第 3 卷,第 377–378 页。

人阶级一部分嘛。"

正是邓小平兼顾了解放生产力和发展生产力两个方面，实行全面的发展战略，我国在党的十一届三中全会以来的近二十年间，生产力得到快速增长，整个社会也有了显著的进步，社会主义制度的优越性开始真正发挥出来。今后，只要遵循这条基本的战略思路，锐意改革，开拓进取，中国的社会主义事业必然会越来越昌盛，越来越辉煌。

恩格斯曾经说过，唯物主义历史观是科学社会主义的哲学基础，经过邓小平结合新的实践，进一步发挥和发展了的唯物主义历史观，自然也就成了建设有中国特色社会主义理论的哲学基础。

试论邓小平价值观的基本构架①

　　邓小平的价值观是邓小平建设有中国特色社会主义理论的重要思想基础。把握这个思想基础,对于深入理解整个理论具有重要的意义。

一、以人民的需要为基础建构价值体系

　　按照马克思主义的观点看问题, 价值问题本质上是关于客体同主体的关系问题。价值论中的客体,是指进入主体的那部分"世界";价值论中的主体,是指立足于现实关系中的人。在价值论中,所谓价值,实际是指客体趋向主体,为主体服务,而具有的"对人有用"或"使人愉快"的那种属性;是客体对主体需要的满足。

　　人民作为社会历史的主体,有着多方面的需要。

　　从本质上说, 人民需要的总是那些有利于社会历史进步和自身健康的东西,亦即属于社会文明的东西。至于那些有损于社会历史进步和人民自身健康的不文明的东西,从本质上来说,是不适合人民需要的。

　　因此,对于人民这个主体而言,价值即是以物质的文明、精神的文明和制度的文明的形式满足人民需要的。

①原载《甘肃理论学刊》,1995 年,第 6 期。

邓小平作为革命的领袖人物，总是以人民为历史主体和价值主体。他认为，共产党人的"全部任务就是全心全意地为人民服务"；在社会主义社会，共产党人的历史责任，就是不断地满足"人民对于经济、文化迅速发展的需要"。

邓小平认为，"一个真正的马克思主义政党在执政以后，一定要致力于发展生产力，并在这基础上逐步提高人民的生活水平"。他说："讲社会主义，首先要使生产力发展，这是主要的"，在他看来，社会主义的本质就是"解放生产力，发展生产力，消灭剥削，消除两极分化，最终达到共同富裕。"

为了满足人民对于精神文明的需要，邓小平又积极倡导建设社会主义精神文明。他指出："我们要在建设高度物质文明的同时，提高全民族的科学文化水平，发展高尚的丰富多彩的文化生活，建设高度的社会主义精神文明。"他主张，要通过社会主义精神文明建设，造就出一代又一代有理想、有道德、有文化、有纪律的社会主义新人。

为了满足人民对民主和自由的需要，邓小平大力提倡发扬社会主义民主，建设社会主义民主政治。他明确指出："没有民主就没有社会主义，就没有社会主义的现代化"，他把发展高度的社会主义民主当作社会主义的一项本质要求。同时，社会主义民主必须有领导、有秩序的"一步一步地前进"。

正是在邓小平的竭力倡导下，经过全党、全国人民十多年的艰苦努力，我国的社会主义物质文明和精神文明建设有了长足进步，社会主义民主也开始得到发扬，人民多方面的需要开始得到满足。随着经济、社会不断发展，人民需要将不断地得到满足。

邓小平建设社会主义物质文明、精神文明和民主政治的理论的实践，具体地展示了他心目中的价值体系。从客体角度看，价值包括物质价值、精神价值和制度、规范价值；在精神价值中，还包括理想价值、道德价值和知识、文化价值。从主体角度看,人民本身就是有价值的,它的价值就是能够创造出一切价值,是一切价值的源泉。

二、以实践效果为基准判断价值是非

人们的价值观,还包含着评价观的内容。

什么是评价?是指一定的评价主体,对一定的客体或行为做出价值论的评判。例如,有价值还是无价值;有正面价值还是负面价值;若有价值,到底有多大价值等等。评价有所谓自我评价、他人评价、权威评价和社会评价等多种多样的方式。在现实生活中,人们总是通过对客体或行为进行评价之后采取相应的对策。

在马克思主义看来,正确的评价,必须以实践后果及其对主体的利害影响为依据。但是不同的主体有着不同的利害关系。对一些人有利,对另一些人可能有害;对一些人有害的,又有可能对另一些人有利。因此,简单地用对主体有利或有害判断价值是非,仍然是不完全的。为克服这个缺陷,邓小平根据历史唯物主义的要求,进一步提出了"生产力标准"。邓小平认为,一种社会观念,一种制度,一种体制,一项社会政策,一种社会行为,是否有价值,"归根到底要看生产力是否发展,人民收入是否增加。这是压倒一切的标准。"在社会主义社会中,对于思想、体制、政策、行动,"判断的标准,主要看是否有利于发展社会主义社会的生产力,是否有利于增强社会主义国家的综合国力,是否有利于提高人民的生活水平。"

人们知道,生产力是社会历史发展的根本动力和最终决定因素,生产力发展必然推动社会历史发展。在这个意义上讲,生产力标准也是社会历史发展的标准。另外,生产力发展社会历史进步,最终是有利于人民的政治解放和社会解放,有利于人民过上富裕和幸福的生活。在这个意义上讲,它又是人民利益的标准。

生产力标准还具有客观性和可计量性。生产力是一种客观的物质力量,它有确实的数量指标,生产力发展了,还是没有发展,还是下降了,人们可以实际地计量出来。

这样,生产力标准,以其历史的进步性、人民性和它的客观性、可计量性,使评价有了客观的依据。

人民作为价值的主体,总是处在实践之中。处在实践过程中的人民,对于客体、行为的后果,对于后果的价值关系,具有最为直接最为实际的感受。这种直接和实际的感受转化为人民的意见。因此,人民的意见,也成了评价过程中一个不可缺少的依据。基于这种情况,邓小平总是把人民的意见作为判定理论、路线、方针和政策的重要依据;在确定路线、方针和政策时,总要考虑"人民拥护不拥护"、"人民赞成不赞成"、"人民高兴不高兴"、"人民答应不答应"。

这样,经过邓小平的发展和充实,评价标准就成了反映社会历史发展要求和人民意愿的标准,成为具有客观性和确定性的标准。利用这个标准进行评价,就会得出切合实际的准确结论。

邓小平曾经利用这个标准对建设社会主义过程中的各项决策进行评价。对于那些有利于生产力发展和人民生活水平提高的,就肯定;对于那些有损于生产力发展和人民生活水平提高的,就否定,并通过改革的方式加以克服。经过一番评价,诸如"阶级斗争为纲"、"文化大革命"、"计划经济体制"和"苏联模式"等等被否定了;"一个中心,两个基本点"、"社会主义市场经济"、"对外开放"、"建设社会主义民主政治和精神文明"等等在中国出现了。在这基础上,邓小平依据实事求是的思想路线,总结人民大众的创造,形成了有中国特色的社会主义理论。

邓小平还提出了一条把评价同决策紧密结合起来的决策思路。这就是:任何重大决策都要经过试验,然后对试验的结果进行实事求是的总结和评价,并根据总结和评价决定取舍或调整。这条思路着眼于实践(试验)和实践后果的评价,也就可以避开那种离开实践费力费时的争论,从而有利于"争得时间"、"抓住时机发展自己"。

邓小平特别不满意那种费力费时的争论;对于那种争论,他这样说过:"把时间都争掉了,什么也干不成",他还饶有风趣地说道:"不搞争论,是我的一个发明"。

三、以社会发展要求为依据确定价值取向

在现实的生活中，人的价值观念总是通过特定的价值取向表达出来。

什么是价值取向? 所谓价值取向,是指人们对现实的价值问题所采取的基本态度或倾向。

人们或是出于社会的原因,或是出于个人的原因,对于现实的价值体系并不总是"同一观点"的,而是表现出一定的倾向性。有的人比较看重这些类别的价值,有的人比较看重那些类别的价值;有的人采取这种方式处理价值关系,有的人采取那种方式处理价值关系。人的价值取向直接支配着人的行为。

邓小平也有着自己的价值取向。邓小平的价值取向是一个无产阶级革命家的价值取向。

邓小平作为一个革命家,"以天下为己任",把促进社会历史的发展作为自己的使命;作为"中国人民的儿子",特别注意把促进中国的发展作为自己的历史使命。

邓小平作为中国的领袖人物,深深理解发展中国的历史责任,全心全意地致力于中国的发展,这样,促进发展就成了他的价值取向的基础和出发点。

发展需要有正确的方向。在中国,发展的方向就是建设社会主义

和共产主义。邓小平指出，在现在"我们干的是社会主义事业，最终的目的是实现共产主义"。在他看来，干社会主义，各项政策、行动都要有利于"全国人民共同富裕"而不是"两极分化"。

要使全党、全国人民的思想和行动真正统一到社会主义、共产主义方向上来，一要靠正确的导向，二要靠规范的约束，用邓小平的话说："一靠理想，二靠纪律"。

在邓小平看来，"一靠理想"，就是通过反复的理想、道德教育，帮助人民树立起社会主义、共产主义理想，形成坚定的社会主义、共产主义的信念，自觉地循着这个方向前进。"二靠纪律"，就是建立起纪律、道德和法律规范体系，规范人们的行为，堵塞"歪门邪道"，强制人们沿着正确方向前进。人们的自觉性和社会的强制性相结合，发展的正确方向就有了可靠的保证。基于这种情况，邓小平认为，在他倡导的"有理想、有道德、有文化、有纪律"之中，"理想和纪律特别重要"，"这两件事我们务必牢记在心"。

发展需要充足的动力。而"充足的动力"，归根到底来自于人，来自于人的积极创造。

发展要靠人的劳动。人的劳动，包括体力劳动和脑力劳动，是创造物质财富和精神财富的源泉，是发展的根本动力，离开人的劳动就无所谓发展。而劳动是由劳动者进行的，没有劳动者也就无所谓劳动。邓小平特别珍视劳动者的价值和作用。他指出：在过去，"我们党提出的各项任务，没有一项不是依靠广大人民的艰苦努力来完成的"。在今后，仍然要依靠广大工人、农民和知识分子的创造性的劳动来推动社会的发展。邓小平还针对长期存在无视脑力劳动、歧视脑力劳动者的偏见，反复强调："不论脑力劳动，体力劳动都是劳动"，"从事脑力劳动的人也是劳动者"。他还说过，"要把'文化大革命'时的'老九'提到第一，科学技术是第一生产力嘛，知识分子是工人阶级一部分嘛"。

发展要靠知识和科学。培根早就说过："知识就是力量"。马克思也曾说过："科学技术是生产力"。邓小平继承先辈们的正确思想，在新时期做了进一步的发挥。在邓小平生活的 20 世纪，深深感受到科学技术对发展生产力的伟大作用，进一步提出"科学技术是第一生产力"的著名论断。他说："马克思讲过科学技术是生产力，这是非常正确的，现在看来这样说可能不够，恐怕是第一生产力。"基于这种深入的思考，邓小平进一步提出："中国要发展，离不开科学"；实现四个现代化，"关键是科学技术的现代化"。

发展还要靠人才。知识和科学的载体是人，拥有较丰富的知识并善于用之于实践从而能做出较大贡献的人就是人才。一个人才，要比普通的人在发展经济发展社会过程中有着更大的作用。因此，在经济和社会发展中，尤其需要的是人才。基于这种情况，邓小平主张，尽快"把教育搞上去"，"培养出数以亿计的各级各类人才"。

人才，也是有层次的。人才有一般的人才与杰出人才之分。杰出人才就是所谓"难得的"人才。这种人，比起常人来，更能把握社会发展的方向，更能体现人民大众的意愿，具有更为丰富的知识和经验，具有更强的开拓精神和创造力，这种人，是新事业的开拓者和人民大众的引路人。这种人，比起常人来，在经济或社会发展中能够做出大得多的贡献。邓小平特别看重这种人才，他说："一个人才可以顶很大的事，没有人才什么事情也搞不好。"他结合自身亲身经历这样说过："一九七五年我抓整顿，用了几个人才，就把几个方面的工作整顿得很有成效，局面就大不一样"，因此他主张，"要创造一种环境，使拔尖人才能够脱颖而出"。

为了发展，邓小平认为，我们不但要重视自己的价值创造，还应当善于吸取前人和外国人创造的一切有价值的东西，为我们所用；通过"钻研、吸收、融化、发展"创造出更多地为我们所需要的东西。

邓小平认为,"任何一个民族、一个国家",都需要学习别的民族、别的国家的长处,学习人家的先进科学技术。在他看来,作为发展中的社会主义中国,更应当"大胆吸收和借鉴人类社会创造的一切文明成果,吸收和借鉴当今世界各国包括资本主义发达国家的一切反映现代化社会生产规律的先进经营方式、管理方法",并在此基础上进行新的创造。

邓小平认为,利用外国的资金、外国的先进装备、外国的先进技术和管理,"作为我们发展的起点",从而使中国能在一个较高的起点上向前发展。

以上是邓小平关于"发展中国"的基本思路。在这条基本思路上,具体地贯穿着他的基本的价值取向。这个价值取向包括以下主要内容:

(1)在兼顾客体价值和主体价值的前提下,突出主体的价值,突出人和人才的价值;

(2)在全面对待客体价值的基础上,高度估价发展过程中规范化的意义,突出规范的价值;

(3)在全面关顾各项精神价值的前提下,突出知识(科学)和理想的价值;

(4)重视人类历史上一切有价值的东西,注意将利用价值的历史遗产同现实的价值创造有机地结合起来。

第二编
社会和谐论研究

"对立面协调、和谐"与矛盾的正确调处①

在辩证法早期的发展史上，"对立面协调、和谐"的观念曾是辩证法的一项重要内容。由于这一观念准确地揭示了矛盾内部关系的一种状态，因而也就成了人们调处矛盾的方法指导。但是，长期以来，人们对这一观念发生了误解，或是把"协调、和谐"当成"对立面合并"，或是把它等同于"平衡"、"折中"。这样辩证法变成了形而上学。"对立面协调、和谐"，也就被当作矛盾调和论和矛盾平衡论予以批判。人们既然否认"对立面协调、和谐"是一种辩证的观念，也就势必否认"促使对立面协调、和谐"是一种调处矛盾的基本原则和方法。而调处矛盾的方法简单化，也就不可能正确地调处不同类型、不同性质的矛盾。

一、"对立面协调、和谐"的科学涵义

"对立面协调、和谐"的观念，在中国和希腊的古代哲学中都有所表现。在中国古代，西周哲学家史伯就提出了"和实生物，同则不继"的著名论点；后起的儒家学派更是把"人际和谐"当作调节人际关系的最终目标和最高原则。在古代希腊，从毕达哥拉斯到德谟克利特，尽管哲学倾向严重对立，但都把"协调"、"和谐"当作重要范畴引入自己的体系。古代哲学家们围绕这个问题，发表了一系列的重要见解。这些见解尽管是零散的，有的还是相当含混的，但其中确实包含

---

①原载《甘肃理论学刊》，1991年，第5期。

着不少真知灼见。其中主要的有：

（1）"协调、和谐"是在矛盾对立的基础上形成的，是矛盾对立面相互关系的一个侧面。他们从矛盾对立统一的角度看待"协调、和谐"，把它看作是矛盾对立统一基础上形成的一种关系，一种状态。古希腊著名辩证法家赫拉克里特曾经指出："互相排斥的东西结合在一起"，"对立造成和谐"①。他还说，"自然也追求对立的东西，它是从对立的东西产生和谐，而不是从相同的东西产生和谐"，"自然是由联合对立物造成最初和谐"，"艺术也是这样造成和谐的，显然是由于模仿自然"。赫拉克里特在肯定"对立造成和谐"的基础上，还进一步把"协调、和谐"，当作矛盾关系的一种具体状态，他指出：矛盾结合物"既是协调的，又不是协调的，既是和谐的，又不是和谐的"②。

（2）"协调、和谐"是因矛盾对立面间的关系"适度"而造成的。古代哲学家总结当时人们的社会实践，深切地领悟到"关系适度"对于认识和实践所具有的重要意义，特别推崇"适度"，并把"适度"作为建构自己理论的基础。孔丘倡导"中庸之道"。所谓"中庸"，实际就是"关系适度"。孔丘认为，这种适度存在于"不及"与"过度"两极之间，亚里士多德同样倡导"中道"（也译作"中庸"）。按他的说法，"中道"是存在于两极端之间的"适当的量"，是在两极端之间"取得恰到好处"的点。③另一位希腊哲学家德谟克里特，把"适度"理解为"恰当的比例"，他认为，"恰当的比例是对一切事物都好的"。

在推崇"适度"的基础上，儒家学派提出了"中和"说。按照这种学说，既"中庸"而又"适度"，就达到了"和谐"；他们的代表作《中庸》一书说："喜怒哀乐未发谓之中，发而皆中节谓之和。"这里的中节也就是适度。

---

①②③参看《古希腊罗马哲学》。

（3）"协调、和谐"导致矛盾统一体的功能发挥和总体发展。古代哲学家意识到"对立面协调、和谐"可以导致矛盾总体功能发挥和进一步发展。史伯指出，"和六律"可以造成悦耳动听的音乐，"和五味"，可以造成脍炙人口的滋味，"杂五材"、"合十数"，可以造成千姿百态的万事万物，①赫拉克里特也指出，"绘画在画面上混合着白色和黑色、黄色和红色的部分，从而造成与原物相似的形像。音乐混合不同音调的高音和低音、长音和短音，从而造成和谐的曲调；书法混合元音和辅音，从而构成整个艺术"。毕达哥拉斯进一步认为，所谓"美德乃是一种和谐"，"友谊就是一种和谐的平等"。

综上所述，所谓的"对立面协调、和谐"，就其原始意义讲，它是指在对立统一基础上形成的一种矛盾关系。这种矛盾关系是一种适度，而整个矛盾因内部关系适度而得到发展。

毋庸讳言，中国和希腊古代哲学家，出于历史的局限，在他们发表真知灼见的同时也有着不少谬见。例如，毕达哥拉斯把和谐看作是来自天意的"先定和谐"，儒家学派中一些人，也确实把"协调"、"和谐"误解为"折半"和"取中"，史伯也确实主张通过"以他平他"的手段来调处社会矛盾。但从人类认识发展角度看问题，那些不过是认识发展主流侧畔的支流，认识前进过程中的某些曲折罢了。

历史不断地发展着、前进着。人们的认识随着社会历史的进步不断地深化着、发展着。历史发展到了今天，各式各样的科学观念形成、发展起来，马克思主义的科学世界观也达到了新的高度，在现代科学观念影响下，"对立面协调、和谐"的观念，也以新的面貌展示在人们的面前。

在现代，随着科学的数量观和数量科学的发展，"关系适度"几乎

_____

①参看《国语·郑语》。

成了人们的常识。许多领域的"适度关系",可以运用数学公式来表达。人们把握"适度"的手段也越来越趋于完善。人们能够借助对实践经验的分析和实验数据的分析,借助数学的运算来把握"关系适度"。"结构—功能"学说也逐渐成熟起来。按照这种学说,所谓的矛盾关系实际就是一种结构关系,所谓的"协调、和谐",实际就是结构的优化。科学的系统观也逐渐成熟起来,随着系统观念的成熟和发展,矛盾观念与系统观念也逐渐统一起来。从系统的角度看问题,矛盾的内部关系,相关矛盾间的关系,实际是一种系统关系。按照这种观念,关系紧密的矛盾,一对矛盾的不同方面,共同构成系统。因此,对立面的"协调、和谐",也就是指矛盾内部关系的"协调、和谐"和矛盾系统的"协调、和谐"。

现代科学的过程观也逐渐形成和发展起来。按照这种观念,矛盾本身就是一个持续的变化、发展过程。在矛盾的变化、发展过程中,矛盾关系也随过程的变动而变动。与之相适应,矛盾的"协调、和谐"也是在过程中不断地实现着和向前推进着。

总之,在现代条件下,"对立面协调、和谐",它仍是矛盾的适度关系,不过它已是系统结构上的矛盾适度关系,已是过程变动中的矛盾适度关系。在现代条件下,人们已有能力较为精确地把握这种关系,并以之指导自己的实践活动。

二、"对立面协调、和谐"与矛盾的总体发展

"对立面协调、和谐",作为矛盾内部关系的一种良好状态,它势必对矛盾的发展特别是矛盾的总体发展产生积极的影响。

按照辩证法的观点看问题,各式各样的矛盾,总是依据自身的原因变动着、发展着。但是,矛盾因其所属的类型和性质不同,变动、发展所经历的途径和最终的结局同样是不同的。

在现实世界上，存在着这样一类矛盾，例如，革命阶级与反动阶级，先进制度与腐朽制度，正确认识与错误认识之间的矛盾，它们的发展，总是循着对立面之间相互关系的冲突不断加剧的途径前进着，并以"矛盾的一方克服另一方"为其终结。在这里，矛盾的发展，实际也就是两个对立面不协调、不和谐程度的发展。所谓冲突的加剧，实际就是矛盾对立面之间不协调、不和谐程度的加剧。在这类矛盾中，具有实际意义的是，矛盾的一方对另一方的"克服"，矛盾一方对另一方在力量上的"超越"和在矛盾中占据主导地位。

在现实世界上，还存在另一类矛盾，例如，社会主义社会中的物质文明与精神文明、工业与农业、工人阶级与农民阶级、体力劳动者与脑力劳动者、共产党与民主党派之间的矛盾，它们的发展，则是循着两个对立面之间关系不断协调、不断和谐的途径前进着，矛盾双方，因长期共存、相互促进，总体水准也不断地从一个高度提升到另一个高度。在这类矛盾的发展中，具有实质意义的不是"矛盾的一方克服另一方"，而是对立双方"协同共进"；不是一方对另一方力量上的"超越"，而是矛盾统一体总体力量的增强。人们通常把前者称之为对抗性矛盾，把后者称之为非对抗性矛盾。

但是，在对抗性矛盾中，也有着如下两种特殊的情形：

（1）对抗性矛盾，在其发展的长过程中的不同阶段上，矛盾各方的要求和倾向是不尽相同的。在矛盾发展的某些特定阶段上，特别是在它们初始阶段上，矛盾各方为着增强自身的力量，既要发挥内在的潜力，又要在同对方的"合作"中借助一部分外力。因而，产生在一定程度上同对方"协调、和谐"的需要，并在此基础上，形成一定程度的"协调、和谐"。

（2）对抗性矛盾，在矛盾系统关联中，它的内部关系，总会在不同程度上受到其他矛盾和整个系统关系的影响。在这样的条件下，矛盾内部关系也会出现某种程度的协调、和谐。

基于以上情形,对抗性矛盾,在特定的时间里,在特定的问题上,对立双方在不同程度上"协调"起来,"和谐"起来。这种现象是奇特的,在实际上却是相当普遍的。

矛盾对立面间的"协调、和谐",对于矛盾统一体的总体发展具有积极意义。这种积极意义主要表现在以下两个方面:

(1)统一体结合更为紧密,更为稳定。在"对立面协调、和谐"的条件下,对立面双方在更大程度上结合起来。由于这种结合,整个矛盾变得更为稳定,而结构的稳定性,有利于矛盾整体功能的发挥,造成更大的社会效益和效能。

(2)统一体具有更充足的动力,更有利于持续发展。在"对立面协调、和谐"的条件下,矛盾内部动力结构趋向合理,内部动力得到更为充分的发掘,这就为矛盾整体持续发展提供更为充足的推动力量。造成这种状况的原因在于:

第一,"对立面协调、和谐"改变了矛盾内部动力分布。因为,在矛盾内部关系不协调、不和谐的条件下,矛盾内部动力,总是由矛盾双方分别承担着,是一种"分力"状态。而在矛盾内部关系协调、和谐的状态的条件下,矛盾内部动力,由"分力"变成了"合力",成为整体性的力量。

第二,"对立面协调、和谐"改变了矛盾内部动力作用方向。因为,在矛盾关系不协调、不和谐状态的条件下,矛盾双方互相压制,互相毁坏,结果造成力量的互相消耗;而在矛盾内部关系协调、和谐状态的条件下,矛盾双方互相补充,互相推动,这不仅避免了力量上的互相抵消,而且还会产生出一种称之为"整体效应"的新力。

三、"对立面协调、和谐"与矛盾的正确调处

既然"对立面协调、和谐"是推动矛盾整体发展的重要机制,那么促使"对立面协调、和谐"也就成了调处非对抗性矛盾和特定条件下对抗性矛盾的一项基本原则和基本方法。这种原则和方法同历史的现实的实践活动有着紧密的联系。在历史上,世代的统治者,为着维护自己的统治,总是运用协调社会关系的办法来调节阶级间的关系和阶级内部关系,促成阶级压迫基础上的某种"协调、和谐"。这样的"协调、和谐"尽管是不真实的,但在特定的历史条件下,对社会的安定和发展在一定程度上起着积极促进作用。

中国共产党成立以后,以毛泽东、邓小平为代表的马克思主义的领导人,为着夺取革命和建设的胜利,也总是运用"协调、和谐"的方法调整各种关系。例如,运用"协调、和谐"的方法调节党内和人民内部的关系以增强革命、建设的主体力量;运用相对的"协调、和谐"方法,同某些敌对阶级在特定时期特定条件下建立"统一战线";同某些不同社会制度的国家和地区"合作交流",从而化消极为积极,化阻力为助力。又如,运用总体"协调、和谐"的原则和方法,调节战争和建设的全局和局部的关系,推动革命和建设总体力量的增强。

历史的和现实的实践,为"协调、和谐"的原则和方法,提供了十分丰富的内容。其中主要的有:

(1)促使矛盾对立面有机"结合"。历史和现实的经验表明,要使矛盾内部关系真正"协调、和谐"起来,一个重要的条件就是使得对立面双方首先有机地"结合"起来,而要促使对立面双方"有机结合",又必须坚持这样两项原则:一是"兼顾",一是"两利"。

所谓"兼顾",就是矛盾的调处者,能够全面地看待矛盾,在观察问题时,注意到矛盾双方各自的特点和要求,在实际调处中,照顾到

矛盾双方各自的特点和要求。所谓"两利",就是采取的调节措施,对矛盾双方都是"有利的"。自然,"两利"不是"平均","利益"的具体分配,要视情况而定。

在矛盾调处过程中,如果调处者切实地坚持"兼顾"和"两利"的原则,矛盾双方都会表现出"联合"、"共事"的"积极性",从而更为紧密地"结合"起来,成为一个整体。反之,矛盾的调处者,只看到一方,看不到另一方;只照顾一方的"利益",不照顾另一方的"利益","结合"也就不可能了。

(2)促使对立面间的关系"协调、和谐"。矛盾双方的"结合",为对立面关系的"协调、和谐"创造了前提,但"结合"本身还不是"协调、和谐"。要真正达到"协调、和谐",还必须把相互关系调节到"适度"的范围之内。这里所谓的"适度",特指"关系适度"。所谓"关系适度",就是指矛盾关系在其可调节的限度内,一个理想的"标度"。在这个"标度"上,矛盾整体显得最为稳定,矛盾功能发挥最为充分,矛盾整体发展具有最充足的动力。因此,把握"关系适度",是促使对立面关系"协调、和谐"的关键问题。把握了"关系适度",还必须把实际关系进行调整,使实际关系真正达到"适度"的标准。实际关系"适度"了,矛盾内部关系也就"协调、和谐"了。

(3)提供可靠的保证条件。历史和现实的经验表明,要达到"对立面协调、和谐"还需要一定的保证条件。没有一定的保证条件,"协调、和谐"状态是不巩固的,甚至还会起消极作用。提供可靠的保证条件,对于对抗性矛盾尤其重要。特别是社会领域中的对抗性矛盾,就本质而言,是"你死我活"的矛盾,是矛盾的一方不断地克服另一方的矛盾。因此,尽管在特定条件下,对立面双方存在着一定的"合作"、"共事"关系,但同时也存在着尖锐的斗争。例如,在劳动阶级同剥削阶级建立"统一战线"过程中,在社会主义国家同发达资本主义国家进行

"合作"、"交流"的过程中,剥削阶级特别是垄断资产阶级,无时无刻不在对劳动者阶级、对社会主义国家进行渗透、控制和"和平演变"。因此,渗透与反渗透、控制与反控制,"和平演变"与反"和平演变"的斗争,始终贯穿于"统一战线"、"合作"和"交流"的过程之中。

根据历史和现实的经验,人们在同敌对阶级、存在着对立制度的国家和地区建立某种程度的"协调、和谐"关系中,必须做到:

(1)始终保持"独立自主"的地位。首先是保持自身的自主权和主动权,"不受制于人"。具体地说,就是始终按照自身的需要、自身的情况决定自己的路线、方针和政策,主要依靠自身的力量来发展自己,在相互"合作"中,"以我为主","为我所用"。

(2)开展"有理、有利、有节"的斗争。就是一方面对对方的侵害行为坚持不懈地进行反击,另一方面,又使这种反击保持在"有理、有利、有节"的限度之内。这样既可以消除消极作用,又可使"合作"、"交流"得以继续维持。当然,当关系彻底破裂时候,只有采取"一方克服另一方"的原则去解决问题。

西部大开发中的若干矛盾关系①

党的 80 年发展的历史深刻表明,坚持马克思主义,必须坚持马克思主义普遍原理同中国的革命和建设的实际相结合。在当前必须坚持以研究中国改革开放和现代化建设的实际问题为中心,着眼于马克思主义理论的运用,着眼于实际问题的理论思考,着眼于新的实践和新的发展。

西部大开发,是通过开发西部促进全国协调发展的一项伟大战略行动,是中国当前改革和建设中的一项重大实际问题。要使得这一行动顺利发展和圆满成功,人们必须以马克思主义哲学为指导,进行辩证的思考,全面地把握开发中的矛盾关系,并且认真地调处好各种矛盾关系。

一、中央与地方关系

中央和地方,是开发主体内部不同的领导层次,中央代表着全局,地方代表着局部。中央是大开发的主持者和主要决策者,地方是参与者和部分事务的决策者。中央同地方的关系,是上层与下层、全局与局部的关系。处理好中央与地方的关系,就可调动中央和地方"两个积极性",以保证大开发得以协调和有序地进行。

---

①全国经济哲学讨论会交流。

协调好中央同地方关系,关键在于分清职责,各司其职。中央是全局性的领导,应当着力抓好全局性的大事。例如,制定开发的总体规划,制定大开发过程中的基本政策,协调不同地区和不同部门间的关系,抓好大型工程,进行公益性投资,以及对老少边穷地区特殊扶持等等。地方则主要承担所在地区开发和建设,例如,依据当地实际制定开发的具体规划和具体政策,采取切实步骤把当地干部和群众引入到大开发实际行动中去。这样做,既可保证中央决策的权威性,又可发挥地方的主动性、积极性和首创精神。有了中央和地方"两个积极性",大开发的胜利开展也就有了可靠的政治保证和组织保证。

二、西部与东部的关系

西部和东部,同样是大开发主体内部的两个侧面,是中央统一领导下开发西部的两支方面军。

在中国,东部与西部,不仅仅是个地理概念,更是经济发展水平的概念。在今天,东部大体已处于较发达的水平,而西部大体上还处于欠发达和不发达的状态。在大开发中,西部是开发的前线,而东部则是开发的战略后方。这样,西部同东部关系,实际是后进同先进、前线同后方的关系。

随着大开发的推进,西部与东部又将形成一种新的关系:互补、互动和"双赢"的关系。西部的开发,是场大规模的开发,需要大量的资金、装备、技术和人才,东部有责任也有能力为西部提供这些方面的支持。随着西部开发的进展,西部的资源优势也将转化为产品优势,西部的能源和各种金属和非金属材料将源源不断地流向东部,为东部的持续发展提供可靠的资源保证。在经济领域中,在为对方提供支持和保证的同时,实际上也为自己找到了市场。

调处东西部的矛盾关系,关键在于东西部双方都要有一种自觉性,即善于在促进对方发展的同时来发展自己。如果东西部都能坚持这样做,不仅西部发展了,东部也会不断登上新的台阶。

三、物的开发与人的开发关系

西部大开发,就其完整意义上讲,应当包括物的开发和人的开发两个方面。

所谓物的开发,就是将一定的物质材料经过加工制作使之转化为有价值的产品;所谓人的开发,就是通过教育、培训和实践锻炼,促使人的素质普遍地提高,并在此基础上造就出一批又一批的优秀人才。西部大开发就是通过这两个方面的开发,推动物质文明和精神文明协调发展,从而使西部地区的人民逐步过上富裕和文明的幸福生活。

在社会经济发展生活中,物的开发总是要同人的开发合为一体而发挥作用。它们作为整体的组成部分相互依存相互促进,进而发挥出整体效应。具体地说,在整体中,人的开发为物的开发提供合格的劳动力及研究、设计和管理人才;物的开发反过来又为人的开发提供资金和物质装备。这就是基于措施的综合性而形成双方的"协同共进"。

明确了物的开发和人的开发的深刻内在联系,人们就应当一方面善于将两类开发当作统一的整体来抓;另一方面,要认真地克服长期形成的"见物不见人"和"重经济轻教育"的偏向,切切实实抓好科学、教育和文化事业,尽快地改变人员在观念陈旧和文化技术素质偏低的局面,为经济大开发提供比较充足的"专业化"的人力资本。

四、生产力与竞争力的关系

西部大开发,就其直接目标而言,就是有效地解放当地的社会生产力,同时有效地增强当地产品的市场竞争力,并在此基础上有效地增强全地区的经济实力。

这里所说的生产力,主要指地区或企业将资源转化为价值产品的能力,竞争力也是特指保证产品经受竞争的考验,从而顺畅地转移到消费者手中的能力。在市场经济条件下,地区的经济发展,实质上就是这两种能力的全面增强和提高。

在西部,人们由于受传统的经济观念的影响和偏狭的"生产中心论"的束缚,在发展经济的过程中,比较热心于抓产品的生产力,疏于造就产品的竞争力。因此,生产力同竞争力的失调和由于产品缺乏竞争力,造成了某些产品尽管具有很高的素质,但市场占有率却不高;至于那些素质不高竞争力又不强的产品,更是会被排斥在市场竞争之外,最终自生自灭。在市场经济条件下,只注重生产力又忽视竞争力的经济只能是一种"跛足经济",这种"跛足经济"在激烈的市场竞争中只能是以失败而告终。

因此,摆在人们面前的一项紧迫任务就是摆正生产力与竞争力的地位,改变经济发展过程中实际存在的"跛足状态",使经济发展变得强劲有力。而要做到这些,必须:

(1)彻底改变把经济等同于生产的偏狭观念,将生产同流通、生产同经济、生产力同竞争力有机地统一起来,形成完全的经济观念。

(2)依据市场的需求安排好产品的生产。通过对市场的调查和对生产过程的改造,努力制造出性能可靠,使用便捷和安全,造型美观和价位适当的产品。有了这样的产品,就奠定了竞争力的基础。

(3)切切实实地抓好营销环节。要根据市场的特点,创造出适应于本地产品的营销方式和策略,同时在实践的基础上造就出一支高素质的营销专业队伍,使营销工作逐步达到科学化和规范化。

五、发展经济与优化环境的关系

西部大开发的中心任务就是尽快地发展经济并在此基础上提高人民的生活水平。要使经济得以较快的发展,必须创造良好的内外部条件。而优化经济环境实质上就是为经济发展提供良好的外部条件。

所谓经济环境包括硬环境和软环境。硬环境主要指物质性的环境。例如,生态环境一类的自然环境和交通、通讯、水和电的供给以及城市建设这样的人造环境。软环境主要指与经济发展相关的体制、机制、政策和舆论环境。环境状况尽管不是发展经济的决定性因素,但也是影响经济发展的重要因素。在中国的西部,由于环境方面存在缺陷,历史上曾经严重地阻碍了社会的进步,使生产力长期停滞不前。

在西部,就多数地区而言,地势高耸、山岭连绵、大漠无垠、距海遥远,加上旧传统根深蒂固,从而造成了"交通闭塞"、"信息不灵"、"观念陈旧"和"机制不活"等十分不利于经济发展的局面。尽管在中华人民共和国成立以后,经过50年的整治,情况有了一定的改变,但距大开发、大发展对于环境的要求仍然相去甚远。这就需要在开发的初期把环境的整治当作突出的任务来抓,并且真正抓出实效来。

解决环境问题必须从两个方面入手:

一是认真克服偏狭的经济观念,培养起全面的经济观念。

传统的经济观念具有偏狭性,有一些人把经济同生产等同起来,另一些人则把经济与赚钱等同起来。在他们看来,发展经济就是专心致志地追求经济效益。这样做虽然一时也能把经济搞上去,但是它是以牺牲社会效益和生态效益为代价,造成了对社会和生态环境的严重损害。在实实在在的痛苦教训面前,人们开始认识到,在经济发展中必须坚持经济效益、社会效益和生态效益三者的统一。这种观念已在一些发达国家和发达地区逐渐成为人们的共识。在西部大开发中,若能从一开始就注重培养人们的这种全面的经济观念，就会取得经济发展和环境优化两方面的成就。

二是切切实实地抓好环境建设。

发展经济和优化环境，不仅仅是个认识问题，更是个实践问题。为了更有效地发展经济，需要在大开发之初的五至十年间，集中人力、物力和财力，突出地抓好硬件建设；同时通过改革的手段，推进软件建设，就可大体上填平历史造成的差距。当然在以后还需要坚持不懈地抓下去。这样，以环境的优化来保障经济的发展，以经济的发展推动环境优化的良性互动局面就会在西部形成。

六、大开发与大开放的关系

要使得发展经济的中心任务能够顺利完成，在大开发过程中，首先要创造出经济发展本身所必需的条件。例如，资源和资金条件，人力和人才条件，技术和管理条件等等。由于西部原有水平过低，则主要依靠大开放来筹集。

大开发中实行的大开放，应当是高水准的开放和比较彻底的开放。除了极少数必须限制的外，在经济领域中的绝大多数部门都应对外地和外国开放。通过这种开放，不仅要引进生产力发展众多要素，而且引进组织生产和发展经济的样板和楷模。这样，就不仅使得经济发展得以顺利进行，而且也可使西部人能够就地学习到先进的生产、经营和管理。总之，要通过大开放来促进大开发和大发展。要使大开放的方针在大开发中真正得到落实并转化为巨大的推动力，人们就必须突出地抓好以下几件大事。

（1）要以全新的眼光看待大开放。大开放源出于国外的一项发展经济的经验。一些资源相对富足而经济水平却十分低下的国家，（如某些阿拉伯国家）由于实行了开放的政策，很快实现了现代化并成了发达的国家。大开放的巨大作用同样为中国社会主义建设实践所证明。二十年的实践表明大开放对于社会主义国家经济建设同样具有巨大的促进作用。因此，人们应当信任这个方针，以积极的态度对待这个方针，并根据自身的特点创造性地贯彻这个方针。为着贯彻这个方针，西部人尤需自觉地克服以目光短浅和狭隘性为特征的地方主义和盲目排外倾向。

（2）要认真地规划好大开放。大开放的方针不是随心所欲的方针，而是有确定内涵的方针。因此在大开放过程中，也应当就提倡什么、限制什么和反对什么，都要在总结历史经验和联系当地实际基础上做出准确的规定，使人有所遵循。

（3）要善于将大开放同自力更生有机地统一起来。坚持大开放，绝不是抛弃自力更生的方针，相反要在更高的水准上贯彻自力更生的方针。西部大开发，无疑要靠西部人自己去开发，在大开放的条件下，还要善于把外力转化为内力的基础上进行开发。在大开放的条件下，西部人如果善于学习他人的好的东西又善于创造自己的新的东西，自身的主体能动性就会更充分地发挥出来。

七、积极稳进与伺机突进的关系

在西部大开发中，西部经济的成长和社会进步，有可能出现积极稳进和伺机突进两种演进方式或格局。

西部大开发，就其主要任务而言就是抓经济工作。经济工作是一项最为实在的工作，它容不得半点浮躁和虚妄。因此，要做好经济工作，就得严格按照客观规律办事；依照经济发展的自身秩序一步一步地向前推进。但是，实行大开发本身，又是让人主动地去抓，主动地去干，表现出一种主动积极的精神。这样，西部大开发的整体格局既是积极的又是稳进的。

　　人们都知道，在一个大的范围内，事物存在和发展的条件和状况，并不是齐一的，而是有差异的。例如，在整个地区条件尚未成熟，但在某处特定地区条件却已经成熟了；再如在整个领域条件尚未成熟，但在某个局部领域中条件却已成熟了。因而也就出现了"整体未变，部分突变"的状况。例如，在今天西部，就整体而言，由于基础薄弱，兴办的产业总体上还只是传统产业，但不排除某些城市(如西安、兰州、重庆和成都)，由于高等院校和科学院所集中，具有发展高科技产业的条件，却可以首先发展高科技产业。再如，西部地区由于地域辽阔，人口居住分散，全面推进城市化时机尚未成熟，但并不排除某些交通要道，凭借着交通和通讯的便利，可以较早地集聚人口、发展产业，率先实现城市化。在西部地区的某些特定部分，或是由于地理地位的优越，或是由于资源状况的良好，或是由于碰上了特殊的机遇，"部分突变"的现象可以随时发生。人们若能抓住机遇，及时突进就会跃上新的台阶。这种现象也就是所谓的"伺机突进"。"伺机突进"可以加快事物变化的进程。随着"伺机突进"的情况不断积累，最终导致全地区的"整体突进"。

　　如果肯定西部经济成长过程存在着两种演进方式，在工作指导上也就应当：

　　(1)在对整体指导上，整体条件未成熟之前，不要人为地上台阶、搞攀升，而是认真地创造条件，促进条件的成熟，等待条件完全成熟再突进。

　　(2)在对局部指导上，善于发现那些条件已经成熟并已发生"突进"的城市或乡村，采取积极扶持的方针，使之完善和壮大，成为整体突进的一个坚实的起点和支撑点。

八、资源开发与资源保护的关系

在西部,自然资源的相对富足是它的一大优势。水力、矿藏、野生动植物以及生态资源都在全国占据着重要的位置,加上许多种类的资源开发利用也才刚刚起步。因此,大多数省区把资源的开发和利用作为自己的主导产业是必要的,也是合理的。

但是,自然资源的存量毕竟是有限的,特别是作为开发利用的主要对象的矿产资源是不可再生的。为着使自然资源的开发和利用得以持续下去,就得在整个大开发过程中对自然资源实行严格的保护。

保护自然资源从根本上说要依靠法制、计划和科学。具体地说:

(1)对于那些不可能再生的资源(如矿产)应当实行严格的审批制度和限量制度。准许那些设备和技术达到一定水准的企业从事生产和经营,并对它的产量做出一定的限制,同时,坚决制止"非法开采"、"掠夺性开采"和"粗放性开采"等破坏性行为。

(2)对于那些可再生的资源(如动植物),可一方面采取开采存量补偿制度,使自然资源的存量始终保持不变,另一方面,通过发展种植业和养殖业,培植新的资源。

(3)对于那些具有特殊价值的资源如地质遗产、文化遗存、珍稀动植物、民俗和民族风情,以及奇特的山形地貌和自然风光,更应当采取特殊的保护措施,悉心保护,力求万无一失。

九、持续开发与持续改革的关系

从过程论角度看问题,西部大开发是一个持续地推进的长过程,即便是设定的目标基本达到以后,还得继续地向前推进。在这持续发展的长过程中,在社会的体制、机制、观念、结构等方面,常常会出现合理与不合理、积极与消极、适时与不适时、适合当地实际与不适合当地实际之类的冲突。当这些冲突变得激烈时,直接影响到经济和社会的发展。于是,就需要调整和变革,这种调整和变革也就是改革。经过改革,冲突消除了,经济和社会也就进步了。而体制、机制、观念和结构却是相对地稳定的。于是,曾经发生过的冲突又会反复重演,这样,调整和改革又得反复地进行下去。

为着保证大开发顺畅地进行,人们必须不断地"研究新情况",善于运用改革的手段及时地"解决新问题"。这就是运用持续的改革来促进持续开发。这样,以改革释放出动力,以开发创造出成果。

十、西部开发与民族团结的关系

在西部,社会构成的最大特点就是它拥有众多的民族成分。中国的五十六个民族,其中有近五十个生活在西部。中国的五个少数民族自治区全都归属于西部。因此,西部的大开发和大发展自然而然地要同中国绝大多数民族的前途和命运紧密的联系在一起。

党中央西部大开发的伟大决策,给生活在西部的各个民族都带来前所未有的发展机遇。

西部大开发,推动西部地区经济和文化发展,实质上就是推动西部各民族的经济和文化的繁荣和发展。随着大开发的进展,西部各民族也将成为具有现代经济和文化的民族。

西部大开发,推动西部地区人的素质提高,实质上就是推动西部各民族人口素质的提高。随着大开发的进展,西部各民族人民都将自觉不自觉地被卷入到大开发的洪流之中。

他们在大开发的实践中学习,在大开发的实践中锻炼,不断地拓宽着自己的眼界,提高着自己的觉悟,增强着自己的才干,越来越成为既强健又智慧的民族。

西部大开发,也促使西部各民族之间、西部民族和其他地区民族之间的团结，达到一个新的水准，进入一个新的境界。在大开发中，由于发展经济的需要，各民族间的联系和交往必将空前频繁，各民族间的互助和合作必将空前地增加。这样，经济的和情感的纽带就将各民族更加紧密地联结在一起，从而使民族团结具有更为坚实的客观基础。

历史的实践反复证明，国家的统一，民族的团结，是中国各项事业取得胜利的可靠保证。在西部大开发中日益紧密起来的民族团结，自然也是西部大开发和大发展新的政治基础和保证，有了这种基础和保证，大开发的完全成功当是毫无疑义的了。

第三编
市场经济理论中哲学问题研究

西方市场经济理论的哲学基础①

19 世纪末 20 世纪初，西方的市场经济发展到了一个新的阶段——现代市场经济阶段。与之相适应，西方的市场经济理论也发生了深刻的变化。西方市场经济理论的观念转换，根本出于现实的经济关系变化，但是作为经济理论观念基础的西方哲学"转向"，也是一个重要原因。

西方哲学，从康德开始，一步步地实现着"哥白尼式的倒转"。此后，人们研究的视点，一步步从客体转向主体；探讨的主题，也由传统的本体论、认识论，一步步地趋向价值论。与此同时，崇尚"实证"的实证主义，也在从事学术研究的人那里，越来越受到青睐。哲学观念的转向，必然会在经济理论的观点上和体系建构上产生影响。把握这种实际存在的影响，对于深入理解和把握西方现代市场经济理论的本质和具体特征，当然是十分重要的。

功利主义与效用主义的价值观

市场经济是以等价交换为基础的经济。价值和价格理论是市场经济理论中最为基础的理论之一。西方不少思想家对价值问题发表过看法。其中最为基本的有如下两种看法。

———————

① 原载《新视野》，1996年，第6期。

一是劳动价值论。古希腊的柏拉图,古罗马的西塞罗,中世纪的奥古斯汀,都强调劳动在形成产品价值和价格中的作用,属于早期劳动价值论的代表。到了近代,英国的斯密和李嘉图,从劳动创造价值的基本观念出发,创立了系统的劳动价值理论。

二是效用价值论。古希腊的亚里士多德,古罗马的卡多,中世纪的托马斯·阿奎那,则强调产品效用的价值性,属于效用价值论的先驱。到了近代,法国的萨伊,从"效用决定价值"的观念出发,创立了自己的效用价值论。劳动价值论揭示了劳动在创造价值过程中的决定作用,从而肯定了劳动者在价值创造中的决定作用。正因为如此,马克思得以循着这个思路,引申出"剩余价值论",并以之揭示出劳动者被剥削的实质,进而为科学社会主义理论的创立提供了经济学的基础。

效用价值论主要是着眼于产品自身的效能。在市场经济中,对消费者来说,他有可能获得自己所需的产品;对生产者、经营者来说,他有可能更好地占领市场,从而获得更多的利润。但是,效用价值论脱离劳动价值论,也会成为一种偏狭的理论,成为掩盖剥削,为资本主义制度作辩护的"辩护"理论。

西方现代的市场经济理论,本质上是为资产者服务的理论。资产者需要市场,需要追求利润,需要掩盖自己的剥削,因此,它需要选择效用价值论而摈弃劳动价值论。

西方现代市场经济理论,宣扬效用价值论,淡化劳动价值论,得到现代西方哲学从观念上的支持。事实表明,支撑效用价值论的哲学,主要是资产阶级的功利主义和实用主义。

功利主义,是在18—19世纪欧洲广为流传的人生哲学和道德哲学。这种哲学的核心是合理的利己主义。实用主义,是在19世纪末20世纪初在美国形成和流行起来的哲学。这种哲学注重于人的认识和行为的效果，突出认识和行为效果对人的效用性。从一定意义上讲，实用主义把"实用性"和"实利性"当作标准的价值哲学。从形式上看，实用主义同功利主义不尽相同；但从实质上看，二者突出人的效用，从而是完全一致的。

在功利主义和实用主义观念支撑下，从 19 世纪起，欧美的一批经济学的学者，坚定地打起了效用价值论的旗帜。早在 19 世纪的前半期，德国的戈森就曾认为，事物的价值量是由任何事物所发生的供人享乐或满足程度衡量。到了 19 世纪后半期，奥地利的门格尔、维塞尔和庞巴维克，英国的杰文斯和法国的瓦尔拉等人，以这种观念为基础，结合边际分析，创建了红火一时的边际效用学派。在这个学派看来，所谓价值，无非是物品与物主欲望满足之间的关系；"快乐与痛苦无疑是经济计算的最终目的"；经济学则是 "快乐与痛苦的微积分学"。到了 20 世纪，效用主义价值论同样在不少经济学者那里起着基础理论的作用。经济学界一些代表人物如英国的马歇尔和凯恩斯，都把这种理论吸收到自己的体系之中。不过，在这时，早先的功利主义的气息有所弱化，而后起的实用主义色彩越来越浓。

社会机体论与经济学说中的整体观

西方现代市场经济理论观念上另一个重要突破，是它的整体观念形成和普及。从 20 世纪初开始，西方的经济学者一步步地习惯于运用整体观念把握经济问题。在经济理论中贯彻整体性观念，根本在于经济现象本身整体联系的加强。这主要表现在：

1. 经济领域不断扩充。在现代市场经济中，那些本不属经济领域的领域，如科技、教育、文化、卫生甚至体育，也有自己的经济内涵。在现代市场经济条件下，国际间的贸易和经济合作急剧发展产生了国际经济庞大的新领域。

2. 影响经济活动的因素越来越多。在现代市场经济条件下，随着所有权与经营权急剧分散，投资者与经营者成了不同的人群，对利润同利息的追求也有了分野。在现代市场经济条件下，垄断成了经济领域一种新现象，在垄断和自由竞争并存的条件下，经济活动的形式变得十分复杂。在现代市场经济条件下，金融资本和货币的作用，越来越显得突出，实物经营同货币经营双水分流。这时，经济领域成了十分繁杂的复合体。

3. 部门、区域间的联系更为紧密。在现代市场经济条件下，原来彼此独立的生产、流通、财政、金融等行业，互相渗透，互相交错，互相支撑，联系越来越趋紧密。与此同时，不同地区、不同国度之间，也出现了互相交错和协同联合的趋势，在这基础上出现了地区性和超地区性的集团或组织。

基于以上情况，把握经济现象，只靠原先的那种孤立的、静止的观念和方法，是远远不能适应了。它需要人们从经济现象的总体上或不同经济现象的相互关联上去把握经济现象和解决经济问题。

在西方哲学里，直接为经济学研究提供整体观念的，在早期是社会机体理论，在后期是一般系统理论。

机体理论本是生物学的基础理论。按照这一理论，生物体不是它的不同器官和器官功能简单拼凑，而是它们通过紧密联系和协同作用融贯成的不可分割的统一整体。这是关于生物体的整体观念。后来这种观念被斯宾塞、毕希纳和海克尔等人移植到社会生活领域，成了社会机体理论。

一般系统理论，是奥地利生物学家贝塔朗菲在 20 世纪 30 年代首先提出来的。按照这一理论，事物就是系统。而所谓系统就是一组紧密联系着的因素融贯成的整体。贝塔朗菲的一般系统理论，就其实质而言，是生物机体理论深化和普遍化。一般系统理论，较之社会机体理论,淡化了生物学的色彩,因而具有更为广泛的适用性。

社会机体理论和一般系统理论，被一批经济学学者引进到经济生活领域,成了现代市场经济理论中的一种基本观念和方法。

20世纪初,曾经雄踞经济学界的马歇尔,是一位首先将整体观念引进经济理论研究的大家。他曾经这样宣称:他的目标在于创建一种突出整体性研究的"生物经济学"。

马歇尔在社会机体论观念的支持下，提出了以供给和需求均衡为基本骨架的均衡理论。在马歇尔看来,整个经济领域,无非不同方面的协调和均衡。在这种观念下,所谓价值,无非是供求双方相互均衡条件下的均衡价格;所谓分配,无非是资本家、土地所有者和劳动者对社会财富的均衡分割。

马歇尔还在这种整体观念指引下,注重生产过程中的"组织"的作用。在他看来,生产过程中的基础性因素,如资本、劳动和土地,是重要的,但要使之化为现实的生产力,需得依靠"组织"来统摄。在他看来,"组织"的作用,在于它能使要素化为整体,并在此基础上发挥出整体性的效能。

善于运用社会机体理论和系统理论中的整体性观念把握经济现象的,还有在20世纪中期红极一时的凯恩斯,凯恩斯在他的名著《就业、利息和货币通论》一书的序言中这样说过:他之所以把他的理论称之为"通论",主要是他把经济学的体系作为一个整体来考虑。基于这种观念,他根据现实的经济关系,创立起他的宏观经济理论。凯恩斯的宏观经济理论的创立，把西方的市场经济理论推进到一个新的高度。

渐进主义发展观与经济成长理论

西方现代市场经济理论特别有光彩的部分，是不同学派的学者从不同侧面描述西方经济成长的动因和过程，形成了形形色色的经济成长理论。

经济成长理论基于西方经济继续成长事实，在实行市场经济体制的西方国家，或是由于正确市场的导向作用，或是由于有效地运用了竞争机制，或是由于积极地将现代技术和现代管理引入发展过程，或是由于恰当地实行国家干预，整个经济在不同程度上有新发展。这既包括经济总量的增长，也包括经济素质的提高。经济成长的事实，为经济成长理论提供了事实依据和经验的证明。

但这些事实和经验需要哲学来加工，并使之成为体系。在哲学上，为之提供观念基础的是流行西方世界的渐进主义的发展观。

渐进主义发展观来自于生物的进化观。19世纪中期达尔文创立了生物进化论之后，进化观念在人们中间逐渐传播开来，成了在当时流行的一种新观念。

其中最有代表性的是英国哲学家斯宾塞对于进化的诠释。

按照斯宾塞的诠释，所谓进化，就是在外力推动下，无矛盾、无运动，从物体的分散状态到凝聚状态平静的转化。这样的诠释势难说明新种何以产生，整个生物系统何能实现由低到高、由简单到复杂的前进性、上升性的发展。正因为如此，这样的进化观被马克思主义称之为"庸俗进化论"。基于这种进化观的发展观，被马克思主义称之为"渐进主义"或"改良主义"的发展观。

现代西方的经济学者，大多是资本主义制度的忠实拥护者和维护者。他们害怕革命，希图在现在的制度下平静地进化。因此，他们宁愿选择平静的、渐进的发展观，而不愿选择充满火药味的辩证法。在这样的心态下，他们运用渐进主义的发展观建构自己经济成长理论。

现代西方经济成长理论，包含着以下主要内容：

1. 成长动因论。西方的经济学者从不同侧面上探索经济成长的动因。例如,以哈耶克为代表的现代自由主义者,仍然强调自由竞争在发展中的作用;以凡勃伦、加尔布雷斯为代表的新旧制度学派,则强调制度和文化的功能;以弗里德曼为代表的货币主义者,突出货币在经济成长过程中的作用;以熊彼特为代表的"创新论"者,则把新产品、新市场的开拓和新的组织和方法,当作经济成长的突出力量;凯恩斯则把国家干预和宏观调控当作推动经济发展的重要手段,如此等等。各式各样的见解,都从一定的侧面揭示了经济成长的原因,都有着一定的真理性。但是这些探讨,存在着两个缺点:一是不了解原因的综合性。他们不了解只有把不同的原因综合起来才是总的原因。二是不了解原因的深层性。他们不了解在这些表面原因的后面还有深层的原因,而深层原因只有深入到生产方式内部矛盾的分析上才能揭示出来。

2. 成长阶段论。西方的经济学者,还从不同角度上探讨经济成长的阶段。西方经济学者,离开生产方式的演变谈论经济成长阶段。一些从事经济发展史研究的学者从经济的外观上来划分阶段。例如,有人将经济划分为"家庭经济、城市经济和国民经济";有人把经济分为"自然经济、货币经济和信用经济"等不同阶段。前者突出的是经济活动范围,后者突出的是交换方式。当代美国经济史学家罗斯托则根据主导产业和人们的消费心理的变化划分经济成长阶段,在他看来,经济成长大抵经历这六个阶段:①传统社会阶段;②准备起飞阶段;③起飞阶段;④推向成熟阶段;⑤高群众消费阶段;⑥追求生活质量阶段。西方经济学者对于经济成长阶段的区分,比较客观地描述了特定国家经济成长的过程,从而对后来者有所启发。但是,大多因为缺乏深层机理的揭示,也会使人知其然而不知其所以然。

3. 成长限度论。西方经济学者也对经济成长的限度展开了讨论。大多数学者属于经济成长的乐观主义者。他们认为,经济可以不断地成长。同时，也出现了一批悲观主义者。悲观主义者看到了经济一味成长带来的成长条件的毁坏方面的问题。例如，粮食的缺乏、资源的枯竭和环境的污染等一系列的问题。于是他们提出了相反的理论："成长极限论"。美国的经济学者麦多斯就是其中的典型代表。他在为罗马俱乐部起草的研究报告中提到，由于过分的成长，"世界的末日"不久就要来临，唯一的选择就是实现经济和人口的"零增长"。悲观主义者的"成长极限论"虽然有着一定故意耸人听闻的成分，但是却也提出了经济要持续成长必须认真对待的一系列现实问题。正是在悲观主义者提出的严重警告之后，西方的经济学者转向了经济成长理论的一个课题——经济可持续增长问题的研究。

新经验主义的分析和形式化的方法

西方现代市场经济理论，就研究方法而言，理性的色彩越来越显得淡化，而经验主义色彩变得越来越浓烈。在现代市场经济理论研究中，分析的方法和形式化的方法占据着主导的地位。

造成这种状况的原因，首先在于现代市场经济理论的学科性质和特点。

1. 它是社会科学中实证性最强的学科。市场经济理论作为政治经济学的一个分支，它与社会科学其他学科不同，它是以大量的准确的事实和数据为基础的。离开大量的准确的事实和数据，它的理论就成了空论，就不能解决市场经济发展中出现的种种实际问题。

2. 它是同国计民生紧密相关的学科。市场经济理论，同国计民生紧密相关。所谓国计民生，无非是财富的增值和分配，这些都是实打实的事情。如果理论上不实在，就会导致实践上失误和损失。

3. 它是社会科学中成熟度最高的学科。在社会科学中，经济理论特别是市场经济理论，经过几百年的发展，成为最为成熟的学科。学科越是成熟,越要求精确和一贯。

基于以上情况,研究方法的实证化和形式化既有必要,又有了可能。

在经济理论研究过程中,方法的实证化和形式化,又得到了西方的新经验主义思潮的支持。

经验主义,是在16—17世纪由英国培根首先提出来的,后来前后相承在历史上绵延了近400年。经验主义的最根本特征,就是把经验当作认识和知识的唯一源泉。由于过度地强调经验的作用,也在不同程度上贬低理性思维的作用。

19世纪前半期,法国的孔德,把经验主义同自然科学的研究方法统一起来,创立了一种新形式的经验主义——实证主义,实证主义同经验主义的区别,主要是名词的区别。到了20世纪初,经验主义、实证主义因为突出经验作用和贬低理性作用的倾向越来越使人讨嫌。于是,英国的罗素和奥地利的石里克等人把实证主义同逻辑分析结合起来,创立了逻辑实证主义,也称分析哲学。

现代西方经济学者,把逻辑实证主义,同一些自然科学方法(如数学方法、形式化方法)一并应用于经济理论的研究,形成了鱼龙混杂的方法论体系。

在现代市场经济理论研究中,被广泛采用的方法,主要有如下两种:

1. 经济分析。市场经济理论研究中最基本的方法是经济分析。这种分析,既包括静态的分析也包括动态的分析;既包括质的分析也包括量的分析;既包括微观的分析也包括宏观的分析。

马歇尔在自己的研究中,经常采用的是静态分析。他在研究中,既对需求方的欲望及其满足做出分析,也对供给方包括生产、经营等环节做出详细分析,成了静态分析的典型。在西方经济理论研究中,瑞典学派的林达尔首创动态分析。他把分析分为"事前"的分析和"事后"的分析。他还提出分析的"动态序列模式"。在人们进行质的分析的基础上,开始注意量的分析。边际主义者的边际分析方法,是突破了传统的基数分析法而创立起的序数分析法,后来成了经济学研究中普遍采用的方法。在 20 世纪 30 年代,凯恩斯开始注意对整个国民经济作"整体分析"和"宏观分析",从而使整个分析方法趋于完善。

2. 运用数学工具和形式化表达。从 19 世纪初开始,人们开始运用数学方法研究经济问题。到了 19 世纪的下半期,瓦尔拉和帕累托等人首创了经济学研究的数理学派。到了 20 世纪 30 年代,弗里茨和丁伯根又开拓出经济学研究的新分支:"计量经济学"。数学方法,包括数量统计、数量分析、建立数学模型以及数学方式的表达等多项内容。随着形式化理论的提出,经济学也一步步地趋向形式化。

运用数学方法和形式化方法研究经济问题,对于提高经济学研究的精确性和深入性无疑有着重要的推进作用。

但是,研究方法的实证化、数量化和形式化,也是有缺陷的。因为,在事实上,经验与理性,分析与综合,量与质,形式与内容,都是辩证统一的,片面地突出某一方贬低另一方,都会造成研究上的失误。德国的著名经济学家哈耶克曾经对当前普遍存在的迷信数学方法和形式化方法的倾向提出批评。他指出:大量数学符号的均衡公式演算是空洞的研究,对实际问题不可能做出什么有益的解答。没有这些数学演算,经济学仍是有用的。而那些首先注意数学方法运用的学者,如瓦尔拉等人,也始终没有忘记,数学只是一种分析工具而不是经济理论本身。

西方市场经济的实践与价值理论的重建①
（论纲）

随着市场经济实践的不断进展，西方传统的价值理论越来越陷入困境。

造成这种状况的最重要原因，是传统的价值理论自身存在着的不同程度的偏狭性。它们或把形成价值的某一环节，或把构成价值的某一方面，当成了价值的实质。这些价值理论自身存在着的偏狭性，势必导致这些价值理论在实践中缺乏普遍的适用性。

要改变这种状况，根本的出路在于依据新的实践经验，对传统的价值理论进行理性的反思，并在反思的基础上重新建构新的理论。

一、传统价值理论陷入了困境

支撑西方市场经济的价值理论，主要有两种形态，一是劳动价值论，一是效用价值论。

劳动价值论，是一种从价值创造角度立论的价值理论。按照这种理论，价值是人在劳动过程中创造出来的，因而，劳动是价值的源泉和实质。按照这种理论，唯有劳动才是衡量商品交换的价值尺度。

劳动价值论，一方面肯定了在价值创造中人的劳动的作用，另一方面为价值的计量提供了一种比较稳定和可靠的依据，因而具有较大的合理性。依据这种理论，马克思创立了剩余价值学说，为无产阶

---

① 与范卫洋合作。原载《经济哲学—经济理念与市场智慧》§4.6

级革命提供了重要的理论武器。但是,劳动价值理论又是有缺陷的,它的缺陷主要在于:

(1)在价值形成的整个过程中,过分突出价值创造环节,相对地也就压低了价值实现环节。

(2)在价值创造过程中,过分强调劳动作用,忽视基质(材料)作用;对于劳动在价值创造过程中所起的作用,又过分强调人的体力因素,相对忽视人的智力因素。

(3)在价值评估过程中,片面强调价值创造过程中的劳动因素,以至完全抹杀了价值的效能或效益因素。

因此,劳动价值理论,势难真正为市场经济提供服务,也势难为那些以寻求利润为目标的企业家们所接受。

效用价值论,是一种从效能角度立论的价值理论。按照这种理论,价值即是效用。从这一基本观念出发,效用价值论者把价值的效用和实现当作价值理论探讨的主题。

效用价值论,一方面它注重产品的效用性,这与消费者对产品的质量的追求相对应;另一方面,它注重以流通服务为主要内容的价值实现过程的研究,这与生产经营者尽可能多地占有市场从而获取更大利润目标是一致的。

效用价值论也是有缺陷的,它的缺陷在于:

(1)离开价值创造,专注于对价值实现过程的探讨,因而无法把握价值形成的深层基础,从而成了一种表面化的肤浅理论。

(2)离开价值创造,单纯地依据效能进行评估,于是价值评估也就失去了可靠的依据和标准。

因此,效用价值论在一些严肃的学者眼里,只能是一种"庸俗的"经济理论。

19世纪末20世纪初,西方市场经济发展到了一个新的阶段——现代市场经济阶段。在现代市场经济阶段,市场经济出现了一系列新的情况。这些新的情况,使得传统价值理论越来越与现实背离。

(1)随着经济活动的深入和扩大,许多原来被认为无价值的东西,现在人们已经意识到,这些东西原本就是有价值的。与之相适应,在人们的意识里,逐渐产生了生态价值、技术价值、文化价值等一系列新的价值概念。

(2)随着现代科学技术的发展,社会生产的信息化,信息和知识的产业化,已经成为一种趋势。与之相适应,在人们意识中,信息、知识、科学和技术在价值创造过程中的决定作用也就突显出来。

(3)随着经济活动的深入和扩大,以服务为特征的行业,开始成为一种真正的"产业"。与之相适应,人们越来越意识到非生产性的服务在价值创造中也应占有一席之地。

(4)随着市场经济实践的发展,价值的评估方式也发生了很大的变化,出现了许多新的模式、新的方法。这些模式和方法,一般都突破了传统的单纯依据劳动或效用进行评估的方式。

以上种种情况,无论对于劳动价值论还是效用价值论者,都是十分棘手的。

就劳动价值论而言,肯定自然物和信息具有价值,肯定信息、知识、科学和技术在价值创造中具有突出的作用,肯定不经过生产过程也能增值,以及肯定在劳动之外还有其他的评估依据,无疑是同整个理论体系相悖的。对于效用价值论而言,由于效用概念的含混性,从表面看,似乎可以做出肯定性的回答,但是只要稍加追问,这里的效用究竟是何者的效用? 也就变得张口结舌,无言以对了。

为了摆脱这种理论上的困境,人们曾经对这些理论做出过多次修正和调整。例如:劳动价值论者,曾经把劳动区分为体力劳动和脑力劳动、简单劳动和复杂劳动、一般性劳动和高智能劳动等等,有的人还把劳动价值论扩充为成本价值论。效用价值论,也引入边际分析和均衡分析等方法以弥补理论之不足。但是,由于这些理论的根本立足点未变,结果,不是无功而返,就是造成理论的"两张皮"。

那么,出路何在呢?马克思主义的科学理论和丰富的现实经验启示我们,根本的出路在于:

(1)重新奠定价值理论的基础;

(2)善于把价值当作一个过程;

(3)创建出一套与现实相适应的评估方式。

二、在相互作用的深度上揭示价值本质

按照马克思主义的观点看问题,事物与事物间的相互作用,是事物存在和发展的"终极原因"。自然,它也就是价值形成和变化的深层基础。

(一)相互作用是事物存在和发展的终极原因

什么是相互作用?

按照唯物辩证法的观点看问题,所谓相互作用本质上是两组方向相反的因果联系的复合,是相关两事物的"互为因果"。

什么是因果联系?

所谓因果联系,是相关两事物"传出作用"和"承受作用"的关系。在因果联系中所谓"因"的一方,就是传出作用的一方;所谓"果"的一方,就是承受作用并产生相应效应的一方。因此,因果联系就是"作用"转移的联系,就是作用和受作用的联系。

在现实的世界中,因果联系常常以"复合"的形式表现出来,具体表现为相互作用。在相互作用即复合式的因果联系中,"作用和受作用"转化为"作用和反作用"。在现实的世界中,正是这样的作用和反

作用,构成了运动,导致了发展。

马克思主义者深深地把握了现实世界运动变化和发展的机理,把相互作用当作事物存在和变化的终极原因。恩格斯在全面考察自然界之后,指出:自然界存在的物体"是互相联系的,这就是说,它们是相互作用着的,并且正是这种相互作用构成了运动"①。在他考察自然科学状况后又进一步指出,自然科学证实了黑格尔说过的话:"相互作用是事物的真正的终极原因。"②在恩格斯看来,抓住了相互作用,也就是抓住了事物的深层和根本。他指出:"我们不能追溯到比对这个相互作用的认识更远的地方,因为正是在它背后没有什么要认识的了。"③

(二)相互作用是价值存在的深层基础

既然相互作用是事物存在和发展的深层基础和动因,那么,它也必然是价值存在的基础和原因。

什么是价值?

价值根植于事物的作用和反作用的关联之中,而这种关联本质上是一种因果关系。

但是,价值立足的因果关系,不是一般意义上的因果关系,而是特殊意义上的因果关系。只有当"因"的一方,传出的作用有利于"果"的一方的存在和发展,才是有意义的,因而也才是有价值的。换句话说,只有当作用方传出的作用,对于受作用方具有积极意义的,就是有价值的。

这样,事物是不是有价值,取决于"作用"本身的性质。如果这种"作用"有利于受作用一方的存在和发展,就是有价值,反之,就是无价值或负价值。

---

①②③《马克思恩格斯选集》,第 3 卷,第 492 页,552 页。

在现代科学观点看来,所谓"作用",无非是能量和信息的传递。因此,所谓价值,也就是由作用方发出的对受作用方产生积极影响的能量和信息。

在现实的社会生活中,价值关系总是以人为中心展开的。因此,它具体表现为人与外物的关系。在哲学上,人们习惯于把人称为主体,把与人相关的外物称为客体。这样,价值关系又具体表现为主体与客体的关系。在这种现实的主客体关系中,价值又具体地表现为:一定的客体为一定的主体提供的,那些有利于主体存在和发展的能量和信息。

在现实的价值关系中,人们扮演着受作用者和作用者的双重角色。

一方面人从外物(环境)中接受能量和信息,另一方面,人们又通过自己的创造活动,创造出新的有价值的事物。正是人们通过自己同外物(环境)的相互作用,献演出一幕幕价值运动的话剧来。

三、善于将价值当作一个过程

从辩证法的观点看问题,价值本身应是一个不断变化着的过程,是一个由基质、创造、转移和利用结合起来的总体。

既然价值本质上是起着积极作用的能量和信息,那么,作为价值的能量和信息,总得在价值创造和实现的历程中不断展现自身,并在不同的阶段上显示出自身的功能。因此,价值问题实质上是个过程问题。

价值的过程性,大体贯穿于以下几个基本环节中:

(1)基质。所谓基质就是蕴涵着一定价值的事物。这些事物,有的是天然的,有的是人造的。它们或是源出于自然,或是源出于人的赋予,都具备着某种价值性。它们的价值有的可以直接为人利用,有的需经过人的改造才能为人利用。

相对于人的创造,这些有价值的事物作为基质(材料)进入创造过程。相对于创造,它们的价值是潜在的。在价值创造过程中,基质是价值创造的一个必要条件,离开基质,价值创造是无法进行的。

(2)创造。所谓创造,是指人们通过能量和信息的注入,赋予基质以新的形式,使之成为新的有价值的事物。

价值创造的关键是赋予基质以新的形式。赋予基质以新的形式,不仅使潜在的价值转化为现实的价值,而且还会产生出新的价值,这也就是所谓的增值。

在价值创造中,人们创造价值通常是通过设计和操作两种基本方式进行的。人们通过设计,筹划出新的事物的样态,又通过操作,把基质实际地转变为新事物。

什么是设计? 所谓设计,是指设计者将已掌握的信息进行重新组合形成新的信息。人们总是通过设计规划出新事物的样态的方式以创造价值。新事物的样态,包括新事物的结构,也包括新事物的外观。一个事物,结构越是合理,外观越是切合人们的心理需求,也就越能发挥它的效能。

现代设计,包括硬件设计和软件设计。在生产中,设计具体表现为产品设计、流程设计、装备设计以及系统设计。在整个经济运行中,则包括微观设计、宏观设计和总体设计。

设计总是与设计者知识素质和能力素质紧密关联着的。设计者掌握的信息、知识越多,重组能力越强,越能设计出具有更高价值的事物的样式。

随着社会的进步,设计在价值创造过程中的地位和作用越来越显得突出。在现代,从一定意义上讲,价值创造成就的大与小,关键在于是否有一个好的设计。

什么是操作? 所谓操作,就是操作者通过自己的技艺和能量的投入,依照设计把基质实际地转变为新的有价值的事物。

操作,实际上是设计的延伸,是设计的具体化和物化。在操作过程中,操作者的知识、经验和才能起着决定的作用。越到现代越是如此。

当然,在操作过程中,人们总得运用自己的体力,同时通过对其他形式的能量的统摄和支配,形成整体性的作用,以改变基质为新的事物。

(3)转移。所谓转移是通过一系列中间的环节,将有价值的事物转移到消费者的面前,供消费者选择和利用。价值转移是价值实现的重要一环。没有价值的转移,价值就无法实现。

价值转移,包括时空转换、形态转换和所有权转换等多种多样的具体方式。在价值转移过程中,人们总是通过信息和能量的注入,从而促使事物的位置、形态和所有权的变化。因此,价值转移过程实际上也是一个继续创造的过程。第三产业的兴起及其在国民经济发展中发挥出的作用,越来越清楚地说明了这一点。

(4)利用。所谓利用,是指价值的消费者通过对有价值事物中的能量和信息的吸收,并转化为自身的本质力量的过程。有价值事物中包含的价值,只有被人吸收并内化为自身的本质力量时才算得到了最终的实现。

在实际生活中,人们对价值的吸收,总是有所选择的,即人们在吸收和利用价值时, 总是依据在长期生活实践过程中形成的价值观念和评估范式来决定取舍的。当然, 人们的利害关系和实际支付能力,也是影响吸收和利用的重要因素。

消费者对价值的吸收,既是价值的实现,又是新的价值创造的开端。人们只有在原有事物中吸取了足够的能量和信息,新的创造才有了可靠的前提。价值运动就是创造、实现、再创造、再实现的不断反复和上升的过程。

四、善于从实践中发掘新的评估方式

要使价值理论彻底地摆脱困境，还得从实践中发掘出新的评估方式，以取代传统中已不适应的评估方式。

什么是价值评估？

所谓价值评估，是人们对事物包含的价值状况的认识，是人们对价值从质和量两方面做出的判断和衡量。从反映论的观点看问题，决定价值评估的前提是事物包含的价值自身的状况。价值状况如何，相应地，价值评估也就如何。

与通常的事实认识不同，价值认识有着自己的特点：

（1）从价值关系看，价值关系通常是外物（环境）与人的关系。在这里，人是价值的主体。从价值评估角度看，人又是价值评估的主体。正是由于人充当着这种双重角色，就难以避免在价值评估中包含某种程度的主观色彩。

（2）从价值运行角度看，由于难以计量的信息和知识不断地进入价值创造和实现的过程，人们就不可能真正做到对投入和产出进行精确的计量。

基于以上情况，人们在市场经济的实践中实际地形成了一些能反映价值真实状况的评估形式和方式。其中主要的有：

（1）综合性评估。综合性评估，是将创造和效能，投入和产出，以及成本和效益相结合的评估方式。它是一种实质性评估。这种评估方式，由于评估因素的多样性和复杂性，也就不可避免地具有一定程度的含混性。但是相对于单纯依据劳动或效用进行评估，更接近真实状况。

（2）协议性评估。协议性评估，是人们根据各自的直觉或认识，通

过协商而形成的一种评估。协议性评估,包括公众性协议评估和相关方协议评估等具体方式。

协议性评估,是相对于实质性评估而言的一种评估方式。它是对实质性评估的延伸和补充,是人在价值评估中的能动性表现。

协议性评估,尽管缺乏足够的有形的依据,但是,它是以人们长期在实践中形成的关于价值的"见识"为依据的,因而也具备一定程度的客观性和可靠性。在现代市场经济中,协议性评估的方式越来越多地为人们所采用。同实质性评估相结合的协议性评估,实际上已经成为市场经济中基本的评估方式。

(3)模糊性评估。模糊性评估,是相对于明晰性评估而言的评估方式。这种评估方式是为防止过分追求明晰而造成评估失真提出来的。在现代市场经济中,大量的事物的价值状况不是十分明晰的而是模糊的,因此,模糊性的评估方式,也常常作为明晰性评估的补充而为人们所利用。

当然,更新的评估方式还会随市场经济的发展而不断地涌现出来。

因此,在现代市场经济的丰富实践面前,学者们的责任,就是要善于对实践中涌现出来的新的价值评估方式,给予切实的关注,从而使之规范。

第四编
社会文明论研究

论文明是人对自己本质的自觉①

今天,我国人民正在党中央领导下,为把我国建设成为具有高度的物质文明和高度的精神文明的社会主义强国而努力奋斗。建设两大文明,首先应当弄清文明的实质。只有搞清文明的实质,建设中才能把握住关键和重点,才能使建设的方向明确,措施得力,效果见佳。

什么是文明?前几年理论界已经提出了许多种见解。各种见解都有自己的见地,对提高人们对文明的认识,都有程度不同的启示作用。但我们觉得,这些见解似乎存在着一个共同的缺陷:即已经触及问题的实质,但并没有真正揭示出问题的实质。

迄今为止,关于文明的见解,大体可归结为三种类型,一是"进步状态"说。按照这种见解,"文明是与野蛮状态相对立的人类社会进步状态",或者说,文明是指"物质生产和精神生产的进步和开化状态"。

二是"成果"说或"财富"说。按照这类见解,所谓文明,是指人类在历史过程中所创造的物质和精神成果,或者说"物质和精神的财富"。

三是"清明政治"说。按照这类见解,文明是指一种国家治理有方和政治廉洁清明的国泰民安的社会局面。

以上三种见解,立论的角度是不同的,如果将三者综合起来,确能从不同侧面上描绘出文明的外观,使人们对文明的外观有一个较

①与张学军合作,原载《西北师范学院学报》1987年第2期。

为全面的认识。但是,对于文明的内在的本质,并没有向人们透露出多少信息,至少对文明的深刻的内在的本质并没有和盘托出。下面我们就来分析和揭示这三类见解中所蕴含着的更为深刻的东西。

先看"进步状态"说。最早把文明看作社会进步状态的是恩格斯。恩格斯讲到文明时代时曾经说过:"从铁矿的冶炼开始,并由于文字的发明及其应用于文献记录而过渡到文明时代。""文明时代是学会对天然产物进一步加工的时期,是真正的工业和艺术产生的时期。"①在这里恩格斯确是把文明当作一种社会进步状态的。但是,我们对于恩格斯的言论,不能把某一句话孤立地去理解,而应当把这句话同他的整个思想体系结合起来理解,在理解恩格斯关于文明的论述时,应把文明同恩格斯的整个唯物史观结合起来。按照唯物史观,文明之所以作为"进步状态"表现出来,根本在于人的社会实践活动,特别在于人的劳动。恩格斯在谈论社会进步时,总是把劳动(一种有意识有目的的改造客观世界的活动),把劳动基础上形成的社会分工和社会联系,把劳动中形成的思维和语言当作社会进步的基本前提的。人的劳动是人同动物状态的分界线。人的劳动同动物的适应环境不同,人在劳动中能意识到自己的主体地位,意识到自身的需要,意识到自身的能力,并逐步地意识到自己的历史使命。正是在这种意识的指导下,才将客观世界的"自在之物"转化为"为我之物"。正是因为人的这种自我意识,人才脱离了动物的状态,才由本能状态的人(野蛮人)转变为自觉的人(文明人)。在这里,恩格斯不仅把文明看作一种进步状态,而且把文明看作是人对自身那种主体地位的自觉。因此,我们可以认为,恩格斯把文明当作"进步状态"是就文明的外部表现而言的。

---

① 《马克思恩格斯选集》第4卷,第21、23页。

就内在的实质而言,文明则是人对自身本质的自觉。

　　再看"成果"说或"财富"说。把文明当作"成果"或"财富",也是马克思主义的观点。按照马克思主义的观点,人类在历史上的物质创造和精神创造,最终总得要通过"成果"或"财富"的形式表现出来,把文明说成"成果"或"财富",本身并没有什么大错。不过,马克思主义者是因果统一论者,总要把结果同原因联系起来。在马克思主义看来,无论叫"成果"还是叫"财富",毕竟还只是"果","果"的前面还必定有其"因"。那么这种"因"又叫什么呢?即人何以能创造出这些"成果"或"财富"呢? 按照马克思主义观点看问题,还是在于人的状况,在于人在自己的活动中创造着自己的本质,即创造着自己的社会关系,并对这种关系有了自觉。正是人有这种自觉,人才有创造;正是人有这种自觉,人可以把客观物质资料转变为为人所需的物质产品;正是人有这种自觉,人才需要把自身实践的经验总结提高为精神产品。因此,在物质的或精神的"成果"和"财富"中,总是包含着人的那种自觉性活动,总是渗透着人的智慧、人的意志,反映着人们之间的社会关系。因此,在马克思看来,"成果"或"财富",无非是"人化的自然",是"人的本质力量打开了的书本"。如果我们仅仅就"成果"论成果,就"财富"说财富,仅仅满足于形式不探求其实质内容,仅仅满足于"后果"不追究其"前因",这样的观点,还是表面的和片面的。这样的观点,还停留在马克思曾经批评过的那种状况,"仅仅从表面的有用性角度"理解问题。

　　最后再看"清明政治"说。"清明政治"说,来源于中国古代的一种见解。《易·文言》中有一段话:"见龙在田,天下文明。"孔颖达曾将这段话疏为"天下文明者,阳光在田,始生万物,故天下有文章而文明也。"《尚书·舜典》中也有一段话,"睿哲文明"。后人疏为"经纬天地谓之文","照临四方谓之明"。这些话无非是说,文明者是指帝王圣明,治国有方,政治清明。这种见解的合理性在于,它把文明同社会的政治法律制度联系了起来,把文明看作同社会政治法律制度紧密相关的东西。我们知道,马克思主义者看待文明时,同样把文明看作是同政治法律制度相关的而不是无关的东西。恩格斯在《家庭、私有制和国家的起源》一书中,在论述人类文明发展时,不仅把它看作是伴随社会分工、交往的发展、私有制的确立、阶级的分化和国家的出现发展起来的,而且还明确指出:"国家是文明社会的概括。"①但是,按照马克思主义的观点,社会政治制度,无论是奴隶制的还是封建制的,无论是资本主义的还是社会主义的,无一不是一定的统治阶级根据自己利益和意志制定的,无一不是对当时社会各阶级的地位(包括权利和义务)和彼此关系的确认,无一不是统治阶级的阶级本质的展示和实现。而这些又无一不是基于统治阶级对自己的本质的历史自觉。

从以上分析,我们不难看出,文明的实质就是人对自己本质的自觉。人是历史的主体。它既是实践的主体,又是认识的主体。人在其历史舞台上,既改造着外部的自然界,创造出"人化的自然",又改造着自己,创造出"人本身"。因此,所谓"进步"、"开化"状态,无非是人的"进步"、"开化"状态;所谓"政治清明"无非是人自身的"清明";所谓物质的、精神的"成果"或"财富"无非是人的活动的结果,或如马克思所说,是"以感性的、外在的、有用的对象的形式,以异化的形式摆在我们面前的、人的对象化的本质力量"。概而言之,凡是可以称得上文明的一切,无一不是人的本质的体现和展示,无一不是"人化了的自然"或"对象化了的人"。

人作为实践的主体,从事各类社会实践活动,就使人不仅仅是单纯的"自然存在物",而且主要地成为"属人的存在物",即为着自身而

①《马克思恩格斯选集》第 4 卷,第 172 页。

存在的存在物。因此,人的生产劳动,不仅仅是改造自然的过程,而且是人自身不断生成和变化的过程。人的历史就是人自己产生过程的自然史。正如马克思所说,这部"历史是在人的意识中反映出来的,因而作为产生过程乃是有意识地扬弃自身的产生过程"①。由此,我们可以得出,人类文明的历史,就是人自己不断超出自己旧有的存在状态,实现自己的新的存在状态。马克思曾经明确指出:"共产主义,绝不是人所创造的对象世界,即人的采取对象形式的本质力量的消逝、舍弃和丧失,绝不是返回到违反自然的、原始的简单状态去的贫困。相反地,它们毋宁是人的本质的现实的生成,是人的本质对人说来的真正地实现,是人的本质作为某种实在的东西的实现。"

人作为历史的主体,在其创造历史的历程中,总是在不断地提高着对自身本质的自觉,即对自身主体地位的自觉,对自己的历史使命的自觉,以及对自己本质力量的自觉。这种历史性的自觉,就是一定时代的"精华",就是这个时代的精神文明。人们的进步的世界观、人生观、道德观、价值观等等无非是这种文明的具体表现。精神文明具有强大的创造力。人们的历史自觉性,必然带来人们在历史创造过程中的主动性、积极性和创造性。在一定历史进程中,人的自觉性越高、越充分,它的历史作用就越是显得突出。反之,人若缺乏这种自觉,就会变得消极和无力。因此,历史上一切有作为的阶级、集团和个人,总是注重自身精神素质的提高和发展,总是把理想、道德的培育,把教育、科学、文化事业的发展,当作大事来抓。

将文明看作是"人对自己本质的自觉",又把这种自觉归结为精神文明,还把这种精神文明当作创造世界的强大力量,这样的观点会

①马克思《1844 年经济学——哲学手稿》,第 122 页。

不会同黑格尔同流合污呢？我们以为，是不会的。我们知道，黑格尔的绝对精神，是先于世界的，超越社会历史的，是世界和万事之源。而我们这里所说的精神，是体现着一定社会关系的社会精神，是反映一定的时代特征的时代精神。在马克思主义看来，人是社会的人，是属于一定历史时代的人。什么是社会？按照恩格斯的见解，社会"是人们交互作用的产物"①。按照马克思的看法，社会"是表示这些个人彼此发生的那些联系和关系的总和"。什么是人？按照马克思的看法，人的本质"是人的真正社会联系"，"是一切社会关系的总和"。因此，人对自己本质的自觉就是人对自己劳动以及由此而产生的社会关系的自觉。什么是历史？按照马克思的看法，"历史不过是追求着自己目的的人的活动而已"。而人就是这个历史的主体。因此，人对本质的自觉，也就是人们在历史实践中，对自身的使命和责任的自觉。精神文明，作为一种精神力量，它包含着、体现着和展示着人在社会历史活动中的意识能动性、社会主体性和历史创造性。因此精神文明是一种活动着的精神，借用黑格尔的话说，它是"正在思维着的精神"。

精神文明是一个复杂体。它包含着知识、情感、意志等多方面的内容。它以世界观、社会政治观、伦理道德观、审美观和科学知识素养等具体形式表现出来。它同一定的物质条件相结合，形成教育、科学、文化、体育、卫生等部门和行业。人对历史发展规律的认识，人对自身负有的历史责任的自觉以及人对自身力量的认识和信赖，最终升华为理想。而理想包含着长远的理想和近期的理想，个人的理想和共同的理想。建立在科学认识基础上的理想，规定着人们奋斗的正确方向，它对于人们具有吸引力和鼓舞力，因而是一种重要的精神动力。人们为自己的理想奋斗，不仅要依靠个人的力量，而且需要把各个个

①《马克思恩格斯选集》第 4 卷，第 320 页。

人的力量凝聚为一个整体的力量。反映着先进生产关系的进步道德，就是把社会的个人力量化为整体力量的一种重要机制。建立在科学认识基础上的各种知识，是一种巨大的精神力量。它是人的本质力量的主要成分，在人们改造社会、改造世界的实践中，化为巨大的物质力量。

精神文明是人类意识现象中积极有效的部分，它总是以人们的科学认识为基础的。按照马克思主义的观点看问题，所谓科学的认识就是人们的主观同客观一致。因此，精神文明就是主观同客观的统一。人们的科学认识，既可以个体认识的形式表现出来，又可以群体形式表现出来，是个体同群体的统一。因此，精神文明又是个体同群体认识的统一，杰出人物的认识同普通群众的认识的统一，一国文化进步同世界文化进步的统一。科学的认识，既是人们对当代世界的正确认识，又是历史上的人们对当时正确认识的积累，是历史的同当代的统一。因此，精神文明，又总是历史的进步文化和当代进步文化的统一。

精神文明是历史发展中形成的。但是，在剥削阶级占统治地位的漫长的历史时期里，广大劳动者创造文明和享有文明的权利受到很大的压制。即使是剥削阶级，由于受到阶级利益的局限，由于缺乏科学理论的指导，对文明的创造，也是十分有限的。社会主义革命成功，社会主义社会的建立，广大劳动者成了社会的主人，马克思主义成为全社会的指导思想，一个由劳动者自己自觉地创造文明享有文明的新时代真正开始了。马克思主义是历史的和当代的精神文明的结晶，是现代人对自己本质自觉的集中表现，马克思主义能够为社会主义的劳动者，提供科学的世界观和方法论，指明历史发展的规律和前景，指明自身的历史责任和力量的源泉。这就使得劳动者能够在新的历史时代里，以无与伦比的自觉性和热情去创造伟大的社会文明，恩格斯在评论历史时,曾经把现代的历史称作"历史的序幕",把社会主义革命开始的历史,称作"真正人类的历史"。恩格斯这个观点同样适用于物质文明和精神文明的创造。历史上的社会文明的创造,也还只属于人类文明创造史的"序幕",从社会主义社会开始,人类文明的创造史,也才真正开场。

建设社会主义精神文明,是一个全新的课题,它没有历史经验可循,需要人们在实践中不断地研究,不断地探索。党中央根据马克思主义的原则,总结了过去几年的初步经验,已为它指出了基本方向,描绘出大体的轮廓。党的十二届六中全会通过的《关于社会主义精神文明建设指导方针的决议》,就是一个对于社会主义精神文明建设具有十分重大指导意义的文件,人们只要按照文件指出的方向去办,社会主义精神文明建设在我国一定会取得伟大的成功。

建设社会主义精神文明,最为根本的是促使人们对自己本质的自觉。这种自觉既包括人们对社会主义自身的历史使命感、社会责任感和全社会协同感之类的自觉性,也包括人自身本质力量的增强和发挥。促使人对自己本质的自觉,就应当努力把全社会的公民造就成为有理想、有道德、有文化和有纪律的新人,提高全民族的思想道德素质和科学文化素质。

促使人的觉悟提高,自然要靠不断进行理想教育、道德教育和纪律教育。忽视这些教育是错误的。但是,除此以外,提高人们的知识和文化水准也是十分重要的,提高人们的知识文化水准,是启发人们觉悟的基础和前提。人们只有具备了一定的文化,才能真正把握理论,才能理解自身的使命和责任,也才能彻底地觉悟。

增强人的本质力量,自然要靠不断发展教育、科学和文化事业,提高全社会的知识和技术水准。但是,理想和道德也是一种重要的精神力量。理想和道德,可以唤起人们建设的热情,增强人们的团结意识,可以促使人们努力掌握科学和文化,促使人们的精神力量转化为物质力量。促使人对自己本质的自觉,还需要具备良好的外部条件。社会的物质文明建设,不仅给社会提供大量的物质产品,而且也是推动精神文明建设的重要条件,物质文明建设对于人的较高素质的需要,物质文明建设积累的丰富经验,物质文明创造出的种种物质手段,对于精神文明建设有着重要的推动作用。社会的民主政治的建设,同样是精神文明建设必不可少的条件。人们只有处于一定的民主环境之中,才可能具有主人翁的自觉责任感,精神的创造也才真正可能。社会主义高度民主,能促进人们的精神境界的提高,能加速精神产品的迅速发展。

促使人对自己本质的自觉,最为重要的还是让人们学习、领会马克思主义。马克思主义的科学的世界观和科学的社会历史观,是人们树立理想和道德的基础。只有掌握了马克思主义,人们的理想才可能真正坚定,道德才可能牢固。马克思主义还是科学的方法论,它对于教育、科学、文化各种事业,都具有十分重要的指导意义。教育、科学和文化事业,只有在马克思主义指导下才可能沿着正确的方向以较快的速度发展。这里所说的马克思主义,自然不是那种僵化了的马克思主义,而是不断发展中的马克思主义。这种发展中的马克思主义,总是不断以新的社会实践经验来丰富自己,总是善于从历史的和当代的非马克思主义理论中吸取其合理因素来充实自己。这样的马克思主义,是有骨有肉的,始终生气勃勃的,这样的马克思主义,本身就是时代的精华,是社会主义精神文明的核心,同时又是整个社会主义精神文明的指导原则和灵魂。因此,让全社会的人们学习、领会马克思主义,是社会主义精神文明建设中的关键之举。

综上所述,我们不难看出,"文明是人对自己本质的自觉",本是马克思主义科学理论中包含的一个深刻思想。这个思想深刻地揭示了人类文明的实质。运用这个思想,可以帮助人们对于人类文明特别是精神文明,做出科学的一元论的解释。运用这个思想,可以将社会主义的精神文明建设和物质文明建设引向胜利的坦途。

积极地宣传和实行社会主义的人道主义①

胡乔木同志在《关于人道主义和异化问题》一文的第三部分,专门论述了社会主义的人道主义,并提出,我们要在批评资产阶级的人道主义的同时,积极地"宣传和实行社会主义的人道主义"。这里,我就如何正确地理解、宣传和实行社会主义的人道主义问题,谈一点个人认识。

一、什么是社会主义的人道主义

简单说来,社会主义的人道主义是社会主义的国家、社会、人民一项带根本性的正确的"对待人"的原则。实行这一原则,可以促使人民群众的觉悟进一步提高,人民内部的团结进一步加强,人民群众的利益进一步发展。

大家知道,社会主义社会中,人有两大类:一是人民,它占绝大多数;二是敌人,是极少数。人的自身的区别,反映在伦理原则上,"对待人"的方式自然也就不同。因此,社会主义的人道主义本身也具有两重不同的含义。就对人民而言,实行社会主义的人道主义,就是要求社会主义的国家,社会主义的社会对绝大多数人民的人格、权利、利益的高度的尊重和关心,要求绝大多数人民对他们的共同利益的关心,要求人民相互之间对对方的人格、权利和利益的充分尊重和关

---

① 原载《理论学习》,1989 年增刊。

心。就对待敌人而言,实行社会主义的人道主义,就是要求社会主义的国家、社会和人民,坚决地同敌人做斗争,同时对"已经投降或已经不能为害"的敌人,给以人道的待遇,帮助这些人转变为自食其力的人,使他们参加到人民行列中来。自然,这两重含义是统一的,紧密相关的,是一个事情的两个方面。它们的作用都是为着维护人民的根本利益,都是为着实现"解放全人类"这一最终目标。因此,社会主义的人道主义的意义必须从两方面来把握,不能只讲某一方面,丢开另一方面。如果这样做,就不利于全面地实行社会主义的人道主义原则。我们还应看到,这两方面的含义又是有区别的,前者面对的是作为国家、社会主义的人民,后者面对的是反社会主义的敌人。反映在"对待人"的原则上,前者对人的"尊重、关心、同情、爱护"是不讲条件的,是高度充分的,后者是有条件的,即在敌人"已经投降或已经不能为害"的条件下才给以人道待遇,而这种待遇也只是叫"特定的"人道待遇,与对待人民的充分"尊重、关心、同情、爱护"不一样的。因此,社会主义的人道主义的两重含义决不能等同起来把握,决不能对两类不同的人以同样的方式去对待。如果看不到两重含义的原则区别,用同样的方式对待不同的人,实际上混淆了敌我,实际上回到了抽象的人道主义那里去了。这是我们理解社会主义的人道主义时,必须首先注意的一点。

准确地理解社会主义的人道主义,除了明确它的本身含义,还应当弄清它的实质和地位,即在事物的相互联系中把握事物。下面,我们说社会主义人道主义的实质以及它在各种联系和关系中的地位。

社会主义的人道主义的实质是什么呢?社会主义人道主义的实质,在于它是一种调整社会主义社会的社会生活中人与人关系的伦理原则和道德规范。用胡乔木同志的话说"它是立足在社会主义的经济基础之上,同社会主义的政治制度相适应,属于社会主义的伦理道德这种意识形态"的原则。就是说,社会主义的人道主义,只是社会主义社会处理人与人关系的伦理原则和道德规范,除此以外,不再有别的意思。因此,我们只能在这个意义上把握它,不能把它的意义随意扩大到别的方面。当然,这一原则是受到马克思主义哲学指导的,但它本身并不是哲学。如果我们因为它受马克思主义哲学指导,而把它误认为也是哲学的原则,那么就在实际上把它当成了世界观、历史观,当成抽象人道主义那样的唯心主义历史观了。

把握社会主义的人道主义,还必须把握它在社会主义社会构成中和道德总体中的地位。社会主义的人道主义在社会主义社会处于怎样的地位呢?

就社会构成说,它是社会主义社会的道德意识的一部分。我们知道,社会主义社会如同其他社会一样,有其经济基础和上层建筑,在上层建筑中,有其政治法律部分,也有其意识形态部分,在意识形态中,又有其政治法律观念、艺术、哲学和道德等具体形式的区分。社会主义的人道主义,在社会主义社会总构成中,只是作为社会意识特定形式道德的一项原则。它只是作为一项道德原则在社会主义社会中为经济基础服务。所以,我们讲社会主义的人道主义的社会作用时,既不能缩小,也不能夸大。否认它的积极作用,就会陷入"道德无用论",夸大它的作用,又会陷入"道德决定论"。

就社会主义社会道德总体来说,它是社会主义社会道德总体中的中间层次。只要我们深入分析社会主义社会的道德构成,我们不能不发现,社会主义社会中的道德是一个多层次的结构。在社会主义社会的道德总体中,既存在有"公共生活规则"、"国民公德"这样一些"人人必须遵守"的最低层次的道德,也还存在有已为某些先进分子所信守,代表前进方向的最高层次的共产主义道德。在社会主义道德总体中,社会主义的人道主义与其某些相关的伦理道德原则,比较地适合现阶段绝大多数人的觉悟水平，所以它是社会主义社会中基本的道德形态。明确了这一点，我们也就看到了社会主义人道主义在道德总体中的地位上的重要性，就应当积极地提倡它和实行它，同时，也会看到它毕竟与共产主义道德相比，是"较低或基本的层次"，它还需要继续发展和前进，需要过渡到共产主义道德。不去积极地宣传和实行社会主义的人道主义，是错误的，片面地强调社会主义的人道主义，而否认共产主义道德的教育和宣传，也是不对的。

要把握社会主义的人道主义，还必须明确它在整个人道主义思想潮流中的地位。从 14 至 16 世纪欧洲文艺复兴以来，历史上曾经出现过各种类型的资产阶级的人道主义。资产阶级人道主义，是以唯心史观为其思想基础的思潮，作为道德原则，也是维护资产阶级的利益的。但是，资产阶级的人道主义中，也包含着某种合理的道德理想，特别是当它被空想社会主义者作为旗帜使用的时候，又被加进了"解放全人类"、"让人自由而全面的发展"这样一些可贵的社会理想。社会主义的人道主义，是马克思主义指导下形成的人道主义，是立足于社会主义社会的人道主义。它在本质上是与资产阶级人道主义对立的，但是，它不是凭空产生的，而是吸取了资产阶级的人道主义某些合理观念，在新的社会条件下发展起来的，是资产阶级人道主义的某些合理观念的批判地继承和发展。正如胡乔木同志所说的那样，"社会主义的人道主义，批判地继承和改造了资产阶级人道主义伦理原则中合理的东西，所以也可以说，历史上一些真诚的人道主义者所幻想而无法在全社会实现的某些人道主义的伦理原则，只有在社会主义制度下才能变为现实"。所以，社会主义的人道主义是历史上人道主义的合理观念的继承和发展，是人道主义发展的崭新的阶段和最高形态。社会主义的人道主义是优胜于以往一切人道主义的人道主义。

在我们的长期革命过程中，还实行过"革命的人道主义"。这种人道主义,就其思想基础、阶级内容来说,它与社会主义的人道主义"本质上是一致的"。只是因为无产阶级、人民大众,还未取得政权,社会主义制度还未建立,因而它的内容就不如社会主义的人道主义丰富,施行范围没有社会主义的人道主义广泛。社会主义制度的建立,大大丰富了它的内容,扩大了它的实行范围,这样,革命的人道主义也就发展成了社会主义的人道主义。因此,社会主义的人道主义是革命的人道主义发展的更高阶段。就如胡乔木同志在文章中说到的那样,"社会主义的人道主义是革命的人道主义的发展,革命的人道主义是社会主义的人道主义的前身"。

明确了社会主义的人道主义在人道主义的发展史上的地位,也就比较地认清了社会主义的人道主义的充分合理性和它出现的历史必然性,从而,坚定对它的信念,一心一意地宣传和实行社会主义的伦理原则,而不应当在宣传和实行社会主义的人道主义的过程中,瞻前顾后,犹豫动摇。

二、积极地宣传和实行社会主义的人道主义

既然社会主义的人道主义是社会主义的经济基础发展的要求在人们观念上的反映,是社会主义道德总体的重要构成部分,是人类的进步的道德理想和社会理想在社会主义社会的实现。那么,积极地宣传和实行社会主义的人道主义,就是社会主义社会道德建设的"题中应有之义"了。

熟悉中国现代革命历史的人都会知道,在过去的数十年革命和建设过程中,作为革命和建设的领导者的中国共产党,始终注意按照革命的人道主义和社会主义的人道主义原则,来确定经济的、政治的和社会的政策措施的,按照这些原则处理革命和建设过程中人与人的关系的。特别是党的十一届三中全会以来,党中央制定了一系列的

"爱民政策"，给人民群众从政治、经济、精神、文化各方面带来了巨大的利益。但是，正如胡乔木同志文章中所指出的那样，"由于长期的封建思想的影响，由于资产阶级腐朽思想的侵蚀，由于文化落后和经济落后，在我们的现实生活中，违反人道主义原则的犯罪现象仍然不同程度地存在着，对人（首先是对普通劳动者、普通知识分子、普通服务人员和普通顾客，尤其是对于普通妇女、普通儿童、普通老人和有残疾的人）缺乏关心、尊重、同情、爱护的冷漠现象也仍然不同程度地存在着"。这种状况，就使在当前宣传和实行社会主义的人道主义具有特殊的迫切性，使宣传和实行社会主义的人道主义的伦理原则，成为刻不容缓的事。

从 20 世纪 50 年代后期以来对人道主义的多次批判，由于"没有区别人道主义作为世界观、历史观和作为伦理原则这两个方面，把批判人道主义的历史唯心主义变成反对任何意义上的人道主义，以至连革命的人道主义、社会主义的人道主义也不宣传了"，因而，社会主义的人道主义对于许多人说来，成了一个新问题。因此，许多事要从头做起，从基础做起。

要宣传好社会主义的人道主义，除了讲清实行社会主义人道主义的重要意义之外，首先要使人们正确地理解什么是社会主义的人道主义，弄清它的含义、它的实质、它的基本特征、它与其他事物的区别和联系。因此，宣传工作者就决不能满足于表面的、肤浅的理解，更不能望文生义，想当然。如果这样做，很有可能重蹈抽象人性论和抽象人道主义者的覆辙。

其次，必须从多方面阐明社会主义的人道主义同作为伦理原则的资产阶级的人道主义的区别，使人们能从两种人道主义对立中把握社会主义的人道主义，同时划清两种人道主义的界线。社会主义的人道主义同资产阶级的人道主义是有着一系列根本性的区别的。就思想基础说，社会主义的人道主义的思想基础是马克思主义和它的历史唯物主义。而资产阶级的人道主义的思想基础则是抽象人性论的历史唯心主义。就阶级本质而言，社会主义的人道主义是为无产阶级、人民大众服务的，而资产阶级的人道主义是维护资产阶级利益的。就存在的社会条件而言，社会主义的人道主义是以消灭剥削制度、建立社会主义公有制度为前提的，而资产阶级的人道主义，一般地是在资本主义私有制度下宣传和实行的，以不破坏这种制度为限度的。就对待暴力的态度而言，社会主义的人道主义反对对人民使用暴力，而主张对敌人使用暴力，而资产阶级的人道主义，把一切诉诸人的"善心"，反对一切暴力，鼓吹非暴力主义。就思想核心而言，社会主义的人道主义的核心是集体主义，而资产阶级的人道主义的核心，一般说来是个人主义。使人们明白这种对立，就可使人们更深刻更准确地把握社会主义的人道主义。

再次，在宣传中要告诉人们，如何去实行社会主义的人道主义。实行社会主义的人道主义，自然是使我们的每个劳动者，每个知识分子，每个热爱社会主义事业的人，根据社会主义的人道主义的精神"立身"、"行事"、"处人"、"自处"，在尊重国家和社会利益的前提下，发展社会主义的人与人的关系，即"互相尊重"、"互相爱护"、"互相关心"、"互相帮助"的关系，造成"我为人人，人人为我"的社会局面。同时，引导人们运用这个原则去评价人们的行为和各种社会事件，扬善抑恶，除旧布新，促进社会风气不断好转。在宣传实行社会主义的人道主义时候，我们应当认识到积极贯彻党的路线方针、政策的特殊重要性。中国共产党是以全心全意地为人民服务为根本宗旨的党，它的路线、方针和政策，都具体体现着对人民利益的深切关怀。积极地忠实地贯彻党的路线、方针和政策，就是具体地实行社会主义的人道主义。党的"十二大"制订的建设高度文明、高度民主的社会主义现代化强国的伟大纲领,是一个伟大的马克思主义的纲领,同时也是深深体现着社会主义的人道主义精神的纲领。它的实现必将给人们带来更为巨大的利益,使得人们的相互关系得到更合理更健康的发展,同时,也更有条件把少数敌人孤立起来,并把其中一些人改造成为社会主义的新人。因此,宣传社会主义的人道主义,就应当引导人们为实现"十二大"的纲领而英勇奋斗。

社会主义的人道主义,作为社会主义社会一项重要的伦理原则和道德规范,是一种积极的精神力量。社会主义的人道主义在绝大多数人民中贯彻、实行,就会使人们的道德水平大大提高,使整个社会道德面貌发生巨大的变化,而人民道德水准的提高和社会面貌的变化,又将有力地推动整个社会主义的建设事业。这时,作为精神力量的社会主义的人道主义,就在人们的道德实践中,化为一种推动社会前进的巨大的物质力量。

中华民族是富有珍贵道德遗产的民族①

中华民族,是一个特别注重人的道德素养和道德教化的民族,是一个名副其实的"文明礼仪之邦"。

早在传说中的三皇五帝时代,中国境内各部族的头人们,就已经懂得了"克明俊德,以亲九族。九族既睦,平章百姓。百姓昭明,协和万邦"的社会治理的哲理,开始了"以德治邦"的进程。奴隶制在中国确立之后,奴隶主统治者,为着强化自己的统治,更把"道德教化"当成一项基本的治国方略,也就是所谓的"德治"。

"德治",作为社会治理的一种基本方式,真可谓源远流长。早在西周初年,周公(姬旦)就提出了"以德配天"的理论。按照这一理论,人间的"德治",是切合天意的要求。在这种观念基础上,周公亲自制定了一整套礼制供臣民们遵行。春秋末年,著名思想家孔丘,从"得人心"出发,进一步阐发"德治"的意义。他说:"为政以德,譬如北辰,居其所,众星共之。"孔丘的这一观点,后来成为儒家学派政治观点的一项主要内容。汉代初年,封建制在中国得到了确立。统治者为着强化自己的统治,公开推行"德治"。在汉武帝"罢黜百家,独尊儒术"后的两千年间,"以德治邦"成了世代统治者基本的治理方式。

在世代统治者推行"德治"的历史背景下,社会的道德建设被提升到一个突出的地位。道德规范的制定,道德品质的培育,道德教育

---

①收入《中华文化与民族精神》一书,甘肃人民出版社 1992 年版。

和道德评论的实施等一系列的问题,受到了社会的重视。就在这样的条件下,中华道德不断地发展和完备起来,成为一个包罗十分广泛的体系。

传统的中华道德,本质上无疑是阶级的道德,不同阶级的道德总是为各自的阶级利益服务的。占统治地位的奴隶主和封建主的道德,对统治者本身来说是"天经地义"的,对于被统治者来说,则意味着"苦难"、"欺骗"和残忍。因此,在谈论中华传统时,决不可一概而论。但是,中华传统道德是人们在一定的社会交往和社会治理的实践中形成的,其间体现着人们一定的实践经验和教训,体现着整个民族不断发展、不断前进的愿望,因而又包含着不少积极、合理的因素。这些因素,也就是中华传统道德中的精华部分。

根植于具有悠久历史的民族土壤中的中华道德,珍贵遗产十分丰富,难以一一列举,本文就其中最主要之点,加以评述。

一、"公益至上"

"公益至上"的观念源于原始公社制度。在原始公社制度下,人们共同劳动,共同享有,"天下为公"。在这样的社会条件下,人们的观念自然而然地"一心为公"、"一切为公"、"公益至上"。在当社会形成阶级并产生国家之后,占统治地位的剥削阶级,以全社会的代表自居,他们袭用"公益至上"来谋取剥削阶级的私利。这时,名号相同,实质已经不同。但是,在同一民族内,除了特定的阶级利益,也还存在民族的"共同利益"。因此,在阶级社会中,"公益至上"既有"阶级利益至上",又有"民族利益至上"的双重涵义。范仲淹的"先天下之忧而忧,后天下之乐而乐",顾炎武的"天下兴亡,匹夫有责",其中的"天下",就是民族、社会和国民。心怀天下,就是心怀民族、社会和国民的"共同利益"。

就在这种复杂的社会历史背景下，统治阶级既为着本阶级的私利，又在一定意义上为着全民族的公益，大力倡导"公益至上"的道德精神。曾经活跃于春秋战国时代的齐国法家学派，首先提出了"任公不任私"和"废私立公"的主张，差不多与此同时的早期儒家，秉承先王的遗教，更是竭力宣扬"克己奉公"、"先公后私"、"大公无私"的道德。此后，大约两千年间，历代统治阶级反复宣传和倡导这种"公益至上"的观念。于是，"公益至上"成了中华民族最为深入的一种道德意识。

在"公益至上"意识的熏陶下，中国古代社会中，自然不乏愚忠愚孝的人物，但同时也确实涌现出大批为民族的兴衰存亡贡献出一切的民族英雄。如当楚国覆亡时愤而投身汨罗江的屈原，被匈奴流放北海十九载不忘故国的苏武，高唱"正气歌"走向入侵者刑场的文天祥，以及在平倭作战中创建奇功的戚继光等等，就是这类民族英雄的杰出代表。

二、"重民、贵民"

中国是一个文明古国，又是一个泱泱大国。在创建古代文明的进程中，在由一个个小邦逐步凝聚为大国的进程中，中国民众的伟大创造作用得到了实际显示。这种情况反映到统治阶级的意识中，就成了"重民、贵民"的意识。在战国时期，以机敏见称的儒学大师荀况，他惊奇地发现，中国民众有如浩瀚无际变动不居的大水，"水则载舟，水亦覆舟"。与荀况同时的另一位儒学大师孟轲，还进一步认识到，民众的"人心向背"，直接决定着王朝的命运。在此基础上，他提出了"民为贵，社稷次之，君为轻"的流传千古的贵民主张。在儒家学派反复倡导下，"重民、贵民"的观念为世代的开明统治者所接受，进而形成了统治者"体察民情"、"爱惜民力"、"为民请命"、"为民做主"一类的"为政之德"。

在存在阶级对抗的古代社会,"民众"是被统治阶级,而"君"、"臣"则是统治阶级的代表。在这样的社会里,要求君臣"重民、贵民",从根本上来说,是不可能的。但也不排斥在特定时期特定条件下,阶级冲突十分尖锐,而统治阶级又需要缓和这种冲突的条件下,在特定的人物身上,在接近民众又笃信儒学的人物身上,"重民、贵民"的观念,也会在一定程度上得到体现。例如:在汉代,汉初诸帝,曾为缓和秦代造成的尖锐的阶级矛盾,而推行过"与民休息"的政策。在唐代,唐太宗李世民,曾鉴于隋炀帝因暴政而覆亡的历史教训,认识到"载舟之水亦覆舟"的真理,体察民情,爱惜民力,使在位时期出现了较为宽松的"贞观之治"。在世代官吏群中,因官场失意被贬的柳宗元、白居易,都曾通过自己的著作,比较真实地向统治阶级报道过民间的疾苦。来自于社会下层的包拯、海瑞,也先后向最高统治者"为民请命",并为民众平反过冤狱。在古代,无论为君者,还是为臣者,真正称得上"重民、贵民"的,真可谓凤毛麟角。但是,世代的君臣们,只要代表了人民的利益,为人民做了好事,总是受到后世怀念和敬仰。

三、"向往平等"

中华民族,在长期的反抗外族侵犯和内部阶级压迫、社会压迫的斗争中,焕发出"向往平等"的民族道德精神。

在反抗外族侵犯和争取社会平等的斗争中,中国农民做出了突出的贡献。在中国历史上,农民的反抗,农民的起义,农民的革命,时伏时起,逐步升级。与之相适应,农民中的平等观念,也逐步成熟起来。在汉代,起义的农民,为了论证起义的合理性,提出"天地所以行仁""共养人也";在唐宋,起义的农民,则提出了"均贫富"、"等贵贱"的进一步要求。到了清代,起义的农民,更在实际上创立了以绝对平均为特征的社会制度。企图在这个制度下，让"天下人同耕天下田"，从而"无处不均匀"，"无人不饱暖"。农民的平等观念，自然是有缺陷的，在实际上也是行不通的。但是，它确实包含着中华民族反抗社会压迫，追求自由、平等的崇高道德精神。

四、"自立、自强"

中华民族，在长期的奋斗中，深刻地认识到，治理和发展社会，不是靠天，而要靠人。主要的，不是靠他人，而是靠自己。

早在春秋时代，就有思想家指出："国将兴"，"听于民"，"依人而行"。一位叫作臧文仲的思想家曾指出："禹汤罪己，其兴也悖焉；桀纣罪人，其亡也忽焉。"儒家学派的开创者孔丘，继承了先辈们的正确见解，积极倡导人们"自主"和"自强"。他认为："君子求诸己，小人求诸人"，他主张，人应"自立、立人"、"自达、达人"。以孔丘为代表的儒家学派，还把"立人"具体规定为"三立"，即"立德"、"立功"和"立言"。立德者，就是培养起高尚的品德；立功者，就是为社会做出贡献；立言者，就是为世人提供经验和教训。儒家还根据"天人相因"的观念，提出了"天行健，君子以自强不息"这一至理名言。

"自立、自强"的观念，经过古代思想家的竭力倡导，又经过世代人们在实践中反复领悟，最终成为中华民族的基本的国民品德和民族精神。在古代社会，尽管存在着奴隶制、封建制造成的精神枷锁，但是人们由于有"自立、自强"精神的激励和鼓舞，仍发挥出伟大的创造力。在中华大地上，历史上曾经涌现出一大批有作为的思想家，政治家、科学家、发明家、文学家和艺术家，他们犹如一颗颗灿烂的星斗，照耀着古代和中世纪的夜空，为人类的文明进步做出了巨大贡献。正是有了"自立、自强"精神的激励和鼓舞，整个中华民族，前后数千年间，顶天立地，久盛不衰。

五、"克勤、克俭"

勤劳和节俭,本是劳动者的一种基本品德。劳动者要生存,要发展,唯有依靠自己的勤恳劳动,节衣缩食,艰苦奋斗。在中华民族中,劳动者始终占人口的多数,是民族的主体。因此,劳动者的道德,也是全民族的道德。

但是,在统治阶级中间,特别是其中的创业者中间,也不乏深明"勤俭与统治"之间血肉联系之士。在他们看来,勤于政事,节约开支,是维护自身统治的一项基本条件。

在周代,王朝的开创者文王,是一位深知"勤俭与统治"关系的君主。这位君主认识到"天亦惟用勤毖我民",因而他要求他的继承者都要"无逸节性"(意谓不懒惰,不任性挥霍)。文王的儿子周公,是周初又一个注重勤政节俭的典型。据他所辅佐的成王介绍,周公始终是一位"文武勤教","惟土物(即粮食)爱"的勤政者和节俭者。在一些开明之士的倡导下,"克勤、克俭"同样成了一种"为政之德"。到了春秋末年,接近下层民众的墨家学派,更把它作为一种社会治理的理论,在墨家学派看来,统治者要维护自己的统治,必须"节用而爱人"。

在古代社会里,剥削阶级的统治者,从整体来看,是不可能真正"克勤克俭"的。但是,或是由于创业的艰难,或是受到传统道德启迪,中国历史上也出现过不少克勤克俭的明君和贤臣。在北周,周武帝曾"身衣布袍,寝布被,无金银之饰,诸宫殿华绮者,皆撤毁之。改为土阶数尺,不施栌拱,其雕文刻镂,锦绣纂组,一皆禁断"。在临终前,他还嘱咐人们,在他死后"墓而不坟"(意谓不厚葬)。在唐代,魏征曾是为唐朝开国建过奇功的人物,但他一身俭朴,直至老死,仍住在一所简陋的房子里。

六、"行为适度"

"行为适度",渊源于统治者的统治经验。一个统治者,要真正维护好自己的统治,就得使自己"行为适度"。

据《尚书》记载,在周朝立国之初,著名谋略家箕子曾经这样告诫武王:要维护好自己的统治,办事需得"无偏无陂(颇)","无偏无党"。春秋时代,孔丘在总结前人从政经验的基础上,倡导了一种"中行"说。按照这种学说,人的行为应当"中行",即不"太过",又不"不及"。在孔丘看来,人的行为,唯有"中行","适中",才是最好的。孔丘还把这种"中行"(又叫"中庸")当作最高的道德要求。他说:"中庸之为德也,其至矣乎。"就在孔丘及其后学的竭力倡导下,"中庸之道",也成了中华传统道德的一个组成部分。

"中行"或"中庸",作为一种道德观念,一开始就有含糊不清之处。按照这个观念,要求人们的行为"恰如其分","不走极端",无疑是正确的。它有利于人们在相互交往中,自觉调整自己的行为,采取适当的态度。但是,孔丘本人,由于历史的局限,只提出了"中行",却不知如何达到"中行",只是用"允执其中"搪塞了事。后世的儒家,抓住"折中",加以曲解,把"折中"等同于"折半",这样"中行"之道,就成了"不偏不倚"、"模棱两可"的滑头之道。

按照辩证法的观点看问题,要使人的行为真正"恰如其分",还需①尽可能地使主观符合客观;②在两极端之间找出真正"适中"之点。两极端之间的"适中"点,是随实际情况而变动的,有可能恰恰"居中",也有可能偏向一旁,需得具体问题具体对待,不能一律化。但是,只要人们认真地研究,认真地调节,人的行为适度就是可能的。

可见,曾经在古代社会广泛流行的"中庸之道",是一种既包含有错误成分又包含有合理成分的观念。只要人们辩证地对待,其中仍有可取之处。

七、"人际和谐"

在社会交往中，"人际关系"该是如何，同样是历史上的统治阶级一个反复思索的问题。他们在总结社会实践经验的基础上，得出结论：人际关系，以"和谐"为上。

还在原始社会时期，部落头人舜，就已经意识到部落内部和谐的特殊重要性，因而他提倡在部落内部应做到"父义，母慈，兄友，弟恭，子孝"，从而造成整个部落的"内平外成"。到了春秋时代，孔丘矢志推行周礼，在他看来，推行周礼，最终是为了达到人际和谐，"礼之用，和为贵"。在战国时代，孔丘的继承者孟轲，在列国争雄中看到了"人和"在征战中所具有的特殊意义，并得出结论，"天时不如地利，地利不如人和"。

孔丘、孟轲倡导的"人际和谐"，并不是建立在人际平等基础上的"和谐"，而是建立在阶级不平等和社会不平等基础上的"和谐"。这样的"和谐"，对于被压迫者来说，无疑是一种欺骗。

但是，"人际和谐"作为人际关系的理想状态，是有其积极意义的，在社会消除了阶级不平等和社会不平等之后，这种理想也就可能变为现实。当人与人之间的关系真正达到"和谐"状态的时候，人们之间本来存在的力量上相互抵消，变成了相互促进。整个社会真正凝聚为一体，并在此基础上发挥出一种新的力量。整个社会也就以更快的发展速度前进。在这种情况下，"人际和谐"也就成了一种具有积极意义的道德思想。

从以上的回顾中，人们不难看出，中华民族的道德遗产是何等的博大精深！同时也可看到，中华民族的道德遗产，在整个民族数千年的发展历程中，已经实际地化成了民族的精神，民族的灵魂。这就是热爱自己的民族、热爱祖国的爱国精神,酷爱自由反抗压迫的革命精神,自立自强艰苦奋斗的创业精神,不断进取不断创新的革新精神,以及万众一心,协同共进的团结精神。

今天,我们全国上下,正在建设具有中国特色的社会主义。为了建设社会主义,我们不仅需要强大的物质动力,同样需要强大的精神动力。在发掘精神动力过程中,我们不仅需要掌握马克思列宁主义、毛泽东思想,同样需要发扬民族优秀文化传统,其中包括道德传统。在这样的条件下,中华民族的优秀道德遗产,将会放出更为夺目的光彩。

论责任制的道德意义①

党的十一届三中全会以来,我们在各个领域里开始了改革。改革的一项重要成果,就是在各个部门逐步建立起责任制的工作制度。几年来的实践证明,推行责任制,不仅对于生产的发展有着巨大的推动作用,而且对于社会道德水准的提高,同样有着积极的影响。因此,从理论上阐明责任制的道德意义,无论对于促进社会道德进步,还是促进责任制自身的完善和发展,都是必要的。

什么是责任制? 责任制本是工农业生产中一项带根本性的管理制度,由于这种制度在调动人的积极性方面有着突出的作用,而被推广到各种领域,成了通行各种领域的管理制度。责任制有其最基本的特征,即承认工作者的责任、权力和利益三者的统一性,把工作者承担工作任务同他为完成这种任务所必需的处置权力结合起来,把工作者的工作状况同他的一部分利益分配结合起来。实践表明,这样的制度是深受不同类型的工作者(劳动者)欢迎的。人们欢迎这种制度,根本在于:它在事实上把工作人员当成了社会主义事业的主人。实行责任制,不仅把工作者当成了一定任务的完成者,而且在同时也把他当作一定的权力(如一定程度上的计划、安排、经营、决策权)的拥有者;把他当作部分劳动成果理所当然的直接占有者。正是由于责任制

---

①原载《理论学习》1985 年第 2 期。

在具体的工作(生产)过程中肯定工作者的主人地位,也就使得工作者随时随地都有着社会主人的感受,也就促使工作者以真正主人翁的态度对待自己的工作,在工作过程中表现出主动性、积极性和创造性。也正由于此,责任制的工作制度,成了有活力的经济体制的一个重要组成部分和基本环节。也正由于此,责任制就把原有的"高度集中"的管理制度和平均主义的分配制度,远远地抛到历史的后面。

马克思主义认为,社会存在决定社会意识,社会存在的变化必然引起社会意识作相应的变化。随着改革的进展,责任制在广阔领域里实行,必然引起整个社会意识其中包括道德意识的改变,而道德意识的变化,自然涉及社会的道德原则、规范和人们的道德品性不同的方面。

道德根植于利益。在马克思主义看来,一定时期的道德归根到底是用来调整当时个人同社会、人们相互之间利益关系的。道德既然是用来调整人们相互关系的,它在原则上就得兼顾有关方面的利益,兼顾个人与社会、自己与他人各不同侧面的利益。历史告诉我们,古今道德,就其原则而言,都是坚持社会(阶级)的公共利益与个人利益,自己利益与他人利益一致的。在原始公社制社会,由原始风俗维持的原始道德,它体现着整个原始部落利益与部落成员利益上的一致。在阶级社会,由于敌对阶级在利益上的对抗,反映不同阶级的共同利益不再存在了,道德表现为阶级的道德,但在同一阶级内部,在原则上,还是坚持阶级的整体利益与阶级成员的个人利益,阶级成员的各自的利益的一致。自然,不同的道德有其各自的侧重的方面,特别强调的方面,但决不因此而完全否定别的方面。而如果由于强调某一方面而否定另一方面,道德也就不成其道德了。正因为如此,著名的马克思主义理论家普列汉诺夫明确认为:"不论在什么地方,只要个人利益和公共利益分离,就会引起道德上的堕落。"①

在社会主义社会,由于剥削制度和剥削阶级的消灭,人民群众成了社会和国家的主人。在社会主义社会,所谓利益,就是人民的利益。所谓社会、国家的利益,就是人民的整体利益和长远利益。所谓个人利益,就是人民的局部利益、现实利益。这些利益在本质上是一致的。这种利益上的一致,反映在道德原则上,就是要从道义上承认公共利益和个人利益的一致性。当然,这种"一致性",不等于将各方面等量齐观,而是有其侧重点的。为了更好地维护和发展人民的利益,人们更应当注重社会的整体利益和长远利益,即在原则上承认公共利益第一,个人利益第二,他人利益第一,自己利益第二。所有这些,在马克思主义和毛泽东思想体系中,本来是十分清楚的。在我国社会主义改造时期,毛泽东同志曾经明确地把"集体利益和个人利益相结合的原则"称之为"社会主义精神"和"一切言论行动的标准"。在这里,毛泽东同志明显地把"集体利益和个人利益相结合的原则"当作社会主义社会根本的利益关系和道义关系原则对待的。不幸的是,后来随着"左"的情绪滋长,这一卓越的马克思主义见解渐渐被人们遗忘了。

社会的道德原则必须通过一系列的行为规范体现出来。这些具体的行为规范被人们所接受,就成了人们个人的道德品质。由于各种主观和客观的原因,人们对待社会的道德规范体系的态度不尽一致。如在接受与不接受上,有的人自觉地接受,有的人较自觉地接受,有的人不自觉地接受。在接受之后,有的人彻底遵循,有的人部分地遵循,有的人则阳奉阴违等等。因此,在同一社会中,人们的品德状况也是不尽一致的。这种相对于一定道德原则的不同的实际道德水准,也就是所谓道德境界。一定的道德原则、规范就是一定时期社会(阶级)

---

① 《普列汉诺夫哲学著作选集》,第 2 卷,第 118 页。

的要求,而一定的道德境界是人们对于这种要求的体现状况。道德原则、规范同道德境界是意义相关但又具体含义不同的范畴,决不能混为一谈,就像价值同价格不能混为一谈一样。

我们知道,人们总是习惯于用"公心"与"私心"的大小标示人们的道德境界。说某人的"公心"大,"私心"小,就意味着他的道德境界高,说某人的"公心"小,"私心"大,就意味着他的道德境界低。在这里,"公"代表着对一定的道德规范的积极遵循方面,"私"代表着对一定的道德规范消极抵制方面。在这里,"公"与"私"具体地指人们对社会道德规范的态度,是指一种"心态"。它们的含义是同"公共利益"与"私人利益"不同的,同"公有制"与"私有制"更是有区别的。这方面我们需要作严格区分。

明确了社会主义社会中的道德原则、规范同人们的道德境界的区别,明确了道德境界意义的"公心"、"私心"同经济意义上的"公"与"私"的区别,我们对于社会主义社会道德原则、规范和人们的道德境界(水准)就比较地容易理解了。在社会主义社会,作为社会道德原则的人民的"集体利益和个人利益相结合"是相对稳定的、不变的,而社会成员的各个人的道德境界则是经常地变化的。在社会主义社会,人们道德境界的高低,具体表现为他对社会主义道德原则遵循状况,或者说,他对人民利益的忠实程度。在社会主义社会,所谓"大公无私",应当具体地理解为对于人民利益的无限忠诚。对于党和国家工作人员来说,就是"全心全意地为人民服务",对于人民群众来说,就是"认识自己的利益",并竭尽全力"为其实现而斗争"。明确了这些,人们决不能离开社会主义道德维护人民利益的这一实质去侈谈什么"公心"、"境界"和"风格",而如果这样做,就会在讲道德的幌子下损害人民利益。在中华人民共和国成立后的一段时期中,我们曾经犯过"左倾"错误,而这种错误的一个重要表现,就是要求人们大讲"风格"的同时,忽视以至侵犯了人民的利益。那时,离开社会主义社会根本的道德原则,大力提倡"大公无私"和"破私立公",实际破除的不是人们对于社会主义道德原则"消极抵制"的错误态度,而是破除了人民群众的私人利益和现实利益。在这样的情况下,"大公无私"一类本来用以表示最高道德境界的崇高、圣洁的字眼,居然成了分配上的平均主义、物质生活上的禁欲主义和对待群众的官僚主义的同义词。在那时,由于把这类曲解了的概念同共产主义道德扯在一起,也就不能不败坏共产主义道德的声誉。

党的十一届三中全会的召开,从根本上端正了党的思想路线、政治路线和组织路线,使我国的社会主义事业重新获得了生机。但是,路线的端正,并非就是那种反映旧体制弊病和"左倾"错误的道德观念自然而然的消失。大量事实表明,服务于"左倾"错误的道德意识在一部分人中间还是存在着,它在今天仍然起着阻碍社会改革的精神阻力的作用。在某些还没有彻底地从"左倾"的道德观念中解放出来的人们看来,今天的社会改革和责任制的实行,一方面可以促进生产发展,一方面又会造成社会道德的蜕化。因此,他们对改革,或是瞻前顾后疑虑重重,或是对改革公开抵制。因此,要促使责任制进一步的推广和健全,要推进整个社会改革,就必须在道德领域来一个"拨乱反正"。

责任制的建立和推广,一方面强烈地要求道德意识的革新,另一方面也为道德意识的革新创造了有利条件。以责、权、利相结合为特征的责任制,在新时期显示出强大生命力本身,已经向人们昭示了社会主义社会道德生活一系列合理的观念,其中突出的有如下几条:

第一,在社会主义社会中,劳动者的义务和权利是不可分的。在私有制社会,劳动者身处被压迫的地位,它只承担沉重的社会义务,而无所谓享有社会的权利,在社会主义社会,劳动者一跃成为社会和国家的主人,它在承担必需的社会义务的同时,享有广泛的社会权利。责任制的巨大威力，是与它在人们具体的职业生活中，把人们的义务和权利真正统一了起来。正是由于这种统一，就使劳动者在自己的工作实践中，随时感受到自己作为社会主人的那种荣耀，同时随时意识到作为社会主人应尽的社会责任，因而表现出作为社会主人的创造精神。责任制在群众中生根和显示强大威力本身，雄辩地告诉人们，社会主义社会的道德必须包含人民群众权利和义务相统一的原则，否则，就会扼杀劳动者的创造精神，就会抹杀社会主义的优越性。

第二，在社会主义社会中，劳动者的利益，不论表现为何种形式，都必须统筹兼顾。在社会主义社会里，劳动者的利益，表现为多种多样的具体形式：公共的和私人的，整体的和局部的，长远的和当前的，间接的和直接的，比较固定的和随贡献大小而变化的等等，所有这些都是人民的利益。对于这些不同形式的利益，只能全面照顾，不能只顾一头。责任制的巨大魔力根本在于它肯定了人民的利益，尤其在于它明确肯定了在"左倾"错误时常常被忽视了的劳动者的个人利益、当前利益和直接利益，把人们的工作同他获得的利益直接联系起来。责任制有着多种多样的具体形式，但都体现着一个共同的原则：联系工作状况计算报酬。人们由于把自己的工作同自己的看得见摸得着的现实利益联系起来，就有了更大的劳动和工作的"心劲"。责任制雄辩地告诉人们，对人民利益的关心应当是全面的、多种多样的，而不是片面的、单一形式的。

第三，在社会主义社会，党和国家工作人员对党对国家负责和对人民负责是一致的，不可分的。责任制工作制度本是把群众利益和国家社会利益相统一的制度。这种制度，原是群众首先创造的，党和国家领导人员、工作人员发现这种制度对人民带来的巨大利益，坚定不移地提倡它、推广它，很快就在全国广大范围内普及起来，成为广泛群众性的制度。由于在责任制推广和完善中，坚持了为党和为群众、为国和为民的一致性，获得人民群众的尊重和信任。责任制迅速在全国普及再次证明，干部在自己的工作中，对党和国家负责和对人民群众负责是一致的，只要在理论和实践上坚持这种一致性，任何工作都会得到人民拥护而取得巨大成就。

以上观念，必然要在人与人的相互关系上体现出来。这种观念反映在人际关系上，是要求社会主义的社会和社会主义国家，能够充分尊重人民群众的人格尊严，关心人民群众的利益，就是要求人民群众之间，在人格尊严上，互相尊重，在利益上，互相关心，就是要求人民群众能够维护国家社会的组织的权威，关心国家、社会的整体利益即人民群众共同利益。而所有这些，恰恰是社会主义的集体主义和人道主义精神的具体体现。

综上所述，我们不难看出，作为有活力经济体制构成部分的责任制，它既是社会主义集体主义和人道主义道德原则、规范的决定者，又是这种道德原则、规范的服务对象。正由于此，责任制也就是社会主义社会道德的经济基础一个构成因素。

责任制的道德意义，还在于它是人民群众吸取社会主义道德观念的源泉。恩格斯说："人们自觉地或不自觉地，归根到底总是……从他们进行生产和交换的经济关系中，取得自己的道德观念。"[①]由于责任制贯彻于人民具体的职业生活之中，它具体而细微地体现着社会主义的管理者与劳动者、不同工作部门和工作环节的劳动者之间的正确关系，体现着劳动者（工作者）的权利同义务的正确关系。这就在事实上成了人们吸取社会主义道德观念的真正源泉。坚持责任制的工作制度，也就成了向人们进行社会主义道德教育的重要手段。责任制

①《马克思恩格斯选集》第 3 卷，第 133 页。

由于自身的特点，使得它在培养人们社会主义道德观念中具有特殊的意义。

首先，它具有体现社会主义社会人们正确关系特有的集中性。责任制是在公有制基础上把管理和分配融为一体的制度，它把社会主义条件下，各种各样的人与人正确关系集中在一身。因此，它成为人们领悟社会主义正确的人与人关系的现实课堂，人们从中可以学到立身和行事、处人与自处的原则。

其次，它直接体现着人民群众的实际利益。人们由于要生存、要温饱、要发展，总得有自己的利益。在社会主义条件下，由于生产水平的限制，人们还得靠劳动谋取生存的资料，仍然无法摆脱对自身利益的关心。因而在认识事物和领悟道德的过程中，不能不联系到自身的利益。这样，人们的觉悟也就是对自身根本利益所在的认识和领会。在社会主义条件下，人们还得从自身利益出发，在纷繁的利益关系中，逐步发现自己利益同他人利益的关联，自身利益同社会利益的关联，从而越出"一己的利益"的狭隘界限承认他人利益和社会利益，进而心甘情愿地服从他人利益和社会利益。责任制的工作制度，它不仅向人们直接地提供了具体利益，而且以其特有的方式向人们展示了自己利益同他人利益、社会利益紧密联系，从而更有效地促使人们在道德上觉悟起来。

再次，它包含着对人们行为严格的考查和评价。责任制是一种具有严格统计和监督的制度，实行责任制，就得经常对人们的工作状况，其中包括完成的数量、质量、效益以及态度、风格等等的考查，这种考查的结果又具体地体现在部分收益分配和精神评价之中。"奖勤罚懒"，"奖优罚劣"。责任制中包含的严格的考查和评价，恰恰是促进人们道德进步的有力手段。

最后，它还为人们讲道德提供了良好的物质条件。中国有句古话:"仓廪实而知礼节,衣食足而知荣辱。"这说明讲道德是需要一定物质条件的。由于责任制的推行有力地推动生产发展和人们生活改善,而人民群众的物质生活条件的改善,又使得人们心胸开阔,眼光远大,弃小利而就大义。

基于以上原因,从责任制推广以来,我国社会中大多数人的道德不是如某些人以为的"退步了",而是大大进步了;整个社会的道德水准不是某些人以为的"下降了",而是显著地提高了。这种道德的进步和提高,具体地反映在以下几个方面:

第一,主人翁的劳动态度在全社会范围内进一步发扬起来。实行责任制以来,特别在农村,人们的劳动积极性空前提高。人们在劳动中和工作中,由消极转为积极,由被动转为主动,过去那种雇佣者劳动态度再也不见了。农村由于实行家庭为单位的"承包制",出现了"家家主事、人人操心"的局面。由于计划得当,干劲鼓足,农村由劳动力紧张变成了劳动力剩余,单一型的农业变成了农林牧副多种经营,大量物质财富得到涌现,富裕正在代替贫穷。由于人们从实践中认识到科学技术对于生产发展的意义,人们一反过去那种对待科学文化的冷漠态度,努力学习科学文化,形成了全国性"科学文化热"。人们劳动态度的变化,深刻地反映出整个精神面貌其中包括道德面貌的深刻变化。

第二,对社会公共事务的关心,成了人们自觉的行动。实行责任制以后,人们从自身的实践中,深切领会到国家利益、集体利益同个人利益的关联。人们更加关心祖国的振兴,"四化"的成功,集体事业的兴旺发达。在责任制取得显著成功的农村,人们不再像过去那样习惯于"吃省心饭,睡安稳觉",而是为了集体经济发展主动想方设法;为了乡村经济发展,不少人背井离乡,远走天涯。人们在得到初步富裕之后,热心于办各种集体福利事业。人们从内心关切公共事业,不能不是社会主义集体主义精神的发扬。

第三,各级干部为人民服务的观念得到加强。在实行责任制条件下,各级干部把对党对人民负责真正统一起来。几年来,越来越多的干部,把自己的工作具体地落实到党的"爱民"、"富民"政策上,努力为人民群众服务。由于实行责任制,越来越多的干部成了人民群众富裕起来的真正带头人。就在为群众服务的过程中,各级干部的"公仆"意识普遍增强。而各级干部的"公仆"观念的增强,同样是道德进步的一个重要方面。

第四,人民群众对党、对社会主义制度有了更充分的信心。责任制给人民带来了权利,带来了富裕,带来了幸福。人民也就从自己切身的利益中,体会到党的十一届三中全会以来路线的正确性,体会到有活力经济体制的优越性,体会到进行社会改革的必要性和迫切性,因而对党对社会主义表现出高度的信赖。现在,全国出现了政通人和、国泰民安的局面,就是人民对党对社会主义充分信赖的具体证明。而人民对党对社会主义信赖,恰恰是社会主义道德觉悟最关键之点。

当然,责任制如同一切新事物一样,不可能是完美无缺的,而是不完备和有缺陷的,甚至也是有空子可钻的。因此,在责任制建立和推广过程中,出现少数人钻空子的现象也是不奇怪的。人们应当相信,随着责任制的逐步完善,随着思想教育的不断加强和人们觉悟的不断提高,这种观象,将会不断得到克服。

第五编
西方哲学研究

英国经验主义——关于认识发生的哲学①

西方哲学发展到了近代,研究的侧重点发生了转移。在古代和中世纪,哲学家们一般侧重于对本体论的研究,到了近代则把认识论的探讨当成了重点。在近代哲学认识论的研究中,由于观察问题的角度不同,又有所谓经验主义和理性主义的区分。无论经验主义,还是理性主义,都在近代哲学发展中做出了贡献。

第一节　经验主义的基本特征和英国经验主义历史源流

一、经验主义理论的基本特征

经验主义(Empiricism),系指哲学领域中主张经验是认识唯一来源的学说,信奉这种学说的哲学家被称之为经验主义者。

经验主义理论具有如下基本特征:

(1)在认识结构上,这种学说一般地把个体的人作为认识的主体,把"健康人的理智"中的经验或观念作为认识的客体。

(2)在认识的源泉上,这种学说把人的经验或观念看作是认识的源泉。不过,在经验主义者内部也有理解上的区别。有些人把人的经验或观念看作是外物的代表,有些人则否认外物的存在,经验或观念

---

①收入《西方哲学史稿》,甘肃人民出版社 2003 年版。

完全是人心中的内存的东西。于是，又区分出唯物主义的经验主义和唯心主义的经验主义。

（3）在认识方法上，一般都把经验或观念作为认识的起点，但是，具体的做法却是有区别的。唯物主义经验主义者，重视观察和实验的的作用，运用归纳的方法，将经验材料由个别上升到一般。唯心主义的经验主义者则主张依据内心的反省，然后对内心的材料进行合理的编排。

（4）在真理观上，经验主义者都把真理看作为观念与事实相符。但是，不同的经验主义者对事实的理解是不同的。唯物主义经验主义者把它看作是客观实在，唯心主义经验主义者把它看作是概念模糊的"实证"。

从以上理论特征中，人们不难发现，所谓经验主义，实质上是实验科学的方法论的理论提升。经验主义的许多观点，由于比较接近普通人的见解，也易为普通人接受。

二、英国经验主义的历史源流

经验主义的早期形态是感觉主义。从这个角度看，古希腊把"人的感觉"当作"万物尺度"的普罗泰戈拉，可以看作是经验主义的先驱。比普罗泰戈拉稍后的伊壁鸠鲁，因提出感觉是知识的唯一来源，还自称为经验主义者，因而是经验主义另一个先驱。但是，经验主义的生根却在具有实验科学传统的英国，因为只有实验科学的发展能够为经验主义的理论不断提供思想资料。

在英国，早在 13 世纪，唯名论哲学家罗吉尔·培根（R.Bacon 约1214—1294）认为，知识必须从关于个别事物的感觉经验来，人获得知识的自然途径就是"从感官知识到理性"。罗吉尔·培根还认为，所谓经验，不仅指人们的感官知觉，而且还指科学实验。他认为，人们通过科学实验,既可以证实认识,又可纠正那些在真理名号掩护下的多种错误。据此,他进而认为,"只有科学实验才是认识自然的真正道路"。

在罗吉尔·培根之后,英国另一位唯名论哲学家邓斯·司各特(D. Scotus 约 1270—1308)也认为,人们的认识从感觉开始,在正常情况下,通过感觉完全可以得到正确的认识。他指出,如果感觉的功能没有妨碍,那么,感觉的表象所描写的事物不会错误。他还认为,人的理智就像一块白板,人的理性认识完全依赖于感觉经验,一般概念归根到底来源于对于个别事物的感性知觉。

罗吉尔·培根和邓斯·司各特等人具有明确的经验主义的观点,但还不是严格意义上的经验主义。严格意义上的经验主义,是指16—18 世纪在英国出现的,以培根、霍布斯、洛克、贝克莱和休谟为代表的哲学潮流。这些人都以感性经验为出发点,具有完备的理论体系,并在长达 200 年的时间内,成为英国哲学的主导力量。

英国经验主义的发展经历了三个阶段:

第一阶段,以培根和霍布斯为代表。培根在继承了罗吉尔·培根等人的经验论的观点,同时根据科学发展的新成就,建构起包括本体论、认识论和方法论在内的经验主义的基本理论构架。霍布斯则在培根哲学的基础上,将本体论体系化,同时在认识论上吸收理性主义的一些观点,形成温和的经验主义。培根和霍布斯的基本立场是唯物主义的,他们的哲学被称之为唯物主义的经验主义。

第二阶段,以洛克为代表。洛克坚持培根和霍布斯唯物主义经验主义的基本立场,并将经验主义认识论的观点深化和细化,形成了比较完整的关于观念和知识的学说,从而把经验主义的理论提升到一个新的高度。

第三阶段,以贝克莱和休谟为代表。贝克莱和休谟抓住原有经验主义理论本身存在的缺陷,把经验主义作反向的发挥和推进,形成主观唯心主义和不可知主义的经验主义。

经验主义者单纯地将经验作为认识的起源,轻视理性的作用,是有片面性的。人的经验本身包含着一定的主观性和相对性,过分强调它在认识中的作用,就难以保证认识的普遍性和可靠性。贝克莱和休谟不是设法来克服这种主观性和相对性,而是把这种主观性和相对性推演到极端,进而成为认识论中的主观主义和相对主义。从这个深度上看问题,贝克莱和休谟哲学的形成,也是经验主义深化和发展的另一种结果。

第二节　霍布斯及其温和的经验主义

在英国经验主义的潮流中,霍布斯是一位具有重要地位的哲学家。霍布斯在哲学上的主要成就,一是将培根的自然观和物质论体系化,二是首先创建了反映新兴资产阶级要求的社会政治哲学。(有关培根的哲学和霍布斯的社会政治哲学另作阐述)

一、生平和著作

托马斯·霍布斯(Thomas Hobbes,1588—1679)英国南部维特夏人。父亲是一位乡村牧师,母亲是一位普通农村妇女。因父亲离家出走,他由伯父养大成人。

霍布斯天资聪颖,15岁入牛津大学学习,毕业后曾留校讲授逻辑学,后又被卡文迪什男爵聘为家庭教师和旅行导师。由于主人的介绍,他结识了本·琼生、爱德华、赫伯特和罗伯特·埃顿等文坛名人。霍布斯认真研读过马基雅维利的关于人性和国家的学说。1628年他还曾把古希腊名著《伯罗奔尼撒战争史》译成英文。

霍布斯在担任贵族家的家庭教师期间,曾多次陪同主人周游欧陆各国,在此期间结识了梅桑纳、笛卡尔和伽桑迪等著名科学家和思想家,深受这些科学家和思想家的影响,并因此把研究的兴趣由文学和史学转向科学和哲学。在 1612—1625 年,他向培根学习,深得培根的欣赏,并一度担任了培根的秘书。此外,他还在流亡法国期间,担任过英王查理二世的数学教师。

霍布斯知识渊博,见多识广,这为他的哲学写作提供了十分有利的条件。他的哲学代表作有:《论公民》(1642)、《论物体》(1655)、《论人性》(1657)和《利维坦》(1651)。

二、自然哲学

霍布斯在创建自己的自然哲学过程中,从培根的唯物主义自然观出发,力求使其变得系统和彻底,同时,又把当时流行的机械力学的观念提升为哲学原则,取代培根自然观包含的辩证法因素,因而他的自然哲学也就成了典型的机械唯物主义。

(一)外部世界是统一的物质世界

霍布斯明确认为,外部世界是由一个个物体组成的。在他看来,整个宇宙所包含的无非是物体而已。他说:"世界是有形体的,这就是说,世界是物体……它有大小的度量即长、宽、高。物体的任何部分都是物体,同样有度量,因此,宇宙的任何一部分都是物体,不是物体的东西就不能成为宇宙的构成部分。"[1]他认为:"宇宙是所有物体的集合。"[2]

为了透彻地说明问题,霍布斯还给物体下了一个定义。他指出,"物体是不依赖于我们思想的东西,与空间的某个部分相合或具有同

---

[1]霍布斯:《利维坦》,商务印书馆,1985 年,第 544 页。
[2]霍布斯:《利维坦》,商务印书馆,1985 年,第 308 页。

样的广袤"。①

霍布斯认为,他所说的物体具有以下三个特征:第一,它具有客观性。它"是一个自己存在的东西","它不能因我们的任何企图而被制造和消灭,被增加或减少"。第二,它具有实体性。在他看来,物体具有广袤,广袤就是形体,也就是实体。他指出:"实体一词和物体一词指的就是同一种东西"。第三,它具有可认识性。他认为,物体"可以为感觉所知觉,并且为理性所了解"。

基于以上基本认识,霍布斯进而得出"哲学排除神学"的无神论理论。在霍布斯生活的时代,一些神学家认为,神或上帝是没有产生、没有特性的"无形体的实体"。霍布斯认为,这样的说法是十分荒谬的,就如想象存在"圆的方"或"方的圆"一样的荒谬。在否定上帝存在之后,霍布斯进而否定宣传神迹启示、占星术一类反理性、反人类的理论和行为。因此,在当时,"霍布斯主义"就成了无神论的一种别称。

(二)真实的空间和时间决定着人们的空间和时间知觉

霍布斯经过思考,开始认识到客观存在的"真实的"空间和时间同人们关于空间和时间知觉的区别。他把客观存在的有关物体的空间和时间,称之为真实的空间和时间,把人们心中的对于空间和时间的知觉,称之为空间和时间的影像。他认为,人们心中的空间,"是一个单纯在心灵以外存在的东西的影像,就是说,空间是那一种影像,在那种影像里面,我们不考虑别的偶性,考察它在我们之外呈现",认为人们心中的时间,"是运动中先与后的影像"。②

霍布斯认为,客观存在的"真实的"空间和时间,决定着人们心中

①《十六—十八世纪西欧各国哲学》,商务印书馆,1975 年,第 72 页。
②《十六—十八世纪西欧各国哲学》,商务印书馆,1975 年,第 81、82 页。

空间和时间、知觉和观念,是它们的原因。他说:"一个物体的广袤,就是它的大小,也就是所谓真实空间。但是这个大小不像想象空间那样依赖我们思维。因为想象空间是我们想象的结果,而大小却是想象空间的原因。"①对于时间也是如此。他指出,人们关于时间的观念,亦是以物体从一个空间继续不断地过渡到另一个空间的运动为原因的。

(三)物体间的因果联系是必然的联系

霍布斯把发出作用的一方,称之为"主动者"和"原因",把承受作用的一方,称之为"被动者",被动者产生的偶性,称之为"结果"。霍布斯把因果联系看作是物体间联系的基本形式。

霍布斯还认为,物体间的因果联系,是一种必然性的联系。在他看来,整个世界就是由这种因果关系来支配。霍布斯否认偶然性的存在,他把偶然性看作是原因不明的东西。他说:"人们通常把那些他们还不知道其必然的原因的东西叫偶然的。"

霍布斯认为,"自由与必然是相容的"。②但他把自由理解为对必然性的顺从和接受必然性的支配。这样的观点,实际是一种宿命论。

霍布斯从客观存在的事物间的相互联系出发,讨论事物因果必然性,他忠实地坚持了唯物主义的基本原则。但是,他所阐发的观点中,却充满着机械论的杂质。例如,他在谈论因果联系时,看不到事物与事物之间"互为因果",因而他所谓的因果联系只是作用的单向转移,这在实际上默认了"外因论"和"上帝的第一推动"。再如,在议论必然和偶然,必然和自由的关系时,只承认必然性否认偶然性,把人的自由等同于对必然性的顺从,这就不可避免地陷入"天命不可违"的消极境地。总之,霍布斯的偏狭的机械论损害了他的唯物论。

---

①《十六—十八世纪西欧各国哲学》,商务印书馆,1975 年,第 84,85 页。
②霍布斯:《利维坦》,商务印书馆,1985 年,第 163 页。

（四）构成事物的是两类不同的偶性

霍布斯在深入探讨事物构成的时候，对事物的性质作了区分，并在此基础上形成了自己的偶性学说。

偶性，也可译为附性，这个概念来自于古希腊哲学。在古希腊，亚里士多德把它同事物的本性相对待，偶性系指事物中那些不具有必然性的，不能长久地从属于某一事物的东西。后来的伊壁鸠鲁也认为，事物的性质可分为两类：一类是指事物恒久的性质，另一类是不具有恒久性质的偶性。在伊壁鸠鲁看来，偶性从属于物质存在物而且可以呈现在人的感觉中。在古希腊，无论是亚里士多德还是伊壁鸠鲁，都把偶性看作是不能同物质恒久相伴的性质。

霍布斯吸取了先辈们把偶性看作为不能同物质恒久相伴的基本涵义，宣布事物的一切性质都是偶性。在此基础上，他进而认为，所谓偶性既是性质又是能力。他说，所谓偶性就是"某个物体借以在我们心里造成它自身的概念的那种能力"。[①]在他看来，正因为偶性是性质又是能力，因而，它也就成了"我们认识物体的方式"。[②]

霍布斯还把偶性分为两个大类：一类是一切事物共有的，另一类是某些事物特有的。所谓共有的，实际是指一个事物成为一个事物必须具备的，所谓特有的，实际是说一个事物成为一个事物不是必须具备的，它可能存在于某些事物之中。

霍布斯把事物的性质称之为偶性，在偶性中区分必备的偶性和可备的偶性，对于深入地认识事物的性质是有意义的。因为，任何事物都是共性与个性，必备性与可备性的统一。分清不同性质的地位和作用，有益于深化对事物的认识。

但是，不幸的是，霍布斯由于狭隘机械论的束缚，他把运动和色、

香、声、味一类易感性质，宣布为不是一切物体具备，只为某些物体具备的"特有的"偶性，从而割裂了物质和运动的联系，把事物性质分为两种性质。这就在唯物主义的物质理论上造成了混乱。

统观霍布斯的自然哲学，人们不难发现，霍布斯一方面从培根的唯物主义自然观出发，把这种自然观推进到比较完备而彻底的程度，另一方面，又在自然观中注入了机械论的偏狭观念，成了比较严整的机械唯物主义的理论体系。对于霍布斯在唯物主义发展史上的地位，恩格斯这样说过："霍布斯是第一个近代唯物主义者（十八世纪意义上的）。"①

三、认知理论

在认识论上，霍布斯从培根开创的唯物主义的经验论出发，同时吸收了唯物主义者们许多有价值的思想，形成了自己具有理性主义色彩的温和的经验主义。

（一）认识从人对外界事物的感觉开始

在自然哲学中，霍布斯坚持认为，在人之外有一个统一的物质世界，这个物质世界具有能够进入人心中的偶性，因此，人的认识就只能从这个现实的世界发端，把外部的感性世界作为认识的对象。他指出："一切观念最初都来自事物本身的作用，观念就是事物的观念。当作用出现时，所产生的观念也叫感觉。一个事物的作用产生了感觉，这个事物就叫感觉的对象。"

在明确外界事物是认识对象之后，霍布斯又把人的感觉看作是人达到对象的途径。他说："如果现象是我们借以认识一切别的事物的原则，我们就无须承认感觉是我们借以认识这些原则的原则，承认

---

①《马克思恩格斯选集》，第 4 卷，第 485 页。

我们所有的一切知识都是感觉获得的。"①

霍布斯把感觉视作由外到内和由内到外的双向作用过程。他认为,"感觉的原因就是对每一专司感觉的器官施加压力的外界物体或对象"。在他看来,施压的方式,有些是直接的,如味觉和触觉,有些是间接的,如视觉、听觉和嗅觉。他指出,由对象形成的"这种压力通过人身的神经以及其他经络和薄膜的中介作用,继续内传而抵于大脑和心脏,并在这里引起抗力、反压力或心脑自我表达的倾向,这种倾向由于是外向的,所以看来便好像是外在之物"。在他看来,由此形成的"这一假象或幻象是人们所谓的感觉"。在他看来,因为人的感觉发自外物的,人们能够通过感觉了解到事物的性质。他指出:"我们通过种种感觉,对于对象的种种性质得到种种观念。"

霍布斯根据当时生理科学的成就,对感觉形成的过程做出了大体合乎实际的解释,也就使得他的感觉论具有了科学基础。

(二)形成正确的认识既要依靠经验又要依靠理性

霍布斯重视感觉和经验,但不迷信感觉和经验。他在哲学思考中意识到经验的局限性。他指出,经验本质上只是记忆或回忆,属于过去的东西,对于未来,人们并无经验。他指出,人们对于未来的东西,人们尽管可以猜测,但猜测并不具有必然性。于是,霍布斯得出结论:"经验中得不出普遍的东西②、我们不能从经验中得出任何东西是正确的、真实的或虚假的,或任何命题是普遍的结论。"

霍布斯认为,要消除感觉、经验中的缺陷,唯一的出路就是诉诸理性,依靠理性的推理。他说:"知识的开端乃是感觉和想象中的影像;这种影像的存在,我们凭本能就知道得很清楚。但是认识它们为

①《十六—十八世纪西欧各国哲学》,商务印书馆,1975年,第90–92页。
②霍布斯:《论人》,《霍布斯英文著作》,第4卷,伦敦,1839年,第18页。

什么存在，或者根据什么原因产生，都是推理的工作。"在霍布斯看来，推理是使人们的感觉经验上升为科学知识的根本手段和途径。

霍布斯认为，要保证推理的正确性，还需要突出地解决好两个问题：一是正确使用语言问题，二是采取较为全面的方法问题。

霍布斯认为，正确使用语言问题，关键在于正确使用事物的名称问题。他认为，事物的名称有两类：一类是专名，是特指的，如约翰、彼得、玛利亚之类；一类是通名（普遍名称），是泛指的，如人、马、石头。在他看来，专名是人心中具有的关于一个特定事物观念的符号，世界上也确实存在着同这些名称相应的事物。而普通名称情况就大不相同了，普通名称并无实指，它不是在自然中存在的任何事物的名称，也不是在心灵中形成的任何观念或影像的名称，它"是一些语词的名称或名称的名称"。

尽管霍布斯如同唯名论者那样，否认事物共相的真实性，把普遍名称仅仅看作是一种名号。但霍布斯仍然认为，人们"对许多东西加上一个普遍的名词是由于它们在某种性质或其他偶性方面的相似"。基于这种认识，在他看来，普遍名称也有真假优劣之分。在他看来，中世纪经院哲学宣扬的"隐秘的质"、"可见素"、"可理解素"等名称，对于人们的认识不仅无用而且有害。

霍布斯认为，通过正当程序形成的普遍名称在推理过程中的促进作用，它可以帮助人们实现由个别、特殊向着一般、普遍飞跃。

霍布斯指出，借助于普遍名称，可以帮助人们由特殊的判断转化为普遍的判断。他曾以"三角形内角之和等于两直角"为例说明问题。他指出，一个人，如果不会使用普遍名称，他经过研究，可以发现这个结论，但只是一次性的，他遇到另一个三角形，他又得从头研究求得结论。在他看来，如果会运用普遍名称来思维，他就会得出："每一个三角形的内角之和都等于两直角"，是一个普遍性的结论。

霍布斯还指出，普遍名称还是下定义的关键性的条件。在他看来，所谓定义就是为被定义的东西提供一个普遍概念，表现出那个东西的某种图景，或者说，就是将被定义东西的名称"分解为最普遍的部分"，即把它置于某个普遍概念之下。在霍布斯看来，人们有了定义，再加上正确的推演，就可获得知识。

霍布斯认为，真正的推理，除了有普遍名称，还要有正确的方法。霍布斯认为，推理的方法，既是分析的，又是综合的，是分析和综合的结合。他指出，在哲学里，"方法"就是根据结果的已知原因来发现结果，或者根据原因的已知结果来发现原因时所采取的最便捷的道路。由此，他认为，所谓推理也就是组合和分解，分解就是分析方法，组合就是综合方法。

霍布斯最为独特的是他把逻辑推理同数学计算看作是同一回事。他说："我所谓'推理'是指计算。计算或者是把要加到一起的许多东西聚成总数，或者是求知从一件事物中取去另一件事还剩下什么。所以推理是与加和减相同的。"他认为，在推理中，不仅数量可以加减，而且多种概念范畴也可以加减。在他看来，一切科学研究实际上都是在对自己研究的对象加减着。例如，几何学实际是对线、面、角等进行加减，逻辑与实际存在对名称、命题进行加减，法学就是把事实同法律相加从而求得某人行为的是与非。

霍布斯把综合方法和分析方法等同于数学中的加减法，这样做容易使复杂的过程简单化。但是，它直接启示着数理逻辑中谓词和命题的运算，为数理逻辑的创立打开了思路。

(三)证实真理，既要靠符合事实，又要靠逻辑无误

霍布斯作为一个经验主义者，认为认识的真理要用事实来证明。他把经验的事实称之为"明证"，他认为："明证对于真理，如同树液对

于树干一样,……是真理的生命。"①在他看来,一个命题是真理,无须在人心中引起观念,或由观念来证实和理解。作为一个注重理性和逻辑作用的学者,他又强调逻辑在证明中的作用。他认为:"真理与谬误,都是语言的属性,而不是事物的属性。"②在这个意义上,他认为,真理的标准自然就在于命题本身的逻辑无误和清楚明白。

霍布斯的认识论,由于具有一定的开放性,它能从理性主义那里汲取演绎的方法,同时,它又同语言分析和数学计算衔接起来,具有更为丰富的内涵。正因为如此,霍布斯被后来的西方哲学界称之为分析哲学之父。

第三节 洛克与经验主义理论的深化和细化

洛克是经验主义哲学的又一位巨匠。他以自己的睿智,论证了培根和霍布斯确定的原则,并使之深化和细化,使唯物主义经验主义理论变得完整和成熟,从而推动了整个认识理论的发展。

一、生平和著作

约翰·洛克(Jhon-Locke 1632—1730),英格兰萨莫塞特人。洛克出身于一个清教徒的家庭,父亲是一位牧师,在英国大革命时期,曾参与了反对英王查理一世的斗争。洛克在1652年入牛津大学基督教会学院学习,大学毕业后留校任教,讲授希腊文和修辞学,并从事医学和实验科学的研究。在此期间,他与著名科学家波义耳、牛顿等人建立起亲密的联系,这使他有机会了解当时自然科学的最新成就,提高了自己的学术水平,以致在1668年当选为英国皇家学会会员。

①霍布斯:《论人》,《霍布斯英文著作》,第4卷,伦敦,1839年,第18页。
②霍布斯:《利维坦》,商务印书馆,1985年,第22页。

1667 年,洛克为阿希莱勋爵(即后来的舍夫兹利伯爵)治愈了重病,勋爵为了感恩,聘他为家庭医生和秘书,实际是政治顾问。舍夫兹伯利伯爵是辉格党的领袖,1682 年因政治斗争失败,被迫逃亡荷兰,作为他的政治顾问的洛克也被迫流亡荷兰。1688 年,英国光荣革命成功,辉格党执政,洛克作为辉格党的理论家参政,并担任了上诉法院院长、贸易与殖民部部长等职,从而具备了一定政治实践经验。1671 年,洛克曾游历法国。在法国期间,他认真地研究了笛卡尔和伽桑狄等人的哲学,使其哲学素质有了很大提高。自然科学的素质、社会政治实践的素质和良好的哲学素质,使得洛克具有广阔的视野和深入的哲学思考,从而成为认识理论研究和社会政治哲学研究的奇才。(关于洛克的社会政治思想专章论述)

洛克的哲学代表作有:《论宗教宽容的信》(1689)、《人类理解论》(1690)和《政府论》(1690)。

二、心灵白板说

洛克认识理论的起点是他的心灵白板说。

白板说,是一种主张人的认识来源于经验的观点。白板(也可译为白纸)是拉丁文(tabularasa)的意译,它指洁白无瑕的状态。亚里士多德认为,人的心灵在最初的时候,没有任何印象和观念的,就如一块白板,当感官接受事物的时候,就像白板上刻画上了痕迹。心灵白板说,肯定人的认识是后天获得的,是一种早期的反映论。

洛克继承并发挥了亚里士多德的白板论思想,明确地提出了心灵白板说。他认为,人的心灵原本是"一切白板,上面没有任何记号,没有任何观念"。后天的一切观念,一切标志及知识,都是由于经验的作用在心灵上刻下的印迹。

洛克的心灵白板说,实际表达了他一贯坚持的原则——一切知识起源于后天经验的原则。在洛克的认识论中，这是一条贯彻始终的原则，同时，也是他反对"天赋观念论"的主要理论武器。

在洛克生活的年代，天赋观念论在欧洲普遍地流行着。在洛克看来，这种天赋观念论是人们获得知识的最大障碍。因此，他在《人类理解论》中，几乎用一卷的篇幅对之进行批判。

天赋观念论者的立论依据之一是所谓"普遍同意说"。按照他们的说法，宗教、道德、数学和逻辑中的一般观念和原则是人们普遍具有的或普遍同意的，因而它是天赋予人的。在洛克看来，这种说法是完全不符合事实的。洛克指出："人们虽然应用普遍的同意作为论证来证明天赋的原则，可是在我看来，这个论证似乎还可以解证出，根本就没有所谓天赋的原则，因为一切人类并没有公共承认的原则。"洛克在列举了大量反面例证之后指出，基督教中的上帝观念。并非人人具有的，例如，无神论者那里就没有上帝观念。他还指出，世界上的许多民族，因不信基督教，同样没有上帝的观念。至于几何学公理或思维原则和规律，也并非普通具有或普遍同意的。洛克认为，新生儿、白痴以及没有受过相当教育的人，他们心中就没有什么数学的或逻辑的公理和原则。

洛克尖锐地指出，人们如果接受天赋观念论，也就不会去探索真理，变成思想懒汉。"懒惰者便省了探求之劳，怀疑者便停了搜索之苦"。人们在轻松之余，也就心甘情愿地放弃自己独立的理性和判断，接受坏的学说支配或盲目迷信权威。

洛克对天赋观念论的批判，无疑是机智的、犀利的，也是有效的。但是它并不全然正确。因为他所持的理论武器——心灵白板说——并不完全正确，它把人类复杂的认识问题简单化了，它在实际上，把人类的心灵看作是被动地接受外界刺激的感受器，因而不能表明人的认识是一个复杂的结构和过程，不能体现出人在认识过程的能动性。

三、关于观念的理论

在对天赋观念论进行严厉批评的同时，洛克提出了自己的观念学说。

什么是观念？洛克认为，观念是指"当一个人在思想时作为理智对象的任何东西，因而是幻想、意见、影像所指的任何东西，或者心灵所能思想到的任何东西"①。从这个定义式的论述中可以看出，洛克所谓的观念外延是十分宽泛的，它不仅包括感觉、知觉、表象等具有明显感性色彩的东西，也包括概念这类具有理性色彩的东西。

在洛克的认识论体系中，观念是十分重要的哲学范畴。它之所以重要，在洛克看来，这是因为，"观念是思维的对象"，是构成知识的材料，并且，就基本意义而言，观念是外物在人心中的代表，是认识过程中认识主体同外部世界连接的桥梁和通道。因此，在洛克看来，只有弄清有关观念的理论问题，才有可能正确理解知识和真理问题。

（一）对外物的感觉是观念形成的主要源泉

既然人们心中的观念和知识不是天赋的，那么，它们是如何产生的呢？洛克说："我可以一句话答复说，它们都是从'经验'来的，我们的一切知识都是建立在经验上的，而且最后是导源于经验的。"②他还进一步指出，人们获取经验进而形成观念，经历感觉和反省两个途径。他说："一切观念都是由感觉或反省来的。"③

洛克认为，人们"感觉的对象是观念的一个来源"。在他看来，由于外界物象刺激感官，就使人们得到了黄、白、热、冷、软、硬、苦、甜，以及一切所谓可感物等等的观念。他认为，正因为我们的观念导源于

---

①洛克：《人类理解论》，商务印书馆，1981年，第5页。
②③洛克：《人类理解论》，商务印书馆，1981年，第68页。

感官,是由感官进到心灵之中的,我们便把这个来源称之为"感觉"。

洛克认为人的"心理活动是观念的另一个来源",基于这个来源形成的观念有:知觉、思想、怀疑、信仰、推论、意欲以及人心的一切其他作用。由于这些观念是人在反省自己内心活动得到的,因而称之为"反省"。

在洛克那里,感觉和反省,形成的顺序是有先后的。感觉的观念在先,"反省观念的出现较后"。在实际上承认,感觉形成的观念是更为基本的,它是整个观念形成的基础和主要来源。这种见解,是他坚持反映论和白板说的必然结果。

(二)外物的性质决定观念的性质

洛克在研究外物与简单观念形成的关系过程中,对外物的性质问题做了深入分析,提出事物具有双重性质的理论。

洛克认为,性质和观念是两个紧密相关但所指不同的概念。他说,在人心中直接观察到的任何东西,如知觉、思想、理解等等的任何直接对象,是观念,而独在心中产生观念的那种外界能力,他把它称之为主物(能力主体)的性质。他指出,性质是外部可感事物所具有的,是客观的,观念则是存在于人心中的,是外物的映像,是具有主观性的。

洛克如同霍布斯把事物的性质区分为"共有的"和"特有的"偶性一样,把事物的性质区分为第一性质和第二性质。相应地也就派生出第一性质的观念和第二性质的观念。

洛克认为,事物的第一性质与第二性质存在明显差别,这些差别直接影响着观念的形成和特征。

(三)人们心灵中的观念包括简单观念和复杂观念两种基本形态

洛克认为,人们心灵中的观念,有着两种基本形态:一是简单观念,一是复杂观念。

在洛克看来，所谓简单观念就是外部事物以各种性质刺激人们的感官依次在心中所产生的各种"单纯不杂"的观念，如红、黄、甜、苦、软、硬之类。"它们只含有一种纯一的现象，只能引起心中纯一的认识来，并不能再分为各种不同的观念"。

洛克认为，依靠感觉和反省形成的简单观念，是形成其他观念的基础。他指出："这些少数的简单观念，已经足以促动我们最迅速的思想和最广大的心量，已经足以供全人类各种知识、各种思想和各种意见(后二者当然比知识还多)以各种材料。"

洛克认为，所谓复杂观念就是由几个简单观念合成的观念。洛克认为，在人的心中具有"知觉能力"、"把握力"、"分辨和比较能力"以及"综合和抽象能力"等等理智力，在他看来，人的心灵可以"施用自己的力量，利用简单观念的材料为基础，以构成其他观念"。洛克认为，基于这些能力的作用，就会产生以下三种结果：第一，它可以把一个简单观念合成一个复合观念，因而造成一切复杂观念。第二，它可以把两个观念(不论简单的或复杂的)并列起来，同时观察，可是并不把它们结合为一，这样，它就得到它的一切关系观念。第三，它可以把连接的其他观念排斥于主要观念的真正存在以外，这便叫作抽象作用，这样就造成一切概括的观念。

(四)观念借助于语言文字表达自己

洛克认为，观念毕竟是存在于人们心灵中的东西。它稍纵即逝且难以传达和交流。要使观念能够存储起来，并在人们之间进行交流，必须借助于语言和文字。

洛克认为，语言文字具有两大突出的功能：一是它能明显地"标记"各种观念，二是它对观念具有指谓和表达作用。在洛克看来，观念是事物和事物性质的记号，而语言文字则是观念的记号。据此，他进一步指出："字眼既然直接标记人的观念，并且因为能成为传达观念的工具,使人们互相表示自己胸中的思想和想象,因此,因为恒常习用之故,一些声音同它们所代表的观念之间,便发生坚固的联系,使人们一听到那些名称,就立刻生起那些观念来,如像产生它们的那些物象真正触动自己的感官似的。"这样,语言文字同观念的关系也就成了表达形式和表达内容的关系。

洛克十分重视普遍名词(概括名词)在表达普遍观念过程中的作用。在他看来,语言文字中的字眼总是指谓一定的观念的,普遍名词就是指谓普遍观念的。他说:"字眼之所以成为概括的,乃是因为它们被人作为概括观念的标记。观念之所以成为概括的,乃是因为人们把它们从时间、空间的特殊情节,以及决定它们成为或此或彼的特殊存在的其他观念分离开。借着这种抽象方法,它们便能以表象一个以上多数个体。"在他看来,普遍观念形成正是人的心智能力作用的结果。

洛克认为,普遍名词(概括名词)较之特殊名词具有多种多样的优点:一是它便于人们之间意见交流。在他看来,如果人们各持特殊名词,互不理解,是无法交流的。二是有利于知识的增进。他指出,有了普遍名词,人们就可进行比较、分类和推广,从而使知识得以增进。他说:"每一个特殊的事物有了一个特殊的名称之后,亦不能在推进知识方面有多大进步。因为知识虽然建立在特殊的事物上,可是只有借概括的观察,才能有所扩大。"

洛克关于语言文字与观念间联系的观点,特别是关于普遍名词在表达普遍观念过程中作用的观点,自然来自于霍布斯,同时又是对霍布斯观点的发挥和发展。洛克强调语言文字对于增进人们认识和语言文字规范化等方面变得更为突出。

继霍布斯之后,洛克把语言文字在人们认识过程中的作用突出出来,不仅丰富了认识论的内容,而且也为后来的哲学的"语言学转向"开辟了道路。

四、关于知识的理论

洛克哲学的重点和根本目标在于建立起严密而可靠的知识理论。洛克的知识论是整个洛克哲学的精华所在。

(一)知识以观念为材料和对象

洛克认为,人们的知识不是直接以外物为对象,而是以自己头脑中的观念为对象的。在他看来,观念是人们进行思维和推论的实际材料。基于这种观点,洛克得出了观念是认识的"直接对象"的结论。

洛克曾经给知识下了一个定义。按照这个定义,"所谓知识不是别的,只是人心对任何观念间的联络和契合,或矛盾和相违而生的知觉。知识只成立于这种知觉。一有这种知觉,就有知识,没有这种知觉,则我们只可以想象、猜度或信仰,而不能得到知识。"

洛克把观念间不同关系区分为四种不同形式:(1)同一性和差异性;(2)相关性(关系);(3)共存或必然的联系;(4)实在的存在。所谓同一性,是指一个观念与自身同一的认识。所谓差异性,是指一个观念与另一个观念的区别,"这一个不是那一个"。所谓相关性(关系),是指人心对两个观念间契合或不契合的知觉。所谓共存联系,是指对包含于一个实体观念之中多种观念的共存或不共存的认知。所谓"实在的存在",是指对观念符合于现实存在的认知。洛克认为,在观念间四种契合或相违的关系中,包含有我们全部的知识。

洛克把知识问题讨论局限于观念与观念的关系之中,把观念间的关系等同于不同形式的逻辑关系。在这里,与培根和霍布斯相比,他的知识边界线明显内移了,知识问题也成了纯主观纯心灵内的事情了。

在把知识边界线内移之后,洛克对知识区分为实在的(或现实的)和习惯的两种类型。所谓实在的知识,就是人心对于多种观念彼此间的契合和关联而发生的认识结果,这是一望而知的。所谓习惯的知识,是指贮存于记忆中的知识。在洛克看来,这种记忆中的知识包含有两种情况:一是指当真理(知识)重现于人心时,人心能确实认识那些观念间的关系,另一是知识曾被人心确信,但人心只知确信,却忘掉它的证明。在洛克看来,人心中的知识明晰的程度是不同的。

(二)知识因确实性程度不同而区分为不同等级

洛克认为,知识的确实性是由人们把握知识的途径而定的。在他看来,人们的心灵是通过不同的途径认识观念关系的,因此,认识的清晰程度就会形成或高或低的等级性。洛克把知识区分为以下三个等级:

(1)直觉的知识。所谓直觉知识,就是人心"不借别的观念为媒介就能直接看到它的两个观念间的契合或相违的知识"。这种知识是只凭人们的直觉便立刻观察到的,如"白非黑","圆非三角形","三比二多并等于一加二"等等。在他看来,这种知识是"最明白最确定的",是不可反驳的,无可怀疑的。在洛克看来,直觉的知识是最高的知识。

(2)解证的知识。所谓解证的知识,是指通过一系列中介观念予以证明和确定的知识。在洛克看来,这种知识是以直觉知识为基础演化而来的,因而它是确定的知识。洛克认为,解证知识和直觉知识是不同的。前者依赖于一定的中介,后者不依赖于中介;前者属于间接的知识,后者属于直接的知识;前者在证明之先可以怀疑,后者证明之先不能怀疑。但是,二者又是有联系的。在他看来,对于解证的知识,它每前进一步,必然伴有一种直接的直觉知识。他指出:"我们要想解证任何事理,必须先看到中介观念间的直接契合,因为我们依据这种契合才能发现我们所考察的那两个观念……的契合或相违。"在洛克看来,解证知识较之直觉知识是次一等的知识。

(3)感觉的知识。所谓感觉知识是指人们的心灵对外界特定事物感觉形成的知识。洛克对于由感觉获得的知识可靠性深信不疑，但他也意识到仅凭感觉获得的知识缺乏必然性和普遍性，因而它是最低等级的知识。

洛克的知识等级说是科学的。他已经认识到直觉知识高于解证知识和感觉知识，表明他已经在事实上突破了经验主义的狭隘性，接受了理性主义的影响。但由于经验主义的局限，他还不能正确说明人的直觉认识能力为何发生，不懂得直觉是人的一种高级的理性认识能力，不懂得这种认识能力除了具有直接性还依赖于复杂的机制和特征。因而，他的直觉常常同感觉混淆起来，呈现出直觉认识感性化的倾向。

（三）人的知识是有特定的范围的

洛克认为，人的理解力是有限度的，因而人的知识也是有范围的。在他看来，人们不但不能认识事物本体的真相，而且对人们所有的观念也不能尽知其契合还是相违。他指出，第一，人们所有的知识，不能超出所有的观念之外；第二，人们所有的知识，也不能超出人们对那种契合或相违的认识之外。

洛克曾对不同等级的知识的有限性做出说明。他指出，最高等级的直觉知识是不可能扩展到一切观念关系之上的。例如，人们不可能直觉到两条平行线之间底边相等的一锐角三角形和一个钝角三角形面积是否相等。在解证的知识方面情形亦是如此，它也不可能扩展到一切观念的关系之上。在他看来，这是"因为在我们要考察的两个不同观念之间我们并不是总能找到这样一些中间观念"。而缺少中间观念，人们是不能进行推论，获得解证知识的。至于感觉知识，它超不出实际呈现于我们感官的观念，因而局限性也就更大了。洛克还指出，那些在人们心中不具有关于它们观念的东西，例如事物的内在组织（结构）和本质，人们是无法认识的。

基于以上理解，洛克认为，人们的知识比起观念来范围较为狭窄。他说："我们分明看到，我们知识的范围不但达不到一切实际的事物，而且甚至亦达不到我们观念的范围。我们的知识限于我们的观念，而且在范围和完美方面，亦不能超过我们的观念。"

洛克在观念关系范围内讨论知识问题，自然是他经验主义观点引出的，但是，这种讨论流露出他对人们认知过程中的有限性和相对性的一种理解，这是值得肯定的。不过，他因为不懂得认知的主体不只是个人同时也是人类的总体，不懂得认知是一个持续不断的历史过程，因而看不到人类认知的无限和绝对性，因此，他不得不在一定程度上表现出不可知论的倾向。

（四）知识之为真在于观念同事物实相间的契合

洛克在讨论知识等级性和范围之后，进而讨论知识的实在性，即真理问题。洛克作为一个唯物主义反映论者，他充分注意到知识同外物的关系问题。他认为，仅仅把知识看成是观念间是否符合，是无法把知识同幻想和虚构区分开来的。他明确认为，人类的知识是具有实在性的，即知识的元素或材料——观念同事物是相契合的。他说："人心并不直接认识各种事物，它必然要以对它们所有观念为媒，才知道它们。因此，我们的知识所以为真，只因为在我们观念和事物的实相之间有一种契合。"又说："所谓真理，顾名思义讲来，不是别的，只是按照实在事物的契合与否，而进行的各种标记的分合。"[1]

洛克心目中的真理具有两种类型物的真理：

第一种类型的真理，是关于具体事物特殊命题组成，它的真理性在于观念符合于事物。洛克认为，这类知识所依据的是简单观念，在他看来，"简单的观念都是与事物契合的"，"都是外界的事物在我们

---

①洛克:《人类理解论》，商务印书馆，1981年，第555页。

身上起了实在作用以后自然地、有规则地产生的"。它们可以"使我们能够依据那些现象来区分各个特殊实体的种类，来观察它们所处的情况"。他认为，简单观念和事物之间的契合"足以成为实在知识的基础"。

第二种类型的真理的基础是复杂观念(除了实体观念)。这种真理或知识也具有实在性。在洛克看来，这种实在性不像第一种类型真理那样是观念符合事物，而是事物符合观念，从而达到观念与事物的契合。洛克认为，在这类真理的基础复杂观念，"都是人心自己所造的原型，它们并不被认为是任何事物的摹本，亦不以任何事物的存在为原本，而与之参照"。在洛克看来，既然这种"观念本身都是原型，而且各种事物不能不与它们相合"，那么，"我们在这些观念方面所得到的知识都是实在的，都可以达于事物本身"。洛克认为，数学知识就是这类知识。洛克认为，数学知识"只是有关于我们的观念的，数学家之考察一个三角形或环形的真实的性质，只是就它们是自己心中观念的范围内而考察的"。洛克还进一步指出，数学一类的知识，当它们被应用于实在存在的事物上亦是真正的和确定的。在他看来，这是"因为在那些命题中，我们之考察实在的事物，只是把它们当作是和人心中那些原型相契合的。"他举例说："在三角形的观念方面，如果三个角真等于两直角，则在任何地方实在存在着的三角形方面，这个命题亦是真实的。"

洛克的认识论是英国经验论的集大成者。洛克一方面继承培根和霍布斯经验主义的基本原则，并将之发挥和发展到十分精密的程度，另一方面又从笛卡尔等人那里吸取理性主义的某些因素，弥补经验主义所存在的缺陷，使西方的认知理论达到很高的水准。

当然，洛克的理论也是有缺陷的。例如，他的知识来源理论中明显地具有二元论的倾向。他的事物两种性质学说，在表达中也存在一定的混乱,在承认实体是事物性质的依托同时又称它是不可知的。他在研究中,注意细密而忘却整体关联,以及有神论的倾向等等,都是理论中的瑕疵。所有这些,都是需要克服的。

第四节 贝克莱及其主观唯心主义的经验主义

在洛克之后,英国经验主义在基本倾向上经历了一次大的转变,由唯物主义的经验主义变成了主观唯心主义的经验主义。实现这个转变的代表人物是乔治·贝克莱。贝克莱将作为认识来源的经验作了纯主观的解释,在他那里,所谓经验就是人的纯粹内心体验。

一、生平和著作

乔治·贝克莱(George Berkeley,1685—1753),爱尔兰基尔肯尼郡托马斯城人。祖籍英格兰,父亲是一个兼有一定公职的乡村绅士。贝克莱八岁入基尔肯尼奥蒙德公爵学校读书,十五岁入都柏林三一学校学习。他从小聪明好学,成绩优异,古典学(古希腊罗马著作)、数学和哲学成绩尤为突出。1704 年大学毕业,留校任教,1907 年获得文学硕士学位,并当选为学院的初级研究员。

1713 年至 1720 年间,贝克莱曾到法国、意大利和西班牙游历,增长见识。1724 年被任命为北爱尔兰登德里副主教。1728 年至 1731 年间,曾去北美百慕大等地传教。1734 年升任北爱尔兰克罗因教区主教。1753 年在牛津去世。

贝克莱是一位早熟的哲学家, 他的主要哲学著作都是在 24 至 28 岁期间发表的。《视觉新论》(1909),《人类知识原理》(1710),《希勃斯和斐洛诺斯的三篇对话》(1713)。

二、主观经验论

贝克莱在认识论上是一个经验论者。他坚持人的认识起源于感觉经验,这一点,他与培根、霍布斯和洛克等早期经验主义者是一致的,因而他对早期的经验主义者特别是洛克表现出高度的尊敬。但是,他从经验主义者与理性主义者的争论中,意识到早期经验论者理论的困境,试图通过对经验的重新解释从而走出这种理论的困境。

早期的经验主义者,由于知识的局限和认识的偏狭,理论上确实存在着一些缺陷。其中主要的有两项:

(1)在物质同意识的关系上,把物质同意识截然地对立起来,不承认它们之间存在相互转化的可能性。于是,一方面是客观的但完全消极被动的物质对象,另一方面是能动的能知的但与物质无关的主体,这样,人们也就难以理解二者之间为何能相互作用形成经验。

(2)在事物的个性同共性关系上,同样把二者截然对立起来,否认二者相互关联,于是,作为个别事物的表象的经验,何以能转化为具有普遍性的思想?

在这样的背景下,贝克莱为了使经验主义的原则贯彻到底,就必须避开"从物质到意识"转化的难题。这时,他就采取通过否定物质的存在,把经验当作纯粹是人们心理体验的经验主观化的策略。

为了使经验成为纯然主观性的东西,贝克莱首先做出设定:人只能认识与自己的思想本质上相同的东西;在感官方面,人只能感知自己的知觉即观念。这样,在他看来,只有人心灵中的观念才是人类认知的对象。

(一)只有心灵中的观念才是认识的对象

贝克莱在认知对象主观化和心灵化之后, 他把作为对象的观念区分为三类:第一类是由实在(这里的实在不是指物质而是指一种客观的精神)印入感官的观念;第二类是由心灵的多种情感和作用所产生的观念;第三类是由记忆和想象帮助下形成的观念。他把第一类的观念称之为感觉观念,第二类和第三类观念称之为反省观念。贝克莱认为第一类的感觉观念是人们通过感觉器官感知的。他说:"借着视觉,我就有了各种光和色以及它们的各种程度,各种变化的观念。借着触觉我就感知到硬、软、热、运动、阻力以及这种情况的各种数量。嗅觉给我以气味;味觉给以滋;听觉把调子不同组织参差不齐的各种声音,传到我的心灵中。"[1]他还指出,人们在感知之外,还通过记忆和想象把这些观念重新唤起,就形成了反省观念。在他看来,感觉观念要比反省观念实在, 反省观念则是感觉观念在记忆和想象中的再现。

(二)所谓存在实际就是"被感知"和"感知"

贝克莱在切断物质同观念的联系并对观念进行分类之后, 还对"存在"范畴作了自己的解释,在他看来,所谓存在就是"被感知"和"感知"。

贝克莱认为,作为人们认知对象的观念,不论它是如何组合,如何混杂,除了在感知它们的心灵以内就无法存在。他这样说道:"我写字用的这张桌子所以存在,只是因为我看见它,摸着它。我在走出书室后,如果还说它存在过,我的意思就是说,我如果还在书室中,我原可以看见它,或者是说,有别的精神当下就真看见它。我所以说曾有香气,只是说我曾嗅过它,我所以说曾有声音,只是说我曾听到过它,我所以说曾有形象,只是说我曾看见它或触着它。"从上述的说法中,可以看到,贝克莱所谓存在实际是指观念的存在,这种存在以依赖于人的感知,离开人的感知就无所谓存在。在这里可以看出,在贝克莱

---

①贝克莱:《人类知识原理》,商务印书馆,1973 年,第 20 页。

那里,所谓存在不再是指事物的独立的客观的存在,而是依赖于一定认知主体的认知活动中的观念存在。这个观点的简明的说法就是"存在就是被感知"。这是贝克莱关于存在的一种理解。

在贝克莱那里,所谓存在还包含另一种涵义。相对于认知对象,它还指一定的认知主体。在贝克莱看来,认知主体即心灵的存在,地位更为重要。在他看来,观念的存在是不独立的和被动的,而心灵的存在则是独立的和主动的。观念的存在基本特征是被感知,而心灵的存在的基本特征是能感知。贝克莱把心灵的存在称之为实体。他认为:"除了精神或能知的东西以外,再没有任何别的实体。"

从上不难看出,贝克莱所谓的存在是在认识论意义上的存在,是认知过程中认识主体的感知和认识对象的被感知。前者是他将满足体系的需要做出的设定,后者则是经验主观化导致的结果。

三、物质虚无论

贝克莱为了达到他的经验主观化的目的,采取多种手段把具有客观实在性的物质从哲学中排除出去,从而切断观念同物质的血肉联系。他的基本办法有如下列:

(一)宣称"物是观念的集合"

贝克莱从"存在即是被感知"的观点出发,宣称所谓可感事物不过是一些观念的集合罢了。他认为:"心灵有时候看到这些观念有几个是相互联合着的,因此,它就以一个名称来标记它们,认它们为一个东西,例如,它如果看见某种颜色、滋味、气味、形象和硬度常在一块,则它便会把这些性质当作一个独立的事物,而以苹果一名来表示它。别的一些观念的集合又可以构成一块石、一棵树、一本书和其他相似的可感觉的东西。"按照这样的说法,所谓某物,并不意味存在着某种独立自存的实体,而是指有着一组紧密关联着的观念,人们谈及某物实际只不过是人们心灵在称呼某些观念的集合体。在他看来，各色事物，无论是山川河流，日月星辰一类宏大事物，还是渣屑尘埃，分子原子一类细小事物，它们的存在实际只是类似的观念在心灵中存在。

（二）宣称客观物质本是虚无

在洛克的哲学中曾有过事物具有第一性质和第二性质的学说。依照这个学说，事物的第一性质造成关于第一性质的观念，第二性质造成第二性质的观念。洛克在阐发这一学说时这样说过，关于第一性质的观念可以在外物中找到相应的原型，如广延、形象、运动等等，关于第二性质的观念在外物中不存在相应的原型，声、色、香、味等观念，虽是由外物的某种能力刺激感官而产生的，但当它们一经产生，却与外物所具有的那种能力很不相同。洛克关于第二性质观念的说法，本意是在说明人们的感觉经验具有一定的主观性。同时，这种说法也是有条件的。它的条件是，第二性质作为一种能力是在借助第一性质刺激感官而形成第二性质观念的。

但是，贝克莱从自己的"存在就是被感知"的信条出发，跨越洛克设置的条件，宣称既然第二性质是主观的，那么第一性质同样是主观的。于是，物质实体包含的广延、形象、运动一类第一性质也通过逻辑推演变成主观的了。这样，物质的客观实在性也就消失了。

不仅如此，贝克莱把自己的缺乏严密性的逻辑推演达到普遍化，用以否定和曲解洛克的偶性学说。按照洛克本来的意思，事物具有各色各样的偶性，物质实体正是这些偶性的依托或支撑。说得通俗一点，物质实体是主体和载体，偶性（如广延、形象、运动等等）是附着于这个主体和载体之上的东西。贝克莱在宣布了第二性质和第一性质是主观的之后，物质实体也就无所谓附着和承载的东西了。这样，在贝克莱看来，不存在任何附着和承载东西的物质实体，它只不过是一个空概念。于是贝克莱宣称,所谓物质实体实际就是虚无的同义语。他这样说过:"如果您觉得合适,您就可以照别人用虚无(nothing)一词的意义来应用物质一词,并把物质和虚无两个名词互相调换。"①

四、心灵层次说

贝克莱力主主观经验论和宣传物质虚无论,从一定意义上讲,对于消除早期经验主义体系中物质与心灵间对立是有价值的。经过贝克莱将经验主观化,外物统统变成了观念并转移到了人的心灵之中,无论是观念还是心灵,统统都是精神性的东西,彼此间也就无所谓对立了。

但是,实际上贝克莱在理论上非但没有使经验主义的理论变得协调和圆满,反而陷入更严重的困难。这种新困难突出地表现在两个方面:

1. 观念实虚难辨。在贝克莱那里,人心中的观念都是无外物作为基础和依托的,也就是缺乏客观依据的。这样,哪些观念是真实的,哪些观念是虚妄的,就没有一个可靠的鉴别标准。

2. 唯我论。在贝克莱那里,观念的存在是依赖于"我"的心灵的感知。这样一来,世间万物,以致我以外的他人,都不过是"我"的观念。这是不折不扣的"唯我论"。

为了克服这种理论上的困境,贝克莱提出了他的一个新论点,心灵层次说。按照贝克莱的心灵层次说,作为认识主体的心灵,是有层次的,它包括人类的心灵和上帝的心灵两个基本层次。在人类心灵中,又可区分为"自我"的个体心灵和"我们"的群体心灵。按照贝克莱

---

① 贝克莱:《人类知识原理》,商务印书馆,1973年,第54,55页。

的说法,人类的心灵是被造的、消极的和有限的,上帝的心灵是创造的、积极的和无限的。人类的心灵的作用是暂时的,上帝心灵作用是永恒的。按照贝克莱的说法,上帝的心灵,不仅作为认识主体而存在,而且作为观念的依托和驱动力而存在,在他看来,观念即可感事物的存在最终依赖于上帝这个永恒的心灵的感知,或者说,上帝的存在是观念存在的根本前提。

贝克莱的心灵层次说,作为一种假设,一方面帮助贝克莱克服了观念真假虚实难辨和唯我论的困境。另一方面,由于突出了上帝的作用,从而使他的主观经验论加进了客观唯心主义的成分,成了主观唯心主义和客观唯心主义拼凑起来的理论"杂拌儿",与此同时,他的哲学,也抹上了神学的重彩。这在理论上是不允许的,但却是不得已而为之的。

五、关于知识的理论

在基于主观唯心主义和客观唯心主义拼凑情形下, 贝克莱建构起自己关于知识的理论。同早期经验主义者相比较,贝克莱的知识理论也有自己的独特之处:一是把知识区分为观念知识和精神知识两大门类;二是把科学知识同神学观念调和起来,以神学观念阐发科学原理。

(一)人类知识包括观念知识和精神知识两大门类

贝克莱依据人类认知结构的特征, 把关于认知对象的知识称之为观念知识;把关于认知主体的知识称之为精神(心灵)的知识。他说:"人类的知识可以自然分为两类,一为观念方面的知识,一为精神方面的知识。"又说:"在我看来,观念、精神和关系,在其各自的范围中,正是人类知识的对象和谈论的题材。"

在贝克莱那里, 所谓观念方面的知识, 实际是指现实生活中的

"自然哲学和数学"。在他看来,自然哲学和数学之所以是观念知识,原因在于:"自然哲学和数学是思辨科学中的两大部分,它们所研究的是由感官得来的各种观念及其关系。"

在贝克莱那里,所谓精神方面的知识,实际是指不同层次上的心灵知识。在贝克莱看来,"所谓精神是一个单纯能动而不可分的、能动的存在。由于它能感知观念,因此我们叫它做知性;由于可以产生观念,或在观念方面有别的作用,因此又叫它做意志。"贝克莱认为,精神(或灵魂)是感知者,是能动的和有活力的,而观念是被动的、无活力的,因而它不可能通过观念表达出来。正是由于精神不能通过观念来表达,贝克莱把精神知识另样看待。

贝克莱认为,不同类型的知识需通过不同的途径来把握。贝克莱认为,对于观念类的知识,人们可以通过观察、实验并借观念的环节直接认知的;对于精神方面的知识,则是通过内心体悟间接认知的。贝克莱还认为,心灵是多层次的,不同层次上的心灵也有着不同的认知方法。贝克莱认为,人类的心灵,是在不同的心灵相互映现中体现出来的,而上帝的心灵则是从上帝的创造物中体现出来的。他指出,"名为自然作品的那些事物,就是我们所感知的观念和感觉的最大部分,都不是因人的意志所产生,也不是依靠它的。因此,必须有别的精神才能把它们产生出来。"贝克莱认为,在当人们领悟到这种"别的精神"就是全知全能的上帝时,上帝的心灵也就被把握了。

总之,在关于知识理论方面,贝克莱一方面肯定自然规律的存在,另一方面又把这些看作是上帝创造作用的表现。对于这种明讲科学实讲神学的贝克莱主义,列宁曾经作过十分深刻的揭示。列宁模拟贝克莱的口吻说道:"让我们把外部世界,自然界看作是神在我们心中所唤起的'感觉复合'吧!承认这一点吧!不要在意识之外,在人之外去探求这些感觉的'基础'吧! 这样我将在我的唯心主义认识论的范围内承认全部自然科学,承认它的结论的全部意义和可靠性。为了我的结论有利于'和平和宗教',我需要的正是这个范围,而且只是这个范围。"

贝克莱的哲学,用独特的方式将英国经验主义从唯物主义推向了唯心主义,从哲学基本立场来说,无疑是一个倒退。但是,他千方百计地切断观念同客观物质的联系,把哲学问题变成纯粹观念问题,变成观念间的逻辑问题,从而使认识论同本体论分离开来,为哲学的发展打开一条新的思路。后来的经验主义者和实证主义者,正是沿着这条思路,一直走到了今天。就这种意义上讲,贝克莱是另一位哲学开路人。

第五节 休谟及其不可知主义的经验主义

在贝克莱以经验主观化道路上走出决定性一步之后,休谟沿这一方向继续前进。休谟以怀疑主义为手段,消除了形而上学的残余,把经验主义变为彻底的经验主义。

一、生平和著作

大卫·休谟(David Hume 1711—1776)苏格兰爱丁堡人。他的家庭是一个没落的贵族家庭。

他12岁时入爱丁堡大学学习法律。在校期间,除学习法学课程外,还学习了数学、逻辑学、自然哲学、精神哲学和物理学等方面的课程。两年后,因家庭经济困难而被迫辍学。辍学后直至1734年,一直坚持自学和研究哲学。在1734—1737年期间,休谟东渡法国,在一个偏僻的农村住了三年,完成大部头的著作《人性论》的写作。在这部著作中,阐发了他的经验论、怀疑论、不可知论的哲学思想,以及由此引申出的政治观、道德观和宗教观。

在 40 年代,休谟当过家庭教师和一位将军的秘书,还随这位将军出使过法国、荷兰、奥地利和意大利。1751 年,由家乡移居到爱丁堡市,当年参加了爱丁堡学会并被选为秘书。1752 年又被选为爱丁堡苏格兰律师协会图书馆馆长。在担任图书馆馆长期间,曾出版了《政治论》的论文集,阐述他的政治学和经济学见解。在经济学论文中,他批判重商主义,提倡自由贸易,成为古典经济学的一位先驱。他花了十年工夫,写成了《自恺撒入侵直到 1688 年革命的英国史》,该书四册六卷,是 18 世纪最完备的英国通史。这部书是用理性主义和启蒙主义观念写成的,对后来英国史学发展产生过很大影响。

1763 年,休谟又应英国驻法公使的邀请,担任公使秘书,还担任过半年的代理公使。在驻节法国期间,他与法国的启蒙思想家和进步学者如卢梭、爱尔维修、狄德罗、霍尔巴赫、杜尔阁、达朗贝尔等有过亲密的交往,尤其同卢梭过从密切而结为密友。1766 年,辞去使馆职务返回英国。回国后还担任了几个月的政府大臣的助理,不久就告老还乡。1776 年因病去世。

休谟的哲学代表作有:《人性论》(1739)、《人类理解研究》(1748)、《自然宗教对话录》(1779)等。

二、本体论上的怀疑主义

休谟的哲学,是循着贝克莱主观唯心主义经验论的方向向前推进的。但他的具体思路又与贝克莱有着明显的区别。

作为一个经验主义者,休谟坚持认识源于经验的基本信条。但他更把经验作为一种方法,并以此否定哲学的本体论,曲解哲学的因果观,并进而把经验主义推进到无本源和无头脑的彻底经验主义的境地。

休谟彻底经验主义最突出之点,是它拒斥形而上学。休谟把客观

物质、上帝和自我,统统看作是经验上无法证实的东西,存而不论,实际上把它们逐出到哲学之外。休谟认为:

(一)感觉是不是外物反映是无法回答的问题

休谟明确认为,唯物主义者将人的感觉当作外界物质对象的反映,实际是一个无法证明的问题。他指出,人们由感官传来的知觉,是否由外物所产生的问题,是一个事实问题。既然是一个事实问题,就应当依靠实际形成的经验来回答。这里所说的经验是指外物与感觉之间发生联系的经验。休谟认为,这样的经验是不存在的。他说:"经验在这里,事实上,理论上,都是完全默不作声的。人心中从来没有别的东西,只有知觉,而且人心也没有直接感觉到感觉同外物的联系。"①

既然人们没直接感觉到感觉同外物的联系,心中也不存在关于这种联系的印象。在休谟看来,感觉是对外界物质对象的反映的观点,就成了无法证明的,因而很难说是正确的了。

(二)感觉是因上帝对感官的作用而生成,也是无法证明的

休谟明确认为,贝克莱等哲学家用上帝对人们的感官作用说明感觉产生,同样是站不住脚的。休谟以"经验证实"为依据进行批驳。他说,作为凡人,"我们没有关于神圣的属性与作为的经验"②,因而也就"不能了解最高神明的作用"。既然人们没有这方面的经验,感觉由上帝的作用而生的观点,同样是缺乏依据的了。

休谟基于经验证实的原则,既不肯定感觉产生的原因在于物质方面,也不肯定感觉产生的原因在于精神方面,于是,他认为,感觉"是由我们所不知的原因开始产生于心中"的。③

---

① 休谟:《人类理解研究》,商务印书馆,1972年,第135页。
② 休谟:《人类理解研究》,商务印书馆,1972年,第16页。
③ 休谟:《人性论》,商务印书馆,1980年,第19页。

休谟不仅以经验证实的原则排斥了物质的和精神的认知对象，而且还以同类原则排斥了认知的主体，即"自我"。

休谟提出，如果"自我"作为认知主体实际存在，那么人们总会对它有所认识，对它有一个观念。但实际上，人们对它并无真实的观念可言，那就无法相信它是存在的了。据此，休谟还进一步指出，每一个实在观念的产生，必然导源于某一个印象，但是"自我或人格"并不是任何一种印象，如果人们对它有印象，这种印象肯定在人们一生中是同一的和持续不变的。但在事实上，人们从来都没有形成过这种固定不变的"自我"印象，因此，人们也就不可能形成"自我""那样一个观念"。

休谟肯定了"自我"作为"精神实体"的存在，并把它看作为一种"单纯的知觉"。休谟说："就我而论，当我直接地体会我所谓我自己时，我总是碰到这个或那个特殊的知觉，如冷或热、明或暗、爱或恨、痛苦或快乐等等的知觉"。在他看来，所谓"自我"，实际不过"是那些以不能想象的速度互相接续着、并处于永远流动和运动中的知觉集合体或一束知觉"①。

休谟通过提问和证明的手法，终于把传统哲学中的属于本体论的问题置于哲学思考之外，从而使认识论的研究转变成为彻底的经验主义。在这过程中休谟使用了两种基本的方法：一是理性怀疑，一是经验证实。休谟将具有积极作用的理性怀疑和具有一定局限性的经验证实的方法结合使用，最后实现了认识论同本体论的分离。这样，在休谟那里，认识问题最终成了关于感觉（知觉）、印象和观念的相互关系的问题。

---

① 《十六—十八世纪西欧各国哲学》，第 596 页。

三、关于观念和知识的理论

在排除了哲学的本体之后，休谟建构起自己的关于观念和知识的理论。这一理论包含有以下几方面的内容：

（一）观念是印象的摹本

休谟认为，人们在认识过程中，认识的只能是自己的知觉（或感性知觉）。按照休谟的说法，知觉因其活跃的程度不同，可区分为印象和观念。他说："我们可以把人心中的一切知觉分为两类，而两类知觉就是借它们的强力和活力来分辨的。较不强烈，较不活跃的知觉，普通叫作思想或观念。至于另一种知觉……叫它为印象。"[①]这就是说，印象和观念都是知觉，区别在于它们的知觉的程度和强度不同。在他看来，所谓印象是指较为强烈和活跃的知觉，即在人们有所听、有所见、有所触、有所爱、有所憎、有所欲时产生的知觉，即在直接感知时产生的知觉。在他看来，所谓观念，是指那种远不如印象那样强烈和活跃的知觉。这种知觉是人们在记忆和想象中，通过反省的方式，使得直接感知时产生的知觉的重现。对于观念同印象的关系，休谟明确认定："我们的一切观念或较微弱的知觉都是印象或较活跃的知觉的摹本。"[②]这段话说得简明一点，也就成了"观念是印象的摹本"。

在休谟看来，既然观念是印象的摹本，或者说，印象是观念的原型，那么，要判断一个观念是否真实，关键在于能否找到与这一观念相对应的印象。换句话说，印象也就成了相对应观念的标准。

于是，他进一步认为："我们如果把各种观念置于这样明白的观点之下，我们正可以合理地希望，借此来免除人们关于观念的本性和

①休谟：《人类理解研究》，商务印书馆，1981年，第19-20页。

②休谟：《人类理解研究》，商务印书馆，1981年，第21页。

实在方面所有的一切争论。"①

在休谟那里,将观念看作为印象的摹本,这是他对知觉的两个环节相互关系的揭示,丝毫不意味着还存在着"感觉的来源"。在他看来,感觉经验无法超出自身之外寻求自身的来源问题。在他看来,对这样的问题穷根究底,既无必要,也无可能。他明确地认为,感觉经验的"最终原因是人类理性完全不能解释的。我们永远不可能确定地判定,那些印象是直接由对象产生的,还是被心灵的创造能力所产生的,还是由我们的造物主那里来的"②。

(二)观念是形成知识的基础

休谟继承了洛克的观点,把观念看作是知识的基础。在他看来,观念同观念之间存在着两种不同的关系,一种是必然的关系,一种是非必然的关系,相应地有着两种不同类型的知识。他把具有必然关系的知识称之为"观念联系的知识",把不具有必然关系的知识称之为"实际事情的知识"。

休谟把观念间的必然关系细分为:(1)类似关系;(2)相反关系;(3)性质程度上的差别关系;(4)数量或数的比例关系。在他看来,基于这些关系的知识也是具有必然性的。

休谟认为,对于上述各种不同类型关系基础上形成的知识,认知的方法是不同的。前面的三项,比较直露,仅凭直观就可判定,休谟将之称为"直观的知识"。最后一项,比较繁复,也比较严格和确定,通常采用解证的方法去寻求,休谟将之称为解证的知识。在休谟那里,解证的知识,只是以事物的数量或数的比例为对象,不能超出这个范围。在他看来,"抽象科学和解证的唯一对象,只在于量和数,而且我

①休谟:《人类理解研究》,商务印书馆,1981 年,第 23 页。
②休谟:《人性论》,商务印书馆,1980 年,第 101 页。

们如果把这些比较完全的知识扩充到这些界限以外，那只是诡辩和幻想"①。

在观念联系的知识之外，还有所谓关于实际事情的知识。休谟把社会或自然界存在的事实或现象称之为实际的事情。对于这些事物和现象的描述称之为实际事情的知识。在休谟看来，这种类型的知识，来自于观察和经验。这种知识，从正面看是成立的，从反面也是成立的。它不具有必然性，只具有或然性，从而也不具有直觉知识和解证知识那样的确定性。这样的知识，也叫作经验的知识。在休谟看来，经验知识的基础，都是个别的、毫无联系的存在物，人类理性是无法对它们进行推论的。

四、因果联系的主观化

休谟否认经验知识具有可推理性，根本在于他不承认经验知识中包含着客观的必然的因果联系。为了论证自己的观点，他把因果联系这个本属本体论的问题，转换成为一个认识论的问题。他认为，要想认识因果联系的本性，必须认真地研究人们是为何获得因果关系的知识的。他认为：

（一）因果被人发现完全依赖于经验

休谟认为："因果之被人发现不是凭借于理性，乃是凭借于经验。"②还说："我们可以大胆地提出一个没有例外的概括命题说，这种关系的知识在任何例证下都不是由先验的推论得来的。这种知识所以生起，完全是因为我们根据经验，看到某些物象是经常的互相连合在一起的。"③

①休谟:《人类理解研究》,商务印书馆,1981年,第143页。
②③休谟:《人类理解研究》,商务印书馆,1981年,第28页。

休谟认为,他之所以不承认理性能够发现因果关系,是由于原因和结果是两个完全不一样的东西,人们既不能凭借理性对原因的分析中发现结果,也不能凭借理性在对结果的分析中找到原因。他举例说,如一个弹子受到另一个弹子的冲击之后会产生运动,但在他看来,第二个弹子的运动和第一个弹子的运动完全是两件事情,第一个弹子的运动并没有暗示第二个弹子运动。他认为,一个人的理性无论怎样健全,在遇到一个全新的物象时,纵然极其精确而全面地考察了这个物象的各种可感性质,也不能发现这个物质的原因和结果。他认为,人们因果观念的获得,是由于经验的不断反复。人们在实践中,经常看到两个不同的物象前后相继,紧密相连,就把前一个物象称之为原因,把后一个物象称之为结果。并且,总是由于前者的出现而期待后者的出现,并且认定前者出现了后者必然会出现。在休谟那里,经验实际成了人们形成因果观念的基础。

(二)因果关联是人们观念联结中的一种形式

休谟认为,人们心灵中的观念之间,经常地"以某种次序和规则来互相引生"①,由一个观念联想到另一观念。

休谟经过考察和体验,发现了人们心灵中的联想主要有三种形式:相似、时空中的接近和因果。他把这三种形式也称之为"三原则"。他举例说,如从朋友的一张照片联想到朋友本人,这属于相似原则;从一所房子的这间房子联想到这所房子的另一间房子,这属于空间接近原则;从受伤联想到由此引起的痛苦,这属于因果原则。

休谟十分看重观念联想这类的心理活动,并以之作为他哲学理论的重要论据。他认为,人们之所以相信存在有外部的物质实体和内部的精神实体,正是人们的信念的联想而产生的虚构。他运用观念的

---

① 休谟:《人类理解研究》,商务印书馆,1972年,第24页。

联想来解释因果必然性,在他看来,所谓因果必然性,实际是人们的主观信念和习惯性的观念联想。

(三)因果观念本是人们心中的习惯性联想

休谟认为,人们之所以把因果联结当作是普遍的和必然的,还在于人们总是受到自身习惯的支配。什么是习惯?休谟认为:"任何一种动作在屡次重复之后,如果产生了一种偏向,使我们不借理解的任何推论过程,就容易来再度重复同样动作,而我们总说那种偏向是习惯。"①休谟指出,当人在经验中观察到物象之间的经常会合后,人心中就会产生出一种非理性的偏向,由一个物象的出现期待另一个物象的出现。

休谟认为,对人而言,习惯是人的一种"自然的本能"和"人生的最大指导"。

习惯虽不能保证一切现象的因果联系,但是,这种由习惯建立的因果观念对人是有效用的,因而也是为人接受的。这样,休谟终于找到了因果联系的最后基础即习惯性的联想。

休谟通过一连串的论证,将因果联系看作是人的主观观念。这样,就如贝克莱把感觉经验主观化一样,最终把因果联系也主观化了。

不过,休谟把因果联系主观化过程中,还是承认某些观念联系的客观性和普遍性的。例如,为了不同自然科学观念相抵触,他还是承认数量观念具有普遍性和必然性的性质的。这方面的肯定,同他的整个观念体系是相抵触的。

将因果联系理解为人的习惯联想,否认它的客观实在性,在哲学上无疑是有问题的。但是,从另一角度看,休谟这样做,这又是对传统

①休谟:《人类理解研究》,商务印书馆,1981 年,第44 页。

的形而上学和独断主义的一个有力的冲击。此后,哲学家们不再把传统意义的理性当作万能的东西,而是尽可能地运用严肃和科学的态度来对待。就这个角度而言,休谟的怀疑主义冲击了传统的独断主义,这对哲学的发展是有积极作用的。

休谟作为英国经验主义的后期代表,他把经验主义推演到"彻底化"的程度。随着"彻底化",感性同理性的关系变得极为对立,一方面感性知觉的作用既不适当地推崇,另一方面,理性被看作是解证和逻辑推演的能力。随着"彻底化",认识同实践更加分离,感性经验被看作是衡量知识确实性和可靠性的依据,这在实际上否定了知识的客观性、普遍性和必然性。他的经验论和不可知论,在不小的程度上起着堵塞认识客观真理的道路。这是必须批判的。

但是,休谟站在彻底经验主义的立场上,以怀疑为武器,严厉地批判了宗教神学、经院哲学、传统的形而上学、唯理论和早期经验论,把这些学说和理论的缺陷和弊病充分地暴露出来,使得这些学说和理论不得不正视自己的问题,或是做理论上的修正,或是更弦改张。这对哲学发展无疑是一个有力的刺激和推动。这样,休谟哲学也就成了哲学发展过程中一种积极的力量。

第六节　英国经验主义对后世的影响

英国经验主义,在16—17世纪,在英国本土前后绵延二百余年。在这期间,几代经验主义者,提出了一系列适合社会发展需要的新思想和新观念。这些思想和观念,逐渐汇集成了一个思想宝库。这个宝库不仅在本国得到传承,而且远至国外,最终成为一个强劲的哲学潮流。

一、早期经验主义对后世的影响

英国经验主义,就其哲学的基本倾向不同,可区分为"早期经验主义"和"晚期经验主义"。早期经验主义是指培根、霍布斯和洛克代表的唯物主义经验主义。晚期经验主义是指贝克莱和休谟代表的唯心主义经验主义。由于基本倾向不同,影响面也是不同的。

英国早期的经验主义的基本观点,由于后继者贝克莱和休谟的转向,改由自然神论者传承下来。英国的自然神论者托兰德和柯林斯,法国的自然神论者伏尔泰和卢梭,都在自然神论外衣下,传递着唯物主义的经验论的思想。马克思这样说过:"自然神论——对于唯物主义者来说——不过是摆脱宗教的一种简单易行的方法罢了。"①

在自然神论者中间,宣传英国早期经验主义观点最积极和最有成效的,要算伏尔泰。伏尔泰,这位旅居英国的法国流亡者,曾经深入地钻研过培根、洛克等人的哲学,并通过《哲学通信》等著作向法国人作了系统的介绍。差不多与此同时,孔狄亚克也吸取洛克的思想,主动地在法国的社会中流传洛克的思想,并用洛克的感觉论反对17世纪的形而上学。

在他们的影响下,狄德罗和爱尔维修,自觉地吸收了洛克的经验主义哲学,并把它运用到意识发生论和道德发生论中去,在这些领域中发展了唯物主义的经验主义。拉美特利和霍尔巴哈,则善于把英国的唯物主义和法国唯物主义传统结合起来,写下了《人是机器》和《自然体系》这样的机械唯物主义的人论和彻底无神论的名著。这样,英国的唯物主义经验主义也就在法国的土地上得到了发扬光大,以致18世纪在哲学上成为"法国人的世纪"。马克思在揭示18世纪法国唯物主义兴盛的思想渊源时这样说过:"法国唯物主义有两个派别:一派起源于笛卡尔,一派起源于洛克……这两个派别在发展过程中

①《马克思恩格斯全集》,第2卷,第165页。

是相互交错的。"①从马克思这段论述中,不难看出英国唯物主义经验主义对于法国唯物主义成长影响的巨大和深刻。

二、晚期经验主义对后世的影响

晚期的经验主义,特别是休谟的怀疑论和彻底经验主义,对后世哲学发展的影响,也是相当深远的。这种影响突出地表现在以下几个方面:

(一)它启示了康德,促进批判哲学的诞生

康德说过,正是休谟的怀疑论,把他"从独断论的迷梦中唤醒了",使他开始以批判的眼光看待传统形而上学,并决心建立起新的形而上学。休谟主张的"认识起源于经验,但又不是外物的反映",经过康德的扩充和展开,后来成了康德"人为自然立法"的思想。康德自称完成了哲学上的哥白尼式的革命,而在这一革命中,休谟的哲学是它一个重要的推动力。

(二)它作为一条主线贯穿于实证主义全部发展过程

19世纪中期,在法英等国出现了一种新的哲学——实证主义。在以后一百五十年的发展中,又经历了实证主义、经验批判主义和逻辑实证主义发展阶段。

在实证主义发展阶段上,在实证主义信奉者那里,人们的观点和采用的方法,是有着明显差别的。但它们的基本原则,如共同回避对于哲学基本问题的回答(拒斥形而上学),把认识问题局限在经验范围之内,把经验证实当作鉴定认识是否正确的标准等等,却是相同的。正因为如此,他们把"回到休谟那里去"作为旗号,把休谟奉为"导师",因而这种哲学,因为始终贯彻着休谟的哲学精神而被称之为"新

①《马克思恩格斯全集》,第2卷,第160页。

休谟主义"。

(三)它是实用主义形成的主要思想渊源

19世纪70年代,美国出现了实用主义哲学。实用主义,从其思想渊源看,它是多种观念的综合。但是,作为基础的,还是来自英国晚期的经验主义。因此,在实用主义者那里,贝克莱和休谟倡导的主观唯心主义的倾向十分鲜明。

实用主义的奠基人皮尔斯提倡实际效果,同时又把实在同经验等同起来;詹姆士从心理学角度讲实用主义,以致把整个世界看作为纯粹经验的世界;杜威重视人与环境的联系,但他把有机体同环境的相互作用等同于经验。这样一来,实际都将客体经验化了,同时又把经验主观化了。另外,实用主义者,也像休谟那样,在哲学上拒斥形而上学,把哲学仅仅理解为一种方法,回避对哲学基本问题的回答。

大陆理性主义——关于认识深化的哲学

16—18世纪,在欧洲大陆,近代理性主义哲学也逐步形成和完善起来,形成其能同英国经验主义相匹敌的哲学思潮。

与英国经验主义相比较,两者研究的侧重点是不同的,英国经验主义侧重于认识的发生方面, 大陆理性主义侧重于认识的深化和发展方面。但是,二者又是互补的,它们共同构成近代认识论统一体系。

第一节 理性主义的基本特征和 大陆理性主义的历史源流①

一、理性主义理论的基本特征

理性主义(Rationalism),也称为唯理主义,它是一种只承认理性认识可靠性的认识理论, 信奉这种学说的哲学家被称之为理性主义者。

理性主义,在理论上具有以下基本特征:

(1)在认识结构上,这种学说一般把"自我"的理性实体当作认识主体,把世界(有的还包含上帝)当作认识客体。

(2)在认识的源泉上,这种学说一般把人的理性能力当作认识的

---

①收入《西方哲学史稿》,甘肃人民出版社2003年版。

来源。在这派人看来,观念原本是蕴涵于理性之中的。所谓认识活动,本质上就是理性的展开。在这过程中,人的感觉,只起着提示和触发的作用。

(3)在认识方法上,理性主义者,一般比较重视直觉和演绎的作用。他们认为,可以根据一些初始的原则,通过演绎推理推出新知识来。

(4)在真理论上,理性主义者重视来自于理性推演和"理性真理",比较轻视从经验中归纳出来的"事实真理"。理性主义者一般把真理的标准看作是清楚、明白和合乎逻辑。

从以上特征来看,所谓理性主义,源出于数学的方法,是数学方法的概括和提升。

二、大陆理性主义的历史源流

理性主义,作为一种哲学观念,起源于古代的希腊。古希腊的毕达哥拉斯学派,把事物的数和相互关系神圣化,以为数和关系是事物的本质,认为所谓认识就是人的心灵对事物的数量和关系的认知。毕达哥拉斯的观点,实际开了理性主义的先河。在毕达哥拉斯之后,柏拉图接受了他的老师苏格拉底通过归纳形成概念的传统,同时又向数论派学习注重形式的研究,提出独创的"理念"学说。按照这种学说,理念是独立于事物和人心之外的实在。在柏拉图看来,只有这种理念世界才是认识和知识的对象,而这种理念世界,唯有通过人心灵的思维活动才能达到。柏拉图以理念论为基础的认识论,是古希腊时期较为完整的理性主义。在柏拉图之后,数学家欧几里得写下了《几何学原理》,这本书虽然是关于数学的书,但它根据严格的演绎的逻辑方法写成的,这本著作后来成为理性主义方法实际应用的范本。在15—16世纪,一些自然哲学家,如德国的库萨的尼古拉(Nicholas of

Cusa 1401—1464），意大利的布鲁诺（Giordano Brun0 1548—1600），他们把人的认识看作由感觉、知性、理性和直觉（精神）逐步提升的过程。他们虽然承认感觉在认识中的作用，但它只限于认识事物的部分和外表，为整个认识提供杂乱的感性材料。在他们看来，唯有通过知性、理性和直觉（精神）才有可能达到真理性的认识，表现出浓厚的理性主义的色彩。

在前人思想的基础上，法国哲学家笛卡尔，经过理论上的改造，把传统的理性主义转变成为新型的理性主义——近代理性主义。笛卡尔创立起以自我为主体的主体性哲学，并以这种主体性哲学作为立足点阐发理性主义，从而使理性主义有了新的意蕴和内涵。作为一个数学家，笛卡尔还把理性主义同数学方法紧密结合起来，使理性主义的观念和方法更具有实用性和可操作性。

荷兰哲学家斯宾诺莎，把唯物主义的观念同理性主义结合起来，同时注意运用理性主义的原则探讨社会伦理问题，创立起唯物主义的理性主义。因此，斯宾诺莎的理性主义，一方面表现出对于笛卡尔哲学的继承性，另一方面又反映出同笛卡尔哲学的明显区别。

在斯宾诺莎之后，德国哲学家莱布尼兹，根据数学和自然科学的新成就，用单子论、系统论和微知觉理论诠释笛卡尔理性主义的基础理论，把理性主义发挥到极致的地步。

近代理性主义，与经验主义相比较，视野更为开阔，思考更为全面，因而冲破了经验主义那种就事论事的狭隘性，包含了丰富的辩证法因素。理性主义者对于辩证法的研究和思考，后来成为康德和黑格尔辩证法的重要思想渊源。

第二节　笛卡尔——近代理性主义的奠基人

在近代理性主义的潮流中，笛卡尔是它的奠基人和开拓者。他和弗兰西斯·培根一样,为近代欧洲哲学的开拓和进展做出了巨大的贡献。黑格尔曾深情地称他为"现代哲学之父"。

一、生平和著作

勒奈·笛卡尔(Rene Descartes 1596—1650)法国图郎郡人。父亲是布列坦尼议会议员,母亲在勒奈一岁时即已去世。笛卡尔幼年时体弱多病,但有很高的天赋,时常向父亲提一些诸如"事物的理性和原因是什么"之类艰深问题,因而被人们称为"小哲学家"。

笛卡尔在 8 岁时进入拉·弗来施耶稣教会学校学习。在这所学校里,他好学不倦,广泛涉猎,开始接触一部分自然科学,对数学尤其表现出极大兴趣。但对学校的主科宗教神学和经院哲学,则表现出厌倦情绪,他把这些陈腐的学问称之为"博学的破烂"。

1616 年,笛卡尔入普瓦蒂埃大学学习,两年后获法学学位。但是,笛卡尔并不满足于学校的学习,他要走出去,去读"世界这本大书"。在前后 9 年的时间里,他游历了德国、意大利和瑞士等国,还过了三年的军旅生活。在广泛接触社会生活,大量地收集资料和接触了各国科学界和思想界名人之后,逐渐形成了自己的哲学构想。

在停止游历之后,笛卡尔开始了在数学、自然科学和哲学方面的思考和研究。1629 年,为了有一个好的学术环境,笛卡尔变卖了家产,到当时比较自由的荷兰侨居,在荷兰一住就是 20 年,在那里完成了大部分著作的写作。在这期间,他两次返回祖国,与当时的著名学者,如巴斯卡、霍布斯、伽桑狄等人讨论哲学和自然科学问题。

1649 年,笛卡尔应瑞典女王克里斯蒂娜之邀为女王辅导哲学。1650 年,因为患肺炎在瑞典逝世。

笛卡尔是一位有着多方面成就的学者。在数学方面,他发明了解析几何学,同时为微积分的发明打开了思路。在物理学方面,他提出了著名的动量公式。在生物学方面,他提出"动物是机器"的构想。在心理学方面,他提出了心物交感论。

笛卡尔哲学著作颇丰,具有代表性的著作,包括《指导心智的规则》(1629)、《论世界》(1630—1633)、《方法论》(1637)、《形而上学的沉思》(1641)、《哲学原理》(1644)和《论心灵的情感》(1645—1646)等。

二、自我本体论

笛卡尔哲学体系的基点和起点是他的"自我本体论"。笛卡尔通过自我本体论的阐发,宣传了一种哲学新观念——主体性的观念。

笛卡尔自我本体论包含以下基本内容:

(一)从人的自我意识推出自我存在

笛卡尔非常重视知识的确定性,力图把所有知识变成确定无疑的东西。为了保证知识的确定性,他采取事事怀疑的方法,通过怀疑和找出根据以求得确信。

在笛卡尔看来,人的怀疑,本身就是一种意识活动,既然是一种意识活动,就必然有一个东西造成这种意识活动。笛卡尔认为,造成人的意识活动的东西就是我或自我。人越是怀疑,越表明我或自我存在的确实性。他用简洁的语言说道:"我思故我在。"

为了更清楚地说明自己的观点,笛卡尔这样说过:我可以怀疑一切,但是"当我愿意像这样想看一切都是假的时候,这个在想这件事的我,必然应当是某种东西,并且我思想,所以我存在,这条真理是这样确实,这样可靠,连怀疑派的任何一种最狂妄的假定都不能使它发生动摇,于是这就立刻断定,我可以毫无疑问地接受这条真理,把它当作我所研究的哲学的第一条原理。"[1]

---

[1]《十六—十八世纪西欧各国哲学》,商务印书馆,1975 年,第 146 页。

从笛卡尔自己的论述中不难看出,他的"我思故我在",实在是从"一定的思想总是一定的思想者发生的"这个常识性的见解引导出来的,因而是清楚的、明白的和确实的。

(二)从自我的存在推出物质世界的存在

在由我思推出我在之后,笛卡尔进而由我的存在推演外部物质世界的存在。他认为,由一个个自我集合起来的人们,心中都有着关于物质世界存在的感觉和观念,而且这些感觉和观念都是清楚明白的。因此,他认为,外部物质世界的存在也是确实和可靠的。

为了体现联结的需要,也为了适应当时的社会文化环境,笛卡尔从神学引来了上帝。为了证明上帝的存在,他采用了经院哲学家的上帝存在本体论证明的方法。笛卡尔提出,"我在怀疑",这就表明自我本身并不是完满的,这就需要有一个完满的东西作为基础,这个完满的东西就是上帝。他说,人们的心中,都有一个上帝的最完满的观念,这样的观念只能"由一个真正比我更完满的本性把这个观念放进我心里来的,而且这个本性具有我所想到的一切完满性,就是说,简单一句话,它就是上帝。"①

笛卡尔还把上帝的存在说成是最高的存在,正是这个最高的存在创造了灵魂(自我)和物体两个实体。在他看来,上帝的存在是绝对的存在,灵魂和物体的存在是相对的存在。

肯定了上帝的存在,外部物质世界的存在也就更有了依据。笛卡尔巧妙地利用上帝的存在来论证外部物质世界的存在。他指出,人们之所以能有物质世界存在的观念,因为它源出于上帝。因为上帝是不会骗人的,外部存在有一个物质世界是可以相信的。他还指出,人们心中也还有关于规律的观念,在他看来这种观念,也是"上帝印入我

---

① 《十六—十八世纪西欧各国哲学》,商务印书馆,1975 年,第 149 页。

们心灵之中"的。这样一来,外部物质世界和自然规律,也就成为客观的和可信的了。

作为一个科学家,在笛卡尔的意识里,所谓上帝,只不过是大自然的同义语,只不过是最高理性的象征。笛卡尔通过上帝的中介和桥梁作用,由自我推出外部的物质世界,于是哲学的对象也就成了精神(灵魂)和物质的二元结构。

(三)依据二元结构的观念探索自我的本性

笛卡尔的二元结构的观念,具有普遍适用性,它既可应用于客观的宇宙,也可应用于微观的人生。在他看来,在人身上,二元结构具体表现在人们的生理方面和心理方面。

笛卡尔,作为一个自然科学家,人相信人的自我仅仅是一种与身体无涉的理性灵魂,他坚信这种理性灵魂总是与人的生理过程有着一定的关联。于是,他认真研究人体解剖学和生理学,研究了血液和神经的运动,试图找出这类运动传导的途径。在他晚年,他最终追索到大脑,并把大脑中的"松果腺"当作灵魂与肉体连接的主要场所,以为灵魂就定居在大脑的松果腺里。当然,这样的看法是不正确的。但是,这也体现出他把人的理性灵魂看作肉体与精神相统一的坚定信念。

(四)肯定自我是人与自然关联中的主导方面

笛卡尔在人与外部世界的关联中,把人和人的自我看做是这种二元结构中的主导方面,是具有能动性的方面。

笛卡尔肯定外部世界的存在,承认物质性的外部世界具有独立的"创造力"。但是,外部世界,整体而言,它是消极的、被动的,它的运动,也仅仅是在外力推动下的机械运动。相反,作为精神实体的自我,它具有理性能力,它能思维,因而具有对于外部世界的支配力。这样,在自我同外部世界关联中,人是其中的主导方面,是充满着能动性的方面。

三、天赋观念说

笛卡尔在确立自我本体论之后,还建构起自己的认识论。他的认识论以"天赋观念说"的方式表达出来。

(一)创立天赋观念说是时代的要求

笛卡尔创立天赋观念说,不是心血来潮,也不是一种理论的推导,而是为了适应当时时代的要求。

笛卡尔生活的时代,是自然科学开始兴盛的时代。在这样的时代,各色各样的知识不断创造出来。如何保证这些知识成为真正科学的知识,成为具有确实性、普遍性和必然性的知识,这成了哲学,特别是其中的认识论不能不进行研究的问题。

在笛卡尔之前,弗兰西斯·培根等人已经运用经验的和归纳的方法来解决知识的确实性和普遍性问题。但是,在笛卡尔看来,培根等人从特殊的经验事实中推出规律性和普遍性的认识,实际是行不通的,培根等人从外部寻找认识来源的思路是无法达到普遍性和必然性认识的。他要从自我的理性能力方面寻找新的出路,亦即内源性的道路。于是,他的天赋观念说应运而生了。

(二)天赋观念说的基本涵义

天赋一词,源出于法文的"inne",是内在的意思。这样,天赋观念(innate idea),也就是内心中的观念。

在笛卡尔那里,天赋观念在不同情况下有不同的所指。

在一种情况下,笛卡尔所谓的天赋观念,系指人的禀赋、倾向和认知能力。在《对某纲要的评注》一文中,他这样说过,所谓天赋观念,具有这样的涵义,"由于我们的本性有内在的潜在性,这种潜在性无非是思维能力"。在他看来,它"可以怀想、构成观念,没有不同于思维能力的现成观念"①。

在另一种情况下,笛卡尔则把一些原本性的观念,如数学中的公理,自然科学中的普遍原则以及关于事物的简单性质的观念,称之为天赋观念。在他看来,这类观念,它们既不是由外部的个别事物引起的,也不是人的心灵任意构想的,因而它们"一定原先就是在我们心中的"。

对于笛卡尔前一种说法,人们不一定赞同,但是,还可以理解,对于后一种说法,人们普遍地不赞成和不理解,以致造成严重的误解。例如洛克就认为,笛卡尔把一些基本的概念、共同的思想和各种记号,看作"灵魂在最初存在时就获得了它们,并且把它们一同带到这个世界来"②。伏尔泰则用讽刺的口吻说,笛卡尔"主张神在神肚子里就给了我们一些概念"。

其实,笛卡尔把公理、原则和简单性质的观念称之为天赋观念,是就它们逻辑本质而言的,或者说,它是逻辑世界中的问题。

逻辑世界,也称为理念世界,它同物质世界、精神世界相比较有许多独特之处:

(1)就观念形成的基础而言,它的基础不是整个事物,而是事物的形式,它的实在性在于"形式的实在性"。例如,数学上的点、线、面,它们是纯形式的,因而,它们不像现实的点、线、面那样,有大小、有宽窄、有厚薄,而是无大小、无宽窄、无厚薄的纯粹的理念。

(2)就观念的形成而言,它不是由个别人当下即是地反映而来的,而是人类在历史的长河中,不断地体悟、验证而得出的。换句话说,它是由整个人类世代相承积淀起来的,是人类认知文化的历史积

①《十六—十八世纪西欧各国哲学》,商务印书馆,1975 年,第 361 页。
②《十八世纪法国哲学》,商务印书馆,1963 年,第 74 页。

淀。

（3）就观念的内化而言,总体上说,它主要不是通过有意识的灌输,而是通过无意识渗入进入人们心灵的,因此,它被看作是人们与生俱有的或是天赋予的。

以上这些特征,对于生活在近代早期的笛卡尔来说,是难以理解和说清楚的。只好用"上帝印入人心"之类的话语来搪塞了。

但是,作为数学家的笛卡尔,从数学学习和研究中,深深体悟到公理的自然性在人们认识过程中所具有的意义, 还是将它作为保证知识确实性的基础和标准。

这样,天赋观念也就有了既相区别又相关联的两个层次:能力层次和原本观念层次,前者是它的深层,后者是它的表层,二者共同构成他的理性主义认识论的作用机制。

（三）天赋观念是知识确实性的重要保证

笛卡尔在自己的研究中发现,无论是作为能力层次的天赋观念,还是作为原本性观念的天赋观念, 都在人们认识过程中起着重要的作用。

笛卡尔认为, 蕴藏于人们心灵中的能力是推动人们认知活动的动力源,也是超越特殊认识达到普遍认识的根本依据。在他看来,正是有了这种动力和能力,人们才有了感觉、知觉、想象、知性和理性的认知能力,才能使认识不断深化和向前推进。在他看来,正是基于这种能力,人们的心灵不仅能够怀想观念,构造观念,而且能够超越个别的特殊的认识,达到普遍的必然的认识。在他看来,作为认知能力的天赋观念, 正是保证知识具有确实性、普遍性和必然性的主要依据。在他看来,这也是他同经验主义相区别的主要之点。

笛卡尔还认为, 内存于心灵中的原本性观念, 在人们认知活动中,同样发挥着重要作用。在他看来,内存于心灵中心原本性观念,对于人们的认识起着鉴别和提升的作用,用通俗的话说,起着"试金石"和"点金术"的作用。

四、理性主义的方法

笛卡尔,作为理性主义者,还设计了一套体现理性精神的方法。在《方法论》一书中,他曾对自己的方法作了一个整体设计。按照他的整体设计,包含有四条基本原则:

"第一条是:决不把任何我没有明确地认识其为真的东西当作真的加以接受,也就是说小心避免仓促的判断的偏见,只把那些十分清楚明白地呈现在我的心智之前, 使我根本无法怀疑的东西放进我的判断之中。

第二条是:把我所考察的每一个难题,都尽可能地分成细小的部分,直到可以而且适于圆满解决的程度为止。

第三条是:按照次序引导我的思想,以便从最简单、最容易认识的对象开始,一点一点逐步上升到复杂的对象的认识,即便是那些彼此之间并没有自然的先后次序的现象,我也给它们设定一个次序。

最后一条是: 把一切情形完全地列举出来, 尽量普遍地加以审视,使我确信毫无遗留。"①

(一)理性怀疑的方法

笛卡尔提倡一种理性怀疑的方法。所谓理性怀疑的方法,旨在通过怀疑求得确信的方法。他认为,现存的种种原理、原则和观念,好多是"极其可疑,极不确实的"。在他看来,要获得确实的观念和知识,首先应当来一次普遍的怀疑,通过怀疑对之进行否定。然后,寻求证据,

---

① 《十六—十八世纪西欧各国哲学》,商务印书馆,1975 年,第 144 页。

通过证据搜集和整理,分清真的还是假的。最后,分别情况,决定弃取。

笛卡尔反复称:"我这样做并不是模仿那些为怀疑而怀疑并且装作永远犹疑不决的怀疑派,因为正好相反,我的整个计划只是要为自己寻求确信的理由,把浮土和沙子排除,以及找出岩石或黏土来。"①这就是说,在笛卡尔那里,怀疑只是一种手段,求得确信,才是真正的目的。

笛卡尔的理性怀疑方法,在观察问题中贯穿着一种科学精神——批判和创新的精神。人们有了这种精神,就能逐渐摆脱传统中包含的陈腐观念的束缚,形成开拓创新的新思路,从而建立起新的观念体系。这样,他的理性怀疑方法就同培根的假象说一起,成了批判经院哲学和开启近代哲学的有力手段。

(二)直觉和演绎的方法

在具体的认知上,笛卡尔推崇的是直觉的和演绎的方法。在他看来,真理性的认识只能来自直觉和演绎。

直觉(intuition)一词,源出于拉丁文的"intreri",本意是凝视或聚精会神地看。在西方哲学中,人们对它有两种不同的理解。一种是把它理解为"直接感觉",即人的感官从外界事物的接触中获得的感觉、知觉和表象的总和。另一种理解,则是指人的心灵,不经过推论而直接把握事物本质的认识。笛卡尔,作为理性主义和天赋观念论者,他所说的直觉是第二种理解。

笛卡尔曾对直觉作过比较完整的阐述。他说:"我们了解的直觉,不是感官所提供的恍惚不定的证据,也不是幻想所产生的错误判断,而是澄清而专一的心灵的所产生的概念。这种概念的产生是如此简易而清楚,以致对于认识的对象,我们完全无须加以怀疑。"②从笛卡

①《十六—十八世纪西欧各国哲学》,商务印书馆,1975 年,第 146 页。
②《笛卡尔哲学著作》,第 1 卷,第 7 页。

尔这段阐述中,所谓直觉最显著的特征在于:

一是它来自于心灵,二是清楚明白。

笛卡尔作为一个天赋观念论者,认为人有天赋的认知能力,这种能力存在于心灵之中,人凭着这种认知能力认知事物。基于这样的观点,他有时也把直觉称之为"纯净而专注的心灵的构想",或者心灵中"理性的光芒的不容置疑的构想"①。在他看来,这种心智能力具有突发性,能够当下即是地把握事物的实质。就像中国人常说的"洞察"和"顿悟"。

在笛卡尔看来,代表事物简单性质的简单观念,数学公理,科学的第一原理,以及我思故我在,三角形内角之和等于两直角之类的知识,是确实无疑的,因为它们来自于直觉,并且是清楚明白的。在他看来,这样的知识应该是推演出新知识的出发点。

演绎(deduction),本是从一般性的前提得出个别性结论的推理和证明方法。笛卡尔为了保证知识的确实性,则把它理解为:从确实的知识出发,遵循正确的规则进行推理,最终得出新的确实知识的方法。按照笛卡尔的说法,演绎就是"从业已确切知道的其他事实所进行的任何带必然性的推理"。②

在笛卡尔看来,直觉的知识是确实可靠的知识,这样的知识就自然而然地成为演绎方法的起点和前提。这样,直觉方法和演绎方法也就结合了起来,成为直觉——演绎的方法。

在直觉——演绎的方法中,直觉是根据,是发端,没有直觉不可能有真正的演绎。反过来,演绎是运动,是过程,没有演绎,直觉知识中蕴涵的东西不能揭示出来,不能形成新的知识。因此,直觉同演绎

①笛卡尔:《探求真理的指导原则》,第10页。
②《笛卡尔哲学著作》,第1卷,第8页。

的结合,就成了创造出确实可靠新知识的重要方法。

笛卡尔作为一个理性主义者,他突出理性方法,作为一个科学家,也在一定程度上意识到经验方法的重要性。因此,在他确定的方法论基本原则中,既讲怀疑,又讲证实,既讲分析(化繁为简),又讲综合(集简为繁),既讲演绎,又讲归纳(如完全列举法)。正是由于方法上的多方面和完备性,也才能保证他本人在数学和自然科学研究中都能取得卓越成就。

五、自然哲学

笛卡尔的自然哲学,他自己称之为物理学。他的物理学是他的哲学体系中最为精彩的部分。在他的物理学体系中,运用机械唯物主义的观点,对客观世界及其变化做出比较客观的阐述。

(一)物质世界是统一的无限的世界

马克思在对笛卡尔自然哲学即物理学评述时这样说过:"他把他的物理学和他的形而上学完全分开。在他的物理学的范围内,物质是唯一的实体,是存在和认识的唯一根据。"[1]

笛卡尔肯定物质的客观实在性,但他作为一个数学家,较着重它的形式方面,即数、形和关系方面。在他看来,物体的广延才是物体根本属性。他说:"物体的本性,既不在乎重量,也不在于硬度、颜色等,而只在广延。"[2]在他看来,由于物体的重量、硬度、颜色等等,是变动着的,不稳定的,如果将它们从物体中排除出去,物体仍然是完整的。这就是说,重量、硬度、颜色之类,相对于物体而言是非根本的。在笛卡尔看来,在物体中,唯有"在长、宽、高三方面延伸展开来的东西"即

---

① 《马克思恩格斯全集》,第 2 卷,第 160 页。
② 笛卡尔:《哲学原理》,第 35 页。

广延,才是根本的。

在笛卡尔看来,物体以广延为自己的根本属性,而特定物体的广延即是所谓空间。这样,物体、广延、空间三者是统一的。在笛卡尔看来,在这个统一体中,物体是其中的实质,广延和空间则是物体的形式。这就是说,物体与它的形式(广延或空间)是不可分的。

笛卡尔把"物体的本性是广延"的基本观点应用于整个物质世界,形成了一系列有价值的见解。

(1)客观世界是统一的物质世界。在笛卡尔看来,所谓物质都是具有长、宽、高三个向量的物质,除此以外还没有发现别的物质。在他看来,天上和地上的物质都是如此。因此,世界就是统一的物质世界。在他看来,所谓多重世界是不可能的事。

(2)世界在广度上是无限的。笛卡尔认为,物体的广延,长、宽、高是三个向量,它们可以无限扩充和延伸,同时也包含着无限扩延的物质实体。这样,物质世界也就是无限的。他说:"这个世界或物质实体的全部,其广袤是没有界限的,因为无论我们去什么地方立一个界限,我们不只可以想象在此界限以外还有广袤无定的许多空间,而且我们看到,那些空间是真正可以想象。"①

(3)客观物质是无限可分的。笛卡尔还认为,既然物体的本性在于广延,一定的物体,不管它多么小,总是具有广延的,因而在我们的思想中还可以把它分割成更小的部分。在他看来,这样的分割可以是无限的。这样,物质世界就是由持续不断分割中的物体总和而成的。基于这种见解,他认为,那种认为物质由最小粒子即原子构成的观点是错误的。他说:"宇宙中并不能有天然不可分的原子或物质部分存在。因为我们不论假设这些部分如何之小,它们既然一定是有广袤

---

①笛卡尔:《哲学原理》,第42页。

的,我们就永远能在思想中把任何一部分分为两个或较多的更小部分,并可因此承认它们的可分割性。"①

(二)物质运动实质上是位置的"迁移"

笛卡尔认为,物质的基本情状(即状态)是运动。在他看来,物质的"全部花样,或形式的多样性,都依靠运动"。②

笛卡尔把运动理解为物体的位置迁移。他说:"运动是物质的一个部分或一个物体与之直接接触的,我们认为是处于静止的物体附近到另外一些物体附近的迁移。"③

笛卡尔认为,物体运动的原因存在于物体的外部。就特定事物而言,是由于外力的推动,就整个宇宙而言,则是有一个"第一因",这就是上帝。他说:"上帝是运动的第一因,他在宇宙中始终保持一个同等的运动总量。"④

笛卡尔认为,运动是绝对的,静止是相对的,静止只是运动的一种形态。笛卡尔指出:"如果我们终于相信,全宇宙中并没有真正静止的点,我们就会因此断言,任何事物,除了在我们思想中使之固定不变外,都没有经常的位置。"⑤

笛卡尔还认为,物质的运动是有规律的。他借用神学的口吻说道,上帝创造的世界是一个有规律的世界,"即令上帝创造出许多世界,也不会有一个世界不遵守这些规律"的。作为物理学家的笛卡尔,在物理学研究中,就总结出"动量守恒定律"、"惯性定律"等客观规

①笛卡尔:《哲学原理》,第42页。
②笛卡尔:《哲学原理》,第45页。
③笛卡尔:《哲学原理》,第45页。
④《笛卡尔哲学著作选》(英文版),第1卷,第267页。
⑤笛卡尔:《哲学原理》,第40、56页。

律。

笛卡尔还从运动的持续性角度来理解时间。他说："为了在同一尺度下理解所有事物的持续，我们通常把它们的持续与那些创造年和日的最大的最有规律的运动的持续相比较，并把它们称为时间。因此，时间并没有为一般的持续概念增加什么，它只是思想的情状。"①从这段有点含混的话语里，可以看出，笛卡尔实际已经意识到客观的时间即客观事物及运动的持续性和主观的时间即时间观念是有区别的，他把人们的时间观念称之为"思想的情状"。

笛卡尔关于运动的见解，总的来说，是机械唯物主义的，但其中也包含着不少精辟的见解，这些见解后来成为辩证法的构成部分。

(三)天体是一个物质演化的过程

笛卡尔在物质运动观的基础上，形成了他的天体演化的理论。就如他自己所说："给我运动和广延，我就能构造出世界。"

笛卡尔认为，宇宙在太初之时只存在一些原始物质，这些原始物质弥漫于整个太空。这些原始物质由于相互冲突形成了漩涡运动，整个宇宙变成了一个巨大的漩涡。于是，原始物质因摩擦成为尘埃状的东西，即所谓的第一物质。第一物质也叫"火元素"，由它们构成太阳和其他恒星。另外一些原始物质则摩擦成球状的东西，即所谓的第二物质，第二物质也叫"气或以太元素"，它们弥漫于太空。还有些原始物质成了磨去棱角的大块物质，即第三物质。第三物质也叫"土元素"，它们构成地球和其他行星。

同现代天体演化论相比，笛卡尔的天体演化论无疑是相当粗浅的。但是，笛卡尔用自然的因素说明自然现象，用运动论的观点说明天体的形成，在17世纪是一种创造。这为18世纪康德创建新的天体

---

①笛卡尔:《哲学原理》，第22页。

演化论提供了有价值的思路。

在笛卡尔运用唯物主义说明自然现象时，显示出他许多辩证的思考。例如，在物质观上，他主张物质与空间不可分；运动具有绝对性，静止只是相对的；认为物质世界是无限的，同时物质又是无限可分的。在发展观方面，他把天体看作为一个发展的过程。在数学方面，他把代数同几何结合起来，创立了解析几何，同时，他把变数引入到数学领域。对于这一点，恩格斯给予很高的评价。恩格斯指出："数学中的转折点是笛卡尔的变数，有了变数，运动进入了数学，有了变数，辩证法进入了数学，有了变数，微分和积分也就立刻成为必要的了。"①笛卡尔正是由于哲学中包含丰富的辩证法思想，也就成了近代哲学中"辩证法的卓越代表"。当然，笛卡尔的哲学也是有缺陷的，主要表现在：

（1）在自然观上基本上是机械论的。笛卡尔把广延说成是物质的唯一属性，把运动归结为机械运动。他不仅把普通物质的运动看作为机械运动，而且把生命现象也用机械论的观点来说明。他认为："动物是机器"。因此，黑格尔这样说过，机械论是由笛卡尔发展起来的。

（2）在形而上学和认识论上，包含有唯心主义的因素。在本体论上，他在一定程度上还承认神的存在。在认识论上，他的天赋观念说，过分强调认知能力的天赋性，同时，也存在贬低感性经验在认识中的作用。这样，他的哲学也就具有唯心主义的色彩。

第三节　莱布尼兹及其对理性主义的发挥和发展

在近代理性主义思想潮流中，莱布尼兹是一位具有突出贡献的人物。莱布尼兹继承、修正和发展了笛卡尔的哲学思想，使理性主义

---

①恩格斯：《自然辩证法》，第236页。

的理论变得完整和成熟。

莱布尼兹,作为一个德国人,他确定的哲学原则,为后来的"德国古典哲学"的形成奠定了基础,因此被人尊为"德国哲学之父"。

一、生平和著作

哥特弗利德·威廉·莱布尼兹(Gottfried Wihelm Leibniz 1646—1716),德国莱比锡人。他的父亲是一位大学教授,在莱布尼兹六岁时就去世了。父亲留下的大量藏书,后来成为儿子巨大的精神财富。莱布尼兹 15 岁进入莱比锡大学学习,后来还就读于耶拿大学和阿尔杜夫大学。在大学期间,他学的是法学,但他除主课外,还广泛地阅读哲学、历史和自然科学著作。他利用自家的藏书和学校的藏书,阅读过希罗多德、色诺芬、柏拉图、西塞罗、塞内卡和普林尼等希腊罗马时代的著作和教父们的著作,阅读过近代哲学家和科学家培根、康帕内拉、伽利略和笛卡尔等人的著作。在耶拿大学期间,他还向艾哈特·维格尔教授学习数学。广泛阅读和名师指导,这为他以后成为博学之士打下了基础。1666 年他的法学博士论文为阿尔杜夫大学接受,他被授予法学博士,并被聘为法学教授(未应聘),时年 20 岁。

莱布尼兹在告别大学走向社会之后,最初在美因茨大主教手下任职,并开始了外交官的生涯。1672 年被派往巴黎,在巴黎任职期间,他结识了一些名人,如笛卡尔派哲学家马勒布朗士、荷兰科学家惠更斯。他从马勒布朗士那里了解了笛卡尔哲学,向惠更斯了解了近代数学的方法和原则。出使巴黎的第二年,莱布尼兹还到伦敦作短期访问,结识了波义耳等著名思想家和科学家。莱布尼兹还从斯宾诺莎的友人德国青年契尔思豪森那里了解了斯宾诺莎哲学。1676 年,回国途中,还专门到海牙拜访了斯宾诺莎,并阅读了斯宾诺莎的名著《伦理学》。

1676 年,莱布尼兹去汉诺威公国任公爵府咨议兼图书馆长。这个职务一共担任了 40 年。1716 年莱布尼兹逝世。

在汉诺威的 40 年,正是莱布尼兹学术思想成熟时期,也是在学术上取得辉煌成就的 40 年。

在数学和自然科学方面,1674 年,莱布尼兹研制成功能够进行简单运算的计算器。1684 年,发表了《关于极大和极小以及切线的新方法,并运用于分数和无理数的情况及非异常类型的有关计算》的论文,这使他同牛顿一起成为微积分的创立者。1686 年,发表了《笛卡尔等人在自然律问题上所犯严重错误简介》的论文,论文指出笛卡尔的运动量度和落体定律之间存在着矛盾,提出对笛卡尔动量计算公式的修正。在逻辑学方面,他在传统形式逻辑三条基本规律的基础上补充了充足理由律。另外,也提出了数理逻辑的一些基本原理和原则。

在创建科学研究机构方面,莱布尼兹在 1700 年创建了柏林科学院,并担任第一任院长。他还写信给俄国和奥地利的君主,建议在各自的首都创建科学院。他还写信给当时在中国传教的法国传教士白晋,要他向康熙建议在中国建立科学院。

莱布尼兹关心中国。他通过意大利传教士闵明和法国传教士白晋,了解中国的传统文化和现实情况。他还把传教士写的介绍中国的文章,编撰成《中国近况》出版。

莱布尼兹在哲学方面著述也很多,最有代表性的有:《形而上学谈话》(1686)、《人类理智新论》(1704)、《神正论》(1710)和《单子论》(1714)。

二、单子论

单子论,莱布尼兹自己习惯称之为"前定和谐系统",是莱布尼兹哲学体系的基础部分和核心部分。在单子论中,莱布尼兹系统地阐发了他的本体论观点,而且将其作为认识理论的出发点。

莱布尼兹从多个侧面论述了单子的特性。他指出:

(一)不可分割、不生不灭

莱布尼兹认为,单子没有部分,因此"根本不要怕单子会分解。根本就不能设想一个单纯的实体可以用什么方式自然地消灭"。"同样理由,也根本不能设想一个单纯的实体可以用什么方式自然地产生,因为它是不能通过组合而形成的"。在他看来,单子"只能凭借创造而产生,凭借毁灭而消灭"。这实际是说,单子一旦被"创造"出来,也就永恒存在,再也不生不灭了。

(二)不可渗透,相互间不发生物理性的作用

莱布尼兹认为,由于单子没有部分,"没有可供事物出入的窗子",[①]因此,"不论实体或偶性,都不能从外面进入一个单子"[②],"也没有办法解释一个单子怎样能够由个别的创造物去它的内部造成变化而改变"。[③]这就是说,单子是各自独立的,相互间不存在作用或影响。

(三)单子间没有量的差别,但性质各不相同

莱布尼兹认为,由于单子没有部分,亦即没有广延或量的规定性,也就无所谓差异。但是,在他看来,"每个单子必须与任何一个别的单子不同,因为在自然中绝没有两个东西完全相似,在其中不可能找出一种内在差别或基于一种固有物质的差别"[④]。在他看来,这种差别是性质的差别,这就是说,单子在性质上是各异的。

(四)单子因自身的原因而发生变化

莱布尼兹认为,"一切创造物都是有变化的,因而创造出来的单

①《十六—十八世纪西欧各国哲学》,商务印书馆,1975年,第483、484、483页。
②《十六—十八世纪西欧各国哲学》,商务印书馆,1975年,第483、484、483页。
③《十六—十八世纪西欧各国哲学》,商务印书馆,1975年,第483、484、483页。
④《十六—十八世纪西欧各国哲学》,商务印书馆,1975年,第484页。

子也是有变化的"①。在他看来,变化的原因不是来自外部,而是"从一个内在的原则而来"。②在他看来,每个单子就是一个"力的中心"。他有时把这种内在原因称之为"欲望"或"知觉",从而单子具有了灵性。

(五)相互关联和系统性

莱布尼兹认为,单子与单子之间,虽不能发生物理性的作用或影响,但是却能相互联系或适应。他说:"一切事物对每一事物的联系或适应,以及每一事物对一切事物的联系或适应,使每一单纯实体具有表现其他一切事物的关系,并且使他因而成为宇宙的一面永恒的活的镜子。"③莱布尼兹认为,正是基于这种联系和适应,单子关联起来形成事物和世界。在他看来,宇宙、世界就是一个大的系统。

基于以上特性,单子也就形成了一个世界,本质层次的世界。在莱布尼兹看来,正是这种由单子构成本质世界成了现实世界(即现象世界)的基础,在本质世界的基础上形成现实世界。

莱布尼兹还根据单子含有知觉能力的多寡区分世界万物。莱布尼兹认为,最高等级的单子构成上帝,这种等级的单子知觉能力最强,因而能洞察一切。次等的单子构成人的灵魂,这种单子不具有"意识或理性",也被称之为"精神单子"或"理性灵魂"。这种单子不仅能够知觉和认识现实世界,而且能够反省自身,此外,还能表象和认识上帝。第三等级的单子构成其他动物的灵魂,这种单子称为"普通单子"或"灵魂单子",它具有较清晰的知觉和记忆力,但不具有意识,也不能进行理性思维。最低等的单子是构成植物和无生命事物的单子。这种单子只对他物具有模糊的知觉("微知觉"),不具有实际的认识

①《十六—十八世纪西欧各国哲学》,商务印书馆,1975 年,第 484 页。
②《十六—十八世纪西欧各国哲学》,商务印书馆,1975 年,第 484 页。
③《十六—十八世纪西欧各国哲学》,商务印书馆,1975 年,第 494 页。

能力。

莱布尼兹的单子创世说,自然不能算是科学的。但是,莱布尼兹把生命与生命、低等生命与高等生命通过知觉连接起来,实际上展现了他的"自然发展论"和"意识发展论"的不太成熟的观点。另外,他把上帝同世界万物看成是同样由单子构成的,在事实上体现出"神即自然"的自然神论。

三、心灵大理石纹路说

莱布尼兹在单子论的基础上创立他的认识论。莱布尼兹认为,构成人的理性灵魂单子,本身就具有意识和理性,它可以使人能够认识世界,认识自身,以至认识上帝。因此,在他看来,人的认识能力和源泉,不需要到感觉经验中去寻找,只需要到自身的理性灵魂去寻找。基于这样的基本观点,莱布尼兹的认识论,自然属于内源论,也就是天赋论。他说:"观念和真理作为倾向、禀赋、习性或自然潜能,天赋在我们心中。"①公开申明自己的认识论属于天赋观念论。

(一)心灵是"一块有纹路的大理石"

在莱布尼兹之前,英国哲学家洛克,曾经从多种角度批评"天赋观念说",洛克批评"天赋观念说",是直指笛卡尔的。莱布尼兹因为某些观点与笛卡尔不同,自称"不再是笛卡尔派",但在"天赋观念说"这一基本观点上,却仍然是一致的。他说:"我一向是并且现在仍然是赞成笛卡尔先生所曾主张的对于上帝的天赋观念,并且因此也认为有其他一些不能来自感觉的天赋观念的。现在,我按照这个体系走得更远了,我甚至认为我们灵魂的一切思想和行动都是来自它自己内部,

---

① 《十六—十八世纪西欧各国哲学》,商务印书馆,1975 年,第 505 页。

而不能由感觉给予它。"①在这段话里,明确透露出这样的意思:笛卡尔只是承认"某些观念"是天赋的,而莱布尼兹认为"一切观念"都是天赋的。这样,也就把天赋观念说推到了极端。为了论证自己的观点,莱布尼兹还借用洛克反省论的观点作为论据。他说:洛克"承认那些不起予感觉的观念来自反省。而所谓反省不是别的,就是对于我们心里的东西的一种注意,感觉是并不提供我们那种我们原来已经有的东西的。既然如此,还能否认在我们心灵中有许多天赋的东西吗?"②

莱布尼兹虽然追随柏拉图和笛卡尔,坚持天赋观念论,但他对天赋的理解与前人不尽相同。他认为,人的心灵中并没有任何现成的、清楚明白的天赋观念。在他看来,"观念和真理"只是"作为倾向、禀赋、习性或自然的潜在能力,而天赋在我们心中,并不是作为现实作用而赋在我们心中的,虽然这种潜在能力永远伴随着与它相适应的,常常感觉不到的某种现实作用"。③莱布尼兹把心灵的这种状况比作为"一块有纹路的大理石"。这种学说后来被人称之为"心灵大理石纹路说"。

(二)思想和感觉是心灵的两种能力

莱布尼兹认为,较高级的单子即理性灵魂,是认识活动的真正主体。这个主体具有思想和感觉两种类型的活动和能力。在他看来,人们正是凭着这些活动和能力,形成真理性的认识。

莱布尼兹认为,思想和真理是不同的。思想指的是活动和能力,而真理作为人心中的一种潜藏于人心中的功能。在他看来,真理之被唤起需得依靠思想的活动。在他看来,把潜存于心中的真理转变为现

---

①莱布尼兹:《人类理智新论》,商务印书馆,1982年,第36页。
②《十六—十八世纪西欧各国哲学》,商务印书馆,1975年,第504页。
③《十六—十八世纪西欧各国哲学》,商务印书馆,1975年,第505页。

实的知识,需得靠人心的反省活动和注意力。离开心灵的活动,现实知识是不可能的。

在莱布尼兹看来,要使潜存的真理转变为现实的知识,还得依靠感觉活动的促成作用。莱布尼兹认为,感觉对于心灵的注意力起着提示作用。他认为,为了使心灵的注意力集中在某些方面而不放在别的方面,感觉是必需的。在他看来,感觉能够"给心灵这样做的机会和注意力"。他还认为,感觉还能转为从心灵中发现真理"做出暗示、证实、确认"。因此,感觉也就成为发现真理的一种机缘。当人的感官与外界对象相遇时,潜在的观念与真理就像火花那样显现出来,潜在的也就变成现实的了。

为了形象地说明观念与真理由潜在状态向现实状态转变以及感觉经验在转变中的作用,莱布尼兹使用雕刻人像的过程来比拟。在他看来,心灵就如"一块有纹路的大理石",现实知识就像雕像,感觉和思想,就像"琢磨"过程。他说:"如果在这块石头上本来有些纹路,表明刻赫尔库勒的像比刻别的像更好,这块石头就会更加被决定用来刻这个像,而赫尔库勒的像就可以说是以某种方式赋在这块石头里了,虽然也必须要加工使这些纹路现出来,加以琢磨,使它清晰,把那些阻碍这个像显现的纹路去掉。"①

四、关于观念和知识的学说

莱布尼兹的天赋观念论,是他的关于观念和知识理论的起点和前提。在天赋观念论确立之后,莱布尼兹接着阐发他的关于观念和知识的学说。

---

① 《十六—十八世纪西欧各国哲学》,商务印书馆,1975 年,第 505 页。

(一)对于洛克观念学说做出重大修正

莱布尼兹的观念学说是在对洛克观念学说评述中阐发的。莱布尼兹在评述中,对洛克的许多观点表示赞同甚至赞赏,但在一些关联问题上表示异议。这些异议正表现出他在观念理论上所持的基本立场。

(1)在观念来源方面,明确坚持内源论。莱布尼兹赞同洛克"观念是思想的对象"的观点,同时反对洛克主张观念由外部的事物引起的说法。莱布尼兹明确认为,观念作为思想的对象,本是"内在的直接对象",它不是外在的、间接的、由可感事物引出的。在他看来,内在的观念,不仅在人们思想的时候存在,而且在思想之前和思想之后都可能存在,就像上帝作为直接对象那样,不仅在物质世界之前存在,在物质世界之后也存在。

(2)在观念检验方面,确定观念真与假,可以有两类标准,一是符合实在,二是符合本质。洛克认为,实在观念在自然中有其基础,与存在物相符合,就是真实的,反之就是幻想的观念。莱布尼兹赞同这种说法,但同时认为,事情并不尽然。在他看来,有些事情在自然界并无它的原型,同样也是真实的。他举例说,人有热的感觉的观念,但自然界并无热的原型。在他看来,一个观念虽无任何存在物与之相对应,但却是"可能的","可能的"也是实在的。莱布尼兹明确认为,观念的真假取决于观念是否包含着可能性,"可能的观念就是真的"。①在他看来,这是因为"可能的观念"是以本质为前提的。

(3)在观念的范围方面,凡是符合实在的和符合本质的,都是正确的。按照洛克的观点,只有与存在物相符的观念才是真实的,莱布尼兹则认为,除了与存在物相符之外,符合本质的,同样也是真的。为

---

①莱布尼兹:《人类理智新论》,商务印书馆,1982 年,第 248 页。

了扩大范围,他认为,与其称观念是真的,不如称观念是正确的。这样一来,原先洛克为观念设置的范围,也就被突破了。

(二)在新观念学说基础上建立起新的知识理论

莱布尼兹在确立观念形成的内源性和观念范围的广泛性的观点之后,进一步建立起自己的知识论。莱布尼兹的知识论包括以下基本内容:

(1)所谓知识本质上是认知主体对于实在世界的理解、揭示和表述。莱布尼兹认为,知识问题,就如观念问题一样,首先是认知主体本身的问题。在他看来,知识是由认知主体的心灵建构的,它源于心灵,又存在于心灵,因此,认知主体是知识发生的决定性方面。在他看来,知识的发生又得依靠实在的世界为知识的建构提供材料(质料),没有这些材料(质料),认知主体的建构作用也是难以发挥的,作为知识的成品也是难以形成的。在他看来,认知主体对于实在世界,无论是理解,还是揭示,或是描述,都可算作知识。

(2)知识可根据其可靠性程度区分为可靠知识和概然知识。在知识问题上,莱布尼兹还放大视野,承认有两类知识的存在:一类是可靠知识,另一类是概然知识。

所谓可靠知识,系指前人经常谈论的那些知识,如直觉知识、推证知识(论证知识)和感觉知识。尽管这些知识确实性程度不尽相同,但是都是可靠的,属于可靠性知识。

所谓概然知识,也叫似然知识,它是通常人们不认为是知识的知识。

概然性一词来自洛克。洛克把"概然性"用以指人们相信其为真的事物或命题。在洛克看来,相信不等于确知。因此,概然性的东西,只能作为知识的一种补充形式而已。莱布尼兹不赞成洛克的看法,认为概然性的东西也是知识的一种类型。

莱布尼兹认为,概然性的东西,有它的根基,这个根基就是"似真性"(likelihood),或者说是与真理相符合。在莱布尼兹看来,这种似真性的东西,它"必须从事物的本性抽引出来"。因此,无论是依据自己的经验,还是旁人的见证,其实质就是依据事物的本性。因此,在他看来,概然性的东西,与纯粹的无知和错误是不同的。在他看来,这种概然性东西,正是值得关注和研究的新的知识领域。在他看来,科学创见和假说常常包含在这种概然性的认识中的。他说:"当哥白尼还只是单独一个人持着他的意见时,他的意见具有大得无比的似然性。"①

(3)真理根据其形成方式可区分为推理的真理和事实的真理。在真理问题上,莱布尼兹也根据其形成方式和运用范围区分为推理的真理和事实的真理两大类型。他说:"有两种真理:推理的真理和事实的真理。推理的真理是必然的,它们的反面是不可能的,事实的真理是偶然的,它们的反面是可能的。"②

莱布尼兹把数学、逻辑学的真理称之为推理性真理,把经验科学和人们对特定事物的正确认识称之为事实的真理。在他看来,这两类真理是有严格区别的。它们的主要区别表现在:

(1)推理的真理,是先验的,它来自于心灵的理性能力。事实的真理来自于经验,它随着经验增多而加强。

(2)推理的真理是必然的,由必然命题来表述的,它能依靠同一命题和定义得到证明,无须利用经验。事实的真理是偶然的,它不能依靠同一命题和定义得到证明,它或是由有关联的推理的真理,或是由经常的观察,或是由在实践获得成功来证明,主要依靠经验来证明。

①莱布尼兹:《人类理智新论》,第 426 页。
②《十六—十八世纪西欧各国哲学》,商务印书馆,1975 年,第 488 页。

（3）推理的真理，在逻辑上，根据矛盾律判定真假。事实的真理，在逻辑上，则是依据充足理由律确定其真实的存在根据。

（4）推理的真理，具有普遍适用性，它对"一切可能的世界"来说，都是真的。事实的真理，只适用于特定的领域，只是在现实世界中才是适用的。

在莱布尼兹看来，推理的真理与事实的真理又是相互关联着的，二者的关系是既对立又统一的关系。莱布尼兹把推理的真理看作为必然的真理，把事实的真理看作为偶然的真理，但在他看来，必然的和偶然的东西并非截然对立，而是对立基础上的统一。

五、对于辩证法学说的贡献

莱布尼兹是近代哲学史上，又一位对辩证法做出杰出贡献的哲学家。

莱布尼兹的辩证观念，有的通过专门论述表达出来，有的则是通过研究方式和思维方式体现出来。他的辩证法观念突出地表现在以下几个方面：

（1）在独立的事物间贯穿联系。莱布尼兹精心设计的本质世界，是由一个个独立的单子构成的。但在他看来，独立不等于孤立。在他看来，单子与单子之间，尽管不存在物理性的影响，却有着理想性的影响。所谓理想性的影响，实际是在肯定具有知觉能力的单子有着表象周围其他单子以及由单子所构成的事物的能力，从而不同单子之间和不同事物之间形成不同程度上的"联系或适应"。正是通过这种"联系或适应"，单子或事物形成了广泛的联系。

莱布尼兹以拟人化的语言表达的联系，本质上是种客观联系。这种联系有着多样化的形式，有的是空间性的，有的是时间性的；有的成系统的，有的不成系统的；有的是网络状的，有的是过程性的。整个世界就在不同形式和联系的基础上形成普遍联系。列宁曾对莱布尼兹用拟人化的语言表达的普遍联系的观念表达赞赏。他说:"这里是特种的辩证法,而且是非常深刻的辩证法,尽管有唯心主义和僧侣主义。"

(2)在同一中蕴涵着差异。莱布尼兹认为,在由众多单子构成的单子世界中,"每一个单子都和另一个单子不同",各个单子都有自己的特征,彼此之间存在着差异。为了说明这个观点,他在一封信中曾经这样说过,他的一位精明的绅士朋友在赫伦豪森花园寻求两片完全一样的叶子,竟然以徒劳无益告终。在显微镜下观察两滴水或乳汁,也会发现它们之间的差别。莱布尼兹这个差别普遍性和绝对性的思想,后来被人称之为"普遍差异律"。

莱布尼兹用单子的等级性论证差异性。他认为,事物的差异性根植于单子的等级性,是由于构成它们的单子本身具有不同的知觉程度造成的。莱布尼兹还认为,即便是同一等级的单子,也可按其知觉程度不同,还可区分若干等级。在他看来,就是同一单子,在不同时刻,知觉能力或程度也存在着差异。这样,随着等级的不断细化,差异也就不断深化了。

莱布尼兹利用知觉程度论证事物和单子的质的差异,是有些牵强附会,但是,以此肯定事物和单子的个体性、特殊性以及彼此间的差异性,却是合乎客观事实的,是一个有价值的思想。肯定这一思想,后来辩证唯物主义者提出的"辩证法的同一性包含着差异和矛盾"以及"差异就是矛盾"等等命题就有了理论依据了。

(3)在对立观念中寻求统一。莱布尼兹在自己的研究过程中,习惯于从对立意见中寻求统一,从而实现理论上的突破和创新。例如:

在对单子设计过程中,既参考了原子论者主张的构成事物和世界的应是不可分割的最小粒子,又参考了笛卡尔等人主张的事物可以无限分割下去的观念，最后把单子确定为既不可分割又体无大小的东西。不仅如此，他还参考生命科学的观念，赋予单子以知觉能力，从而打破了无生命和生命的界限，成为既是物质的又是精神的实体。这样，单子论是多种观念的综合。

在对知识理论研究中，他既尊重传统的把确实可靠的知识当作知识的观点，又把人们通常认为靠不住的东西当成知识，称之为概然性的知识。在他看来，靠不住的东西不等于完全不可靠，它具有一定程度的知识性，这样的知识具有一定可靠性。这样，他就从可靠与靠不住中间找到了连接点。正是这种连接点使得可靠的知识和靠不住的知识共同成为知识的外延。

在对待不同学派关于世界的观念上，他既赞成理性主义者主张的"理念世界"，也赞成经验主义者主张的"现实世界"，在此基础上，他形成了本质世界和现象世界二重世界的观念。不仅如此，他还在此基础上，依据模态逻辑和想象力提出了"可能的世界"的概念。"可能的世界"的提出，实际是人们关于世界观念的一种超越。

莱布尼兹正是在自己的研究中，通过寻找连接点、结合点以及在对立意见的超越，从而实现对立基础上的统一。

长期以来，西方社会普遍流传着"是就是是，非就是非"的思维方式，莱布尼兹在自己的研究中坚持对立基础上的统一，自然是对传统思维方式的突破。另外，它也为以后的对立统一规律的揭示作了观念上的准备。

（4）强调实体自身的能动性。莱布尼兹虽是在总体上追随笛卡尔，但他不赞成笛卡尔运动观上的外因论，坚持实体自己运动和具有能动性的观点。他认为，"能动性是一段实体的本质"。

莱布尼兹认为，单子内部蕴藏着冲力（conatus），这种冲力能够激起无穷尽性和能动性。"单子有无限的自我发展的能力，尽管这种能力时常被单子的收缩(involutio)时期所束缚,被从自己的到达点抛向后退,但每次经过某种后退以后,又重新坚忍不拔的顽强精神不断地被实现。"①莱布尼兹有时也把这种"力"称之为内在的"欲望"。在他看来,正是在这种欲望驱使下,单子从一种较低级、较不清晰的知觉状态向另一种较高级、较清晰的知觉状态发展过渡。

莱布尼兹用实体自身包含冲力的观点说明实体能动性,不仅如此,在他看来,人的理性灵魂更是一种高级的精神实体,这时,这种能动性即体现为人的主体能动性。这样,由于赋予实体以内力,实体的自动性、能动性和主动性都会得到合理解释了。对于这一点,列宁极为赞赏,认为:莱布尼兹"在实体的概念上增添了力的概念,而且是活动的力的概念……自己活动的原则。"并进而指出,莱布尼兹"通过神学而接近了物质和运动的不可分割的(并且是普遍的、绝对的)联系的原则"。②

当然,莱布尼兹由于自身的局限,在他的观念中也包含着与辩证观念相背离的东西。例如,他只承认单子有质的特性,而没有量的特性。在变化中,只承认量变,不承认质变,以致提出"自然不飞跃"。这样,他的辩证法不可能是真正彻底的。

尽管莱布尼兹的辩证法观念以致整个哲学存在着种种缺陷和不足,但对于他的成就人们还是极为欣赏的。德国 19 世纪著名诗人兼思想家海涅曾经这样说过:"单子论是从一个哲学家头脑中想出来的一个最引人注目的假设。同时这个假设也是莱布尼兹所提供的最好的东西,因为对于现代哲学所知道的一些最重要的规律的认识,在这

---

①奥伊则尔曼主编:《十四—十八世纪辩证法史》,人民出版社,1984 年,第 198 页。

②《列宁全集》第 38 卷,第 427 页。

里已经露出了曙光。"①马克思在深入研究莱布尼兹的思想之后,曾写信给恩格斯,信中说道:"我是钦佩莱布尼兹的。"②

第四节　大陆理性主义对后世哲学的影响

大陆理性主义是一种植根于欧洲大陆科学发展基础之上的哲学。大陆的数学和逻辑学的辉煌成就,为其提供了粗壮的树干,欧洲大陆在物理学、生物学的成就,又为其添上了茂密的枝叶。大陆理性主义,从笛卡尔发端,经过斯宾诺莎和莱布尼兹的发挥发展,到了 17 世纪末 18 世纪初,已成了一种强劲的哲学潮流。这样的哲学潮流对欧洲大陆特别是法德两国哲学的发展必然产生深远的影响。

大陆理性主义对于 18 世纪法国哲学的影响极为深刻。它突出地体现在两个方面:一是它向 18 世纪法国哲学家们传递了强有力的理性批判精神,一是向 18 世纪法国哲学家们传递着唯物主义和无神论的优良传统。这两方面后来在 18 世纪法国哲学中得到了发扬和光大。

(一)理性批判精神启示着启蒙思想的形成

大陆理性主义者是一批唯理性是从的思想家。他们不迷信天神,不迷信权威,以理性为武器,批判形形色色的蒙昧主义、成见和幻想。他们的这种理性批判精神,深深感染着新一代的思想家和哲学家。法国的贝尔、伏尔泰、孟德斯鸠、卢梭以及百科全书派的学者们,就是在这种精神熏陶下成长起来的。不过,后来者依据时代的需要,把批判的锋芒指向更为广阔的领域。恩格斯曾经指出,这些思想家和哲学家,"他们不承认任何权威",在他们面前,传统的宗教、自然观、社会、

---

①海涅:《论德国宗教和哲学的历史》,第 61 页。
②《马克思恩格斯通信集》,第 4 卷,第 372 页。

国家制度,一切都受到了无情的批判,一切都必须在理性的法庭面前为自己的存在作辩护或者放弃存在的权利。"思维着的悟性成了衡量一切的唯一尺度"。①正是这种以批判精神为主要内容的启蒙运动,成了1789年大革命的序言。

大陆理性主义者,特别是笛卡尔和斯宾诺莎体系中包含的唯物主义倾向和无神论的观念,也成了18世纪法国唯物主义哲学家思想观念的重要源泉。马克思在谈及百科全书派时这样说过:"法国机械唯物主义者附和笛卡尔的物理学而同他的形而上学上对立。"②

(二)对18—19世纪德国哲学的影响

同对法国哲学影响相比,大陆理性主义对18—19世纪德国哲学的影响更为全面而深刻。从基本倾向上讲,18—19世纪德国的辩证唯心主义正是大陆理性主义的发挥和发展,是更高水准上的大陆理性主义。

笛卡尔突出主体的哲学观,在康德哲学中得到积极的反映。康德遵循着这一思路,实现了哲学的哥白尼式的革命。尽管后来黑格尔提出了"实体即主体"的命题,增加了客体与主体的对立,但并不否认人在认知中的主体性。尽管康德的自我和费希特的自我与笛卡尔的自我涵义有所区别,但他们都在突出自我的主导性则是一致的。

大陆理性主义者关于实体的学说,都在德国辩证唯心主义中得到积极的反映。斯宾诺莎对于实体的整体性的规定以及莱布尼兹对于实体做出的个体性的修正,都在后继的哲学中产生着影响。尤其在黑格尔哲学中,实体改称为"绝对精神"。马克思曾对这种影响作过一针见血的揭示。马克思指出:"在黑格尔的体系中有三个因素:斯宾诺

---

①《马克思恩格斯选集》,第3卷,第56页。
②《马克思恩格斯全集》,第2卷,第160页。

莎的实体，费希特的自我意识以及前两个因素在黑格尔那里必然的矛盾的统一，即绝对精神。"①

至于大陆理性主义的辩证的思考和成果，在德国的辩证唯心主义者那里，得到了全面的批判和继承。不过，在不同的哲学家那里有着不同的称谓。在康德那里，被称之为"二律背反"和"十二范畴"；在费希特那里变成了"自我产生非我"；在谢林那里，变成了"无差别境界"；而在黑格尔那里，变成了本体论、认识论和逻辑学三者统一基础上的新型逻辑。如果说在大陆理性主义者那里，辩证法还是一些零星的思想，经过后继者不断添加和修正，变成了一个相当全面成熟的体系。

①《马克思恩格斯全集》，第 2 卷，第 177 页。

胡塞尔和现象学运动①

一、胡塞尔的生平和著作

胡塞尔(Edmaund Husserl),德国的犹太人。于 1859 年出生于奥匈帝国的摩拉维亚的——普罗斯兹。早年曾在莱比锡、柏林和维也纳的几所大学学习数学、物理学和天文学,1881 年,在维也纳大学获得数学博士学位。他曾领略了柏拉图、笛卡尔、洛克、休谟、康德和狄尔泰等哲学家的哲学著作,在哲学上打下良好的基础。但对他真正发生过重大影响的还是维也纳大学布伦坦诺的哲学和心理学的讲授。布伦坦诺的讲授几乎影响他的一生,因此胡塞尔十分感激地说:布伦坦诺是"我在哲学上的唯一老师"。从 1887 年起,直至 1929 年先后在哈勒大学、哥廷根大学和弗赖堡大学讲授心理学、逻辑学和哲学课程。在 20 世纪 30 年代由于法西斯迫害犹太人,他被迫离开讲坛,但他仍始终不渝地从事哲学的研究和著述, 因而为后人留下了大量宝贵的精神遗产。

胡塞尔的代表作有:《逻辑研究》(1900—1901 年),《作为严格科学的哲学》(1911 年),《纯粹现象学和现象学哲学的观念》第一卷,(1913 年),《形式的和先验的逻辑》(1929 年),《笛卡尔的沉思》(1931 年),《欧洲科学的危机与先验现象学》(1936 年)等。

---

①收入《当代西方哲学思潮》,甘肃人民出版社 2001 年版。

二、创建保证知识可靠性的哲学

胡塞尔从自然科学转向哲学有着明确的目的，这就是为知识的确实性、必然性和普遍性寻找一个可靠的基础,并对与此相关的认识和认识的对象或心和物的关系问题而进行探索。在他看来,在过去的三百多年间,前辈哲学家们提出的各种各样的理论,都没有能正确地解决这个问题。19世纪中叶,西方科学技术出现了新的突破,与此同时,在哲学上也出现了实证主义。实证主义者认为,科学知识基于人的感觉经验,因此,一个命题若是能为感觉经验证实的就是确实可靠的,反之,就是不可靠的、无意义的。基于这个观点,他们认为,传统哲学所研究的许多问题,特别是心物关系问题,因为它们不能从经验上得到证实,所以是毫无意义的。在实证主义看来,哲学不是世界观,只是一种服从于科学、为科学服务的方法,哲学同科学一样涉及的范围只能限于"经验到"的范围。20世纪初,实证主义思潮演变为逻辑实证主义，进一步把哲学的任务限制为对科学命题进行逻辑和语言的分析,把逻辑分析方法作为哲学探讨的唯一合适的方法。但是,在科学领域中得到广泛运用的逻辑、数学的基础是什么呢? 大多数实证主义者接受了当时流行的所谓"心理主义"观点,用心理过程来解说逻辑和数学。心理主义认为逻辑规律和数学公理本质都是心理规律,心理规律是经验的,因此数学命题和逻辑命题也都是经验命题。这种看法意味着逻辑规律、逻辑原则只具有经验的确实性而没有普遍的确实性。著名英国实证主义哲学家穆勒是这种观点的代表,而胡塞尔最初曾是穆勒的信徒，只是后来在弗雷格等人的影响下放弃了原先立场,转而批判心理主义。

经过批判和反省,胡塞尔认识到逻辑学应当是一门规范科学,而心理学却是经验的描述的科学,逻辑规律是精确的、普遍的、先验的,而心理学上所谓"规律"只是对经验的大致的概括,并不是精确的。诚然,逻辑思维的运用是要涉及心理活动,但这种心理活动绝不是逻辑思维的基础和根据。胡塞尔还认识到,用心理主义解释逻辑学必然会导致相对主义和虚无主义。

胡塞尔就在对实证主义——心理主义观点的批驳中认识到,科学的基础正处在危险之中。因为一切科学都以逻辑为先决条件,通过逻辑达到真理,但按实证主义——心理主义的解释,逻辑和真理都不是精确可靠的。这样,科学的确实性的根基也就成了问题。于是他感到,需要重新探究人类知识本身的基础。为此,他提出,哲学应当建成为一门"严密的科学"或"科学的科学",这样的哲学必须是一套"纯粹逻辑"的体系,是先天命题的系统,是纯粹的理论科学。它具有无可置疑的正确性,最大程度的明晰性,达到了绝对的终极的真理,从而为科学知识提供规范。这正是胡塞尔毕生致力于哲学活动所要追求的根本目标和纲领。

三、现象学和现象学运动

针对当时哲学特别是实证主义哲学的流弊,胡塞尔提出了一种有特色的哲学,即现象学。在现象学中,他避开经验主义,倡导本体论的先验主义;避开流行的经验的或理性的方法,倡导认识论中的直觉主义;避开西方传统哲学习以为常的现成论,倡导知识构成论。在现象学中他重新规定了意识、事物、现象、本质等基本涵义,使他的哲学既同经验主义相对立,又同传统的理性主义(如笛卡尔、康德等)相区别的"超理性主义"。现象学作为一个哲学派别和一种哲学运动形成于 20 世纪初的德国,它的发源地是德国的哥廷根大学、慕尼黑大学等一些高等学府。胡塞尔是它的创始人和核心人物。胡塞尔的思想吸引了大批的学生,形成了所谓哥廷根学派和慕尼黑学派,其中有包括普凡达、莱纳赫、盖格尔、舍勒、马修斯和因加尔顿等中坚人物。这些人观点并不完全一致，但他们都一致认为胡塞尔的现象学是当代最好的哲学概括，现象学的方法是研究哲学的唯一正确、合理的方法。在他们看来，所谓现象是指呈现在人的意识中的一切东西，现象学就是对现象进行合乎理性的探讨，从中找出本质，从而为科学提供理性的根据。在他们看来这种探讨同时也是哲学研究的任务。

在第一次世界大战前后，是现象学开始传播时期。以胡塞尔为代表的现象学家们十分活跃，形成一股引人注目的思潮。1913—1930年间，胡塞尔主编出版了多卷的《哲学和现象学研究年鉴》，汇集了有关现象学关注的各种问题和他们的观点。现象学家们还把现象学作为一种方法运用到数学、逻辑学、伦理学、美学和社会学等学科，从而更加扩大了现象学的影响。20世纪30年代，德国法西斯兴起，现象学派的《年鉴》被迫停刊，这时学派内部又发生意见分歧，加上1938年胡塞尔去世，现象学一度失去原有的声势而沉寂下来。第二次世界大战后，现象学在德、法又得以复兴，并传播到西班牙、意大利、英国、美国、加拿大、日本和东欧的一些国家。尤其重要的是，现象学又直接启发和推动了存在主义哲学，存在主义的著名代表如德国的海德格尔、法国的梅洛·庞蒂和萨特，同时又都是现象学家。现象学和存在主义相互融合，成为西方一股强大的国际性的社会思潮。第二次世界大战以后，特别从20世纪60年代以后，现象学思潮还积极向马克思主义渗透，一些现象学家用现象学的方法来解释马克思主义的一些理论问题，形成了所谓"现象学的马克思主义"。现象学思潮的这一支流，已实际上在法国、意大利、德国、美国以及南斯拉夫、捷克、波兰等东欧国家流动了起来。

第二节 纯粹意识和意向性理论

现象学作为一种知识论哲学，首先必须阐明知识在何处发生和怎样发生这样一些基础性问题。胡塞尔的纯粹意识和意向性理论实际就是关于这个基础性问题的理论。

一、纯粹意识是知识发生的基础

奥地利哲学家、胡塞尔的老师布伦坦诺曾经说过，物质实体只能是实在的或非实在的，它们本身无所谓真假。真假问题只能出现在与物质实体相对立的那个领域，即意识领域或心理现象领域。这意思是说，哲学是探求真理的，但究竟是真理还是谬误实际上是个意识中的问题，这个问题的答案只能到意识中去寻找。

胡塞尔正是循着他的老师的思路前进的。他是在通过对意识的分析过程中把握知识和真理问题的。经过意识分析，他把意识区分为：

（一）经验意识和纯粹意识

胡塞尔认为，人的意识就其原始状态而言，是经验的，它包含着事实的和经验的成分，称之为经验意识。但是经验经过人的筛选和纯化，排除其事实和经验的成分，保持其一般和共相，就变成了纯粹意识。在他看来，纯粹意识是关于知识理论的基础理论和发端。

胡塞尔把他所谓的经验意识也称之事物（Sachen）或"事物本身"。这种存在于意识中的"事物"，并非客观实在的事物，只是关于事物的概念或表象。这样一变，意识也就与事物等同起来了。

正是由于胡塞尔把事物与意识等同了起来，因而他所谓的事物也就是一个人所意识到的任何东西，或者说是现在人的意识中的全部东西。因此，他的事物具有充分的广泛性，它既包括物理的，也包括心理的;它既包括现实的,也包括可能的;它包括真实的,也包括虚构的。在他看来,各色各样的物理实体,各色各样的心理现象(如情感、意志、愿望、情绪)都是事物,即便是科学中的各种观念、概念,也都在事物之列。

胡塞尔重视经验意识,但他更看重纯粹意识。在他看来,纯粹意识是意识中的真正的主人,意识中的一切都从它那里发生和起源。

胡塞尔认为,纯粹意识最显著的特点是它的先验性和能动性。

(1)先验性。胡塞尔认为,纯粹意识不是来自于人的经验,而是先天具有的。在他看来,纯粹意识具有一种统觉的能力,它能把不同的层次、区域、结构和关系综合起来成为一体。

(2)能动性。胡塞尔认为,纯粹意识不是消极被动的而是积极主动的,它能通过自己的意向性活动构造出千千万万的事物来。

这样,纯粹意识实际成了整个意识活动的支配者和真正起点。因此,要研究人的知识为何发生,必须从研究纯粹意识开始。

(二)现象和本质

胡塞尔还把意识区分为现象和本质,由于他的现象和本质的范畴是基于意识之上的,因此,它们同客观事物的现象和本质是不同的,实际只是关于现象和本质的意识。因此,胡塞尔所谓的现象,不过是意识中的呈现物,它不同于唯物主义者所说的实体的外观和外部联系,它也不同于唯心主义的经验主义者所说的"经验流",而是受先验性的本质支配着的,它既具有经验的外观,又包含有先验的本质的意识罢了。

胡塞尔也讲本质。他的所谓本质(eidos)不是人们通常认为的那样,是现象后面的东西,也不是柏拉图主张的那个超越于个别事物的理念,也不是笛卡尔的"天赋观念"或者康德主张的"心灵的构造"。在他看来,本质是先验的和观念性的,它直接呈现在意识即现象之中。

在胡塞尔那里本质与现象并无实质性区别。所谓本质只是变动不居的现象中一般的稳定的东西。胡塞尔借用数学的语言来表达,说它是众变项中的"常项",或者用中国人的语言来说是万变不离其宗的那个"宗"。因此,反过来说,稳定不变的现象也就是本质,在这个意义上现象即本质。胡塞尔特别重视对本质问题的研究,在他看来,他的现象学实际就是"关于本质的科学"。

二、纯粹意识的意向性活动是知识构成的具体途径

胡塞尔从纯粹意识出发设计出自己的关于事物和知识生成的理论,这个理论就是他的意向性理论。

胡塞尔的老师布伦坦诺是意向性理论的首创者。他说过:所谓意向性是一切心理现象的最根本的特征,人的心理活动总是指向一个内容,指向一个对象或把对象包摄于自身之中。这就是说,人的心理活动总是指向特定对象的,而所谓对象只不过是意向性活动的指向的那个"标的"或"结果"。

胡塞尔将布伦坦诺的意向性理论引入现象学。他指出:"意向性是进入现象学的一个不可或缺的,作为出发点和基础的概念","意向性表达了意识的基本性质"。胡塞尔与布伦坦诺一样,认为意向性本质特征在于它的"指向性"。在他看来,所谓意识总是对特定对象的认识,因此,意识必定指向某个对象。当意识活动指向某个对象时,意识就处于意向状态,并同这个对象构成意向关系,而该对象也就成了意识活动的对象(意向对象)。这样,意向性也就成了一种关系,即意识活动同意向对象之间指向同被指向的关系。

基于这一基本见解,胡塞尔把它申发成系统性的理论——意向性理论。胡塞尔的意向性理论包括以下基本点:

（一）意向活动（广义）是由多种因素构成的

在胡塞尔看来,纯粹意识总是处于活动的状态中。但它的活动是一个包含着多个因素的结构。这个结构的主要因素是:

（1）自我。这所谓自我是纯粹的自我而不是生物意义上或经验意义上人的自我,它是纯粹意识活动的主持者和执行者。在意向结构中,它作为"自我极"（1chpoi）而存在着。它既有向外发射的功能,[①]也有向内汇聚的功能。它是先验的和主动的,所谓意向活动,就是自我的意向活动。

（2）对象。这里说的是意向活动的对象,在意向活动中它作为客体而存在。它是纯粹意识中非实在的意向环节。它是单层次或多层次意向活动综合性的成果。

（3）活动（狭义的）。它是由自我主体发出的活动。它是纯粹意识的生活中的实在环节。它包括非意向性的感觉材料如关于颜色、味道、兴趣、运动等等的感觉,还包括那种触犯被动性材料"激活"起来并获得意义的活动。所谓意向性活动,主要指这种活动。

（4）内容。它指意向对象的内容。这个因素有时起作用,有时不起作用。

为了通俗地说明上述问题,胡塞尔曾以一个语句为例。这个语句中说:"我希望玛丽明天回家",在句子中,"我"是意向活动的主体,"玛丽"是意向活动客体,"希望"是意向活动的方式,"明天回家"是玛丽这个意向对象的活动内容。在胡塞尔看来,一个陈述,一个句子,就是这四方面的因素起作用的结果。一个由文字或语音组合起来的表达式,就是完整意思（意义）的表达。

---

①胡塞尔:《纯粹现象学的一般概念》,1969年英文版,第246和359页。

(二)意向活动(狭义)也是由多种因素合成的

在胡塞尔看来,狭义的意向活动(即由自我发出的作用)也是由多种因素合成的。他认为,在行动中意向的质料、意向的性质和意向的对象都从不同角度显示自己的作用和效能。

(1)意向质料。意向质料(如感觉的或想象的质料)是在意向活动中,意向活动与意向对象发生关系的那个东西。它把自己的客观方向赋予意向活动,使意向活动具体化,从而表现出意向活动的具体内容。

(2)意向性质。意向性质是指意向活动指向对象的方式,实际就是意向活动的类型。意向可分为表象的、意愿的、判断的等多种类型。意向类型不同,性质也就不同。

意向质料和意向性质尽管含义不同,却常常结合在一起发挥作用。由于二者结合起来发挥作用,就出现以下一些情况。

a. 意向质料不同,意向性质相同,就出现内容不同的判断。

例如:"2+2=4"和"北京是中国首都"就是内容不同的判断方式。

b. 意向质料相同,意向性质不同,就可能出现不同类型的意向方式。

例如:"他希望来到大西北"和"他已经来到大西北",前者是意愿的方式,后者是判断的方式。

由此可以看出:

a. 两个意向质料相同(如第二组),它们的意向对象肯定相同。

b. 两个意向质料不同(如第一组),它们的意向对象可能相同也可能不同。

实际上,在意向活动中,意向质料和意向性质总是结合在一起的。不可能存在没有意向性质的意向质料,也不可能存在没有意向质料的意向性质。

（3）意向的本质。所谓意向的本质，实际是指意向的质料和性质的统一体。按照胡塞尔的说法，意向的质料和意向的性质，都是从一定的角度规定意向活动的，它们融为一体，共同发挥作用。胡塞尔把这个统一体称之为意向本质。在他看来，意向本质制约着意向活动的成果。

（4）意向对象。所谓意向对象，就是意向活动指向的对象，而不是客观存在的实际事物。在他看来，在意向活动中意向的对象既可能是真实的，也可能是虚构的。他还认为，意向对象用通过意向方式表现出来的对象也是有区别的。例如："拿破仑这个人"，由于判断方式不同，既可以把他意向为"耶拿战役的胜利者"，也可把他意向为"滑铁卢战役的失败者"。

胡塞尔阐述的意向活动是相当复杂的。它本身既有类型和方向的区别，又有效应上的差别，人们只有深入学习和研究才能把握。

（三）客体化的意向活动才具有认识的功能

胡塞尔把意向活动区分为客体化的意向活动和非客体化的意向活动两大类。非客体化的意向活动大多系愿望中的事，客体化的意向活动是实有的事。在他看来，非客体化的意向活动如愿望、希望等等，因为只是一种想象或态度，还没有成为现实，是不能作为知识状态的成分发挥作用的，唯有客体化的意向活动，它是有现实的依据的，从而能形成知识。

胡塞尔还把客体化的意向活动又细分为符号化的活动和直观的活动两种类型。在他们看来，符号化的活动（如用语言、文字表达）构成表达式的意义。直观的活动包括感性活动与想象活动，前者在感觉经验中形成与真实对象的关系，后者在想象或表象活动中形成与观念对象的关系。他还进一步指出，客体化的意向活动必须具有直观的基础才有意义。在他看来，如果这种活动是感知的活动，自然已具有了直观的基础,如果这种活动是符号思维活动,它必须通过某种直观的内容的呈现来做依据。在他看来,意向性活动,有了直观的基础才是真正可靠的。

(四)意向活动的过程实际是一种赋义的过程

胡塞尔还把意向活动看作是一种对表达式的赋义活动。

胡塞尔认为,意义就是"对意识行为的环节的观念性把握",在他看来,所谓意义就是意识对某一对象的念及(Meantetwas)。因此只有通过意识的念及活动,表达行为与对象之间联系才建立了起来。在他看来,一个由符号化活动构成的表达式之所以具有意义,是由于它明确地具有某种思想的意向,或是意向活动赋予表达式以意义。在他看来,语言式书写的符号本身没有意义的。只有通过意向性赋义行为,符号才具有了意义。例如"This is a river",就符号本身而言是无意义的,但通过意向活动的赋义,把它理解为"这是一条河"就有了意义。

胡塞尔还认为,表达式不仅需要赋义,而且还需要让赋予的意义得到实现。在他看来,若要意义实现,又必须使它直接与客观对象相关联,以直观的经验内容来"充实"它,从而使之成为有确定所指的经验意向。他指出,在语言表达活动中,那些与意义相对应的对象性东西是通过与意向性活动相伴随的直观,或是在言语者面前现实地显现,或者在想象中显现。在他看来,如果上述情况之一实现了,表达行为与对象性东西之间的联系便成为现实了,赋予的意义也就得到实现了。

三、意识分析与现象学的知识生成理论

胡塞尔经过对纯粹意识和意向性活动的详尽分析,建立起现象学的知识生成的理论。按照这个理论,我们可以看到:

(1)人的知识是构成的。在胡塞尔看来,人的知识是由人的意向

性活动不断地构造出来的。在他看来,坚持知识构成论,就可突破经验主义者把知识仅仅当作经验的概括和某些理性主义者从既定的经验事实如公理、共识等等推演出新知识的现成论。

(2)人的知识是有普遍性的。在他看来,人的意识具有无限的显现能力,加上先验的自我又具有先天赋予统觉能力,这就保证了知识普遍性。在他看来,这观点突破现成论者唯有经验证实才算知识的局限性。

(3)人的知识的可靠性。在他看来,只要承认知识只是在客观化意向活动中发生,同时又以"感觉经验"、"直观基础"和"意义实现"作为印证,知识也就具有客观性和可靠性。在胡塞尔看来,他的观点实际上突破了知识依存于个人经验,因而是因人而异的主观主义。

第三节 本质的还原和先验的还原

在胡塞尔创建自己的哲学体系之际,面临着两大观念上的障碍:一是所谓的"观念自然化",一是所谓的"意识自然化"。所谓观念自然化,主要指当时一些专业的和非专业的人们,总是用自然主义的观点和态度理解哲学,在胡塞尔看来,这实际把哲学同自然科学混为一谈,在他看来,这就在事实上曲解了哲学。所谓意识自然化,主要指当时某些专业和非专业的人们,习惯于用生理学或心理学的理论说明人的意识和自我,在他看来,这样做实际上曲解了意识和自我的独特地位和功能,从而也直接损害了"作为严格科学"的哲学。

为了抵御自然主义的侵害,维护自己的哲学立场,胡塞尔针锋相对地提出了"本质的还原"和"先验的还原"两条哲学体系的建构方法。随着思想的成熟和完备,这两条方法又演化成为胡塞尔现象学哲学的两项支柱性的理论,后来它们被人们称之为胡塞尔哲学体系中的"两个硬核"。

胡塞尔的"本质的还原"和"先验的还原"包括以下三个基本步骤。

一、现象学的"悬置"或"加括号"

为着克服"自然化"的侵害,胡塞尔提出了对不同观点实行"悬置"或"加括号"的策略。

悬置即希腊怀疑派哲学家所说的"epoche"。本意是中止判断或将判断悬置起来。胡塞尔根据建构体系的需要,主张关于世界的"自然的观点"、"科学的观点"以及传统哲学的观点,统统都悬置起来,存而不论。胡塞尔还借用数学上的术语,把这种"悬置"称为加括号,意思是将上述种种观点放在括号里,暂且不论,待后再说。

在胡塞尔生活的时代,实证主义思潮流行。实证主义者,打起真理必须证实的旗号,否认哲学应当对整个世界的普遍性思考,主张用自然科学的方法取代哲学的方法,从而把哲学局限在狭小范围之内以至取消哲学。在胡塞尔看来,实证主义者的观点是与创建一个严格科学的哲学的理想背道而驰的,因此这一类的观点,应当首先被悬置起来。

在胡塞尔生活的时代,随着科学的进步和发展,物理主义、生物主义、人类主义和心理主义的思潮逐渐抬头,"存在即物质的存在","人是机器"、"人是高等动物"等等观点,越来越成为人们的共识。所有这些思潮和观念,都是同胡塞尔突出意识地位和功能的哲学见解相对立,在他看来这样的思潮和观点都是些达不到哲学层次的"前哲学的态度",如果承认它们,也就会扰乱哲学。因此,在胡塞尔看来,这样一类的思潮和观念,同样需要悬置起来。

为了悬置同胡塞尔的哲学观相异或相左的观念和态度,胡塞尔提出了所谓"历史括弧法"和"存在括弧法"。历史括弧法,主要用来悬置历史上遗留下的理论、观点、学说、信仰、传统、风格和习惯。存在括弧法主要用来悬置对存在问题做出与胡塞尔相反判断的观点、理论和学说。经过这样一番悬置和加括号，除了胡塞尔自己的观点和他的同道者的观点，其余的思想和观念统统在不同程度上遭到了排斥。

胡塞尔采用悬置或加括号的方法，根本的目的是在"虚化"同他的观点相异和相左的观念，从此就能无所顾忌地创建和发展自己的哲学。但他的悬置和加括号，并非否定一切，而是希望在自己的哲学得到确立之后，再将与自己相异和相左的观点和态度，特别是对那些反映科学成就的观点和态度，分别情况放置到适当的位置上去。

胡塞尔为创立和传播自己的哲学提出悬置或加括号的主要方法近似于中国古代的"虚心说"。在战国时代，齐国道家为使外界的精气（物质的和精神的精华）进入人的身体和心灵，主张首先要虚心，即把人心灵中原有的观念从心中排除出去，来一番吐故纳新，进而达到身体和心理素质的更新和增益。由此可见，胡塞尔这样做在历史上是有先例的，同时也是有其心理上的依据的。

二、本质的还原

在经过现象学的悬置的"破坏"之后，现象学的哲学就进入它的建设阶段。现象学哲学的建设包括现象学的本质还原和先验还原两个小的步骤。

现象学的本质还原，就其根本的目的而言，就是按哲学的本身涵义、标准和规格来建设哲学。胡塞尔一贯认为，哲学高于实证科学；哲学的对象是事物的本质；哲学的视界应当是整个世界。在胡塞尔看来，哲学的知识应当是具有绝对性、必然性和普遍性的知识，唯有如此，它才有可能为实证科学提供知识论的基础，才有可能在这基础上建设起包括逻辑学、伦理学和美学等规范性的科学。基于以上认识，人们不难看出,现象学的本质的还原,首先是把哲学建设成为关于本质和真理的科学,使哲学的本性和功能得到"回归"。同时,正确处理哲学同实证科学的关系,建设起一个名副其实的严格科学的哲学。

但是,本质的还原是一个特指的概念。它是根据哲学作为本质的科学,而配置的相适应的哲学认识方法,它从方法论角度强化哲学的品质和功能。

现象学本质的还原的核心是所谓本质直观(或直觉)的方法。这种方法,是胡塞尔独创的方法,也是在他的哲学生涯中一贯坚持的方法。胡塞尔认为,哲学是研究事物本质的学问。在他看来,在本质层次上的对象的存在方式是与经验的现象的存在方式相反的, 它不是以个别、特殊、有限和偶然的方式呈现出来,而是以普遍、无限和必然的方式独立存在着。因此,要把握事物的本质领域中的问题,如本质构成要素,本质要素间的联系,本质的整体结构等,就不能采用把握经验现象的认识方式,而应当采用适合于本质特征的把握方式。

在胡塞尔看来,人们寻常惯用的认识方式,无论是感性的还是理性的,都是从事物的经验现象界的特征出发的。经验的方法,无非个别现象的概括。理性的方法,也是在对个别现象的概括基础上形成共识(公理),然后从共识作为出发点进行推演的。因此,这些方法都不适用对本质的把握。在胡塞尔看来,要把握本质只能依靠直观(直觉)的方法,通过人的直观(直觉)直达事物底里,抓住事物的实质。

胡塞尔认为,人的直观有两种类型,一是个体直观,一是观念直观。个体直观,把个体对象构造出来,属于经验现象界的直观,或属于对事物表面的认识。观念直观也叫本质直观,它能把握本质的直观,是认识事物真理性的直观。胡塞尔习惯于把真理称之为观念,观念直观也就是真理性的直观, 因为真理性直观是揭示事物的本质和一般的,所以真理性直观亦即本质的直观。

在胡塞尔看来,观念直观(即本质直观)是不同于个体直观的高层次直观。在观念直观(即本质直观)里,原先个体直观中注重感知和想象、"存在设定"和"存在的不设定"之类的区别,统统归于无效,剩下的只是本质或本质一般性,以及"断然的明证性",因此,观念直观(本质直观)也被看作是"对个体存在的本质排斥"。

胡塞尔有时把直观通俗地称之为"看"。个体直观是普通的"看",本质直观是"本质地看"。在他看来,这两种"看"的功能和效果是不同的,前者只看到外观,后者则置个别事实于不顾而直接"看"到本质。

那么,本质的"看"与普通的"看"何以有如此之差别呢?胡塞尔曾经试图从"高度集中的注意力"、"纯粹以观念为依据"和人具有"先天的统觉能力"当作原因来解释。其实,本质直观类似于中国人所说的"洞察力"或"顿悟"。

在中国人看来,一个人的洞察力或顿悟,总是源出于(1)精神集中;(2)具有一定的思想和文化素质;(3)先天就具有又经后天锻炼发展了的观察力;(4)在"看"的时候依据一定的参考系综合起作用而形成的。它是先天与后天、心理与文化、经验与理性、作用与标准等多侧面综合起作用基础上发生的意识升华现象,这样的升华现象只是在具有一定思想素养,并经受过意识训练的人身上才可能出现。在胡塞尔看来,所谓本质直观正是人们凭借这种能力去审视自己的领域,从呈现在意识领域中的现象里,排除那些感性的、特殊的变动和偶然的成分,特别是那些虚假的成分,使现象得以纯化,然后又把已纯化了的现象亦即本质描述出来。

胡塞尔依据本质直观的基本要求设计了一种方法,叫"自由变更法"。依据这种方法,先将少数几个已把握本质的事物作"原型",然后把同类事物与之比较,从而揭示出这些事物的本质。在胡塞尔看来,这种方法是次生的方法,它的适用范围也是有限制的。

胡塞尔还认为,他的本质直观方法,还只是本质的还原的一个部分。本质的还原还包括本质的判断等其他内容,因此,人们不应当把本质直观与本质的还原等同看待。

在胡塞尔的晚年,他还对本质问题做了细微的区分。他认为,所谓本质具有以下四种类型:

(1)形相本质或类型。这是自然科学领域涉及的本质,它们是描述的自然科学家通过经验的比较和概括获得的。

(2)本相的精确本质。这是精确科学的领域内所涉及的本质,它需要通过观念化的方法获得。

(3)本相的描述本质。这是意识领域内所涉及的本质,它通过本质直观的方法而获得。

(4)历史的本质,包括人的本质、生活世界的本质、哲学的本质等等。其特点是与动机、目的相关联,而动机目的又往往隐藏在事实背后,它通过历史的发展才显示出来。要认识这种本质,要靠释义学来诠释。

三、先验的还原

胡塞尔在进行本质的还原的同时, 以同样的热情致力于他的先验的还原。

胡塞尔的先验的还原,简单地说,就是在克服"意识自然化"的基础上,把整个哲学还原到纯粹意识的体验上去,还原到"自我"这个主体上去。

从前文不难看出,胡塞尔对于本质领域的"还原",只是解决了他的认识论中的问题, 并没有解决整个哲学的根本问题（即他所谓的"形而上学"的问题）,因此,他还必须把"还原"推进到世界本原探讨的高度上。

（一）现象学反思

胡塞尔为了实现他的先验的还原，主张人们要进行反思，通过反思对本原问题做出肯定或否定的回答。

胡塞尔这里所谓的反思，还不是黑格尔所说的后思或再思，在这里还只是目光的转向。它要求人们不像人们通常所做的那样，说到事物就把意识目光转向现实空间中的动植物、自然、人、社会、世界如此等等，而是反过来朝向人自身的意识活动。他曾举了一个例子来说明。他说在日常生活中和自然科学的研究中，我们可以说："天是蓝的"，而在反思中，我们则应当说："我看见，天是蓝的"。他认为在这里，"看"是一种意识活动，它在这个陈述中是我们所要关注的对象，它是确定无疑的，而我看到的事实（蓝天）则是可以怀疑的，并且在陈述中是无关紧要的。

胡塞尔主张把这"反思"当作他的现象学还原的一种入门方法。在他看来，人们如果能按照这种方法反思，也就不再立足于朴素的自然观之上了，而是已经进入到哲学的境界之中了。在他看来，直指性的思维方式和反思性的思维方式，也就成了区别自然观点与哲学观点的根本依据。这样，反思实际成了导向的路标，通过它把人们的视线引向他的纯粹意识的本体论。

胡塞尔设计的反思，如同他的现象学悬置一样，都是消除"前哲学态度"的一种方法，一种工具。二者结合使用时，他的先验意识论的哲学得以确立了。

（二）确定自我的至上地位

胡塞尔先验的还原的中心任务在于构造出一个超越一切、至高无上的自我，然后从这个自我出发构造出事物和世界来。

胡塞尔关于自我的观念来自理性主义者笛卡尔和康德。笛卡尔曾经提出"我思故我在"的著名命题，把自我当成思想的主体，但它与纯粹从人类学角度看待自我的观点是不同的，笛卡尔的自我是他的心物平行论的基础上形成的，即是说自我的形成既有心理的原因，也有生理的原因。因此笛卡尔的自我，仍然拖着一条生物主义的尾巴，康德曾经把先验性范围引入到哲学，认为人作为自我是具有先验能力。在他看来，人生来就有一种统觉能力，能把杂乱无章的事物在观念中统一起来。人们正是凭借这种能力为经验的存在提供了基础，为知识的普遍性和可靠性提供了依据。胡塞尔继承了先辈们的基本思想，并将之推进到一个新的高度。

胡塞尔设计出的自我，纯粹的自我，它不仅甩掉了笛卡尔的生物性的尾巴，而且将它从认识论的水平提升到本原论的水平，用胡塞尔自己的话来说是形而上学水平上的自我。胡塞尔设计出的自我，身上不仅有康德所谓的先天统觉能力，而且具有"唤起意向活动和执行意向活动"的创造能力；不仅能为知识的可靠性提供合法性的依据，而且能为一切生成物提供依据。这样的自我，实际已经超越了笛卡尔和康德的作为经验的或先验主体的层次，成了能够造化万物的造物主，成为至高无上无所不能的"上帝"。

（三）赋予自我以创造功能

胡塞尔通过先验的还原，赋予自我以创造性的功能，这种创造性的功能通过他的构成说体现出来。胡塞尔曾经说过："一切问题中最大问题乃是功能问题，或意识对象(性)的构成问题。"他还把注重"构造"看作是他的现象学哲学的一种习惯。

胡塞尔讲构成，自然主要指自我通过意向行为（Noesis）构成意向对象（Noema），还属于纯意识的领域。不过，他的学生海德格尔和萨特等人，把构成观推广到"人本身"和"世界"，这样，"构成"也就成了自我的一种特性和功能。胡塞尔的"构成"具有双重意义，在存在论层次上，它是生成论的一种形式，自我产生非我；在认识论层次上，它突出了事物的直接显现和自明性。在胡塞尔看来正是他的构成论较之传统哲学认识论的主要优胜之处。在他看来，经验主义者所讲的"由感官给予的东西"，唯理论者所讲的"理念"、"实体"、"现象"和"本质"，实际都是"既成的或外在超越的"，都是"预先被给予者"。它们还是在哲学活动一开始就被置于某种观念的框架之中，因而不可避免地具有先入之见和任意性。而他的构成论，"构成"就是"被给予者"、"现象"和"所有内在超越者"的"存在方式"①。对于它们的存在证据，就在这些东西"当场构成"中直接体验得到，因而具有充分的"自明性"。他说："事物在这些体验中并不是像在一个套子里或是像在一个容器里，而是在这些体验中构成（Konstituieren）着自身，根本不能在这些体验中实项（reell）地发现它们。'事物的被给予'，这就是在这些现象中这样或那样地显示自己。"

第四节　建构"共同世界"和返回生活世界

胡塞尔在完成他的先验的自我现象学体系建构之后，将之扩充到社会方面，并在此基础上逐步形成他的"交互主体论"、"生活世界论"和"社会危机论"为核心内容的社会历史哲学。尽管由于年迈，他在这些方面的阐述不如自我现象学那样细致和充分，但从他这个时期的为数不多的论著中还是可以约略地发现他的社会观的基本构架。

一、建构"共同世界"

胡塞尔的人生的大部分精力致力于先验的自我现象学研究，并在这方面形成自己的体系。但是这样的体系在理论上难免有"唯我

①胡塞尔：《纯粹现象学建设》，商务印书馆，1992年，第176页。

论"之嫌,在实践上产生的影响也会受到很大限制。而这些,对于一种哲学来说,是一个致命的问题。胡塞尔本人也意识到这一问题严重性。因此,在他哲学生涯的后期,不顾年老体弱,不避研究的艰辛,将原先的自我主体论扩充成为交互主体论。

(一)从单一主体到交互主体①

在社会生活中,人是认识和实践的主体。这种主体的特性和地位,在社会交往中就会呈现复杂的情况:既有"自我"这个主体,也有"他我"另一个主体;既有"我"这个"个体性"的主体,又有"我们"这样的"群体性"的主体。胡塞尔将这些相互关联性的主体称之为交互性主体。

在胡塞尔看来,人与人之所以能构成交互主体,主要根据在于:

(1)人与人具有共同性或共通性。这种共同性主要表现在人对自己身体的经验和基于这种经验中的"共现"或"同感"。

(2)人与人相互蕴涵。基于人与人的共同性,也就出现"我中有你"和"你中有我"的相互蕴涵现象。胡塞尔认为,每个人都是这样:"本我中都蕴涵着他人"。

在胡塞尔看来,正是基于上述原因,人与人间的"客观的"共同世界也就"先验地"成为可能。

为了说明共同世界形成的机理,胡塞尔还根据主体性和客体性的关系的原理进行深入的分析。胡塞尔认为,所谓主体性,对单个的主体而言,就是有效性和自为存在;所谓客体性,也就是指客体的自在有效性或自在存在。在先验自我的现象学中,个体性的主体的主体性和客体性是统一的,即融为一体。在"交互主体性"的现象学中,

①胡塞尔:《现象学的观念》,上海译文出版社,1986年,第16页。

交互主体性则转化为对一个以上的主体而言的共同有效性和共同存在。

(二)立足"自我"主体,构造"他我"主体

在明确自我同他我共同性(或共通性)之后,胡塞尔就根据他的意向性理论来构造他我。

胡塞尔认为在自我构造他我的过程中必须严格遵循以下原则:

(1)以客体化的意识行为(如看、听、回忆等)作为其他意识行为(如意愿、希望等等)的基础,只有在客体通过客体化行为被构造出来之后,方可构造无客体的意识行为(如无被爱对象的爱等等)。

(2)在客体化行为构造中,又必须以感知作为基础,任何客体的构造,又必须追溯到一定的感知上,即使是虚构的客体,也必须以一定的感性材料作为依据。

(3)在感知中,又必须把原本的感知意识作为基础。在运用原本感知意识基础上方可利用非原本感知意识。

在胡塞尔看来,所有这些原则都是为着保证构造活动具有可靠性。在他看来,唯有构造是可靠的,也才是真正有效的。

胡塞尔还为"他我"的构造确定了步骤。在他看来,一个成功的构造必须包含以下环节:

(1)感知。即对"他我"的构造中,首先要感知到他人的躯体(血肉之躯)。在感知过程中,必须全面,感知的内容既包括当下被给予之物(我看到的这方面),也包括非当下之物(我未看到的其他方面)。在感知的基础上,再把"他人的躯体"对我显示出来。

(2)联想。即在对他人躯体感知之后,依据"每一个自我都有一个身体"的观念,联想到他人也有一个身体。这样,他人的躯体也就变成了具有精神活动的身体。在胡塞尔看来,"身体"与"躯体"是不同的,躯体是物质性的东西,身体是精神性与物质性的统一物。在他看来,

人的身体既是精神性的器官又是精神的表达，只有在躯体转化成了身体，才算是人，才可作为主体。

胡塞尔认为，在联想中对他人把握是把他人同自己比照中实现的。他将他人同自己关联起来比照，称之为"结对联想"。在他看来，所谓"结对联想"也是有步骤的。先由他人的躯体联想到我自己的躯体，因为我的躯体也是身体，联想到他人的躯体也是身体，他人同我一样，也是主体。

（3）统摄或赋义。在胡塞尔看来，在"他我"的被构造过程实际是一个持续的统摄或赋义过程。在他看来，人的躯体或身体只有经过统摄或赋义，才获得了作为人或主体的品格。胡塞尔把统摄或赋义的过程共分为：①自我对自身躯体的统摄；②自我对自身身体的统摄；③自我对他人躯体的统摄；④自我对他人身体的统摄等具体阶段。在他看来，只有经历了这些阶段过程才算完结。

（三）建构"共同世界"

在胡塞尔看来，经过自我构造出来的他我，从表面看，是等同的或同一的，但在实际上，这种同一性，只是想象的或虚构的同一性。在他看来，自我同他我，实际上各有各的立足点，因此，他人相对我来说只能永远是在或大或小程度上的"陌生人"。基于这个观点，胡塞尔又进而认为，在交互主体中，各个主体最终只是互为"他人"而相互联系着，并在联系过程中形成一个"共同的世界"。在他看来，由于交往的内容不同，联结起来的共同世界，可以是一个社会的世界，也可以是精神的世界或文化的世界。

胡塞尔曾经把先验主体论基础上的确定的自我称之为"单子"，那么在他的交互主体论中，交互主体就是一个个单子的聚合。他的"共同世界"，也就是由众多单子交互作用而形成的世界。

二、返回生活世界

胡塞尔在建构"共同世界"的同时,还提出了返回生活世界的主张。其实那是两个性质完全不同的问题。前者是他的哲学理念世界中的"自我"向外引申和扩充,后者则是指他的哲学理念世界与现实的生活世界的相互关联,返回生活世界就是使理念世界同生活世界连接起来。

(一)生活世界的本质和特征

什么是生活世界?胡塞尔所谓的生活世界,是指那些持"自然的观点"的人们心目中的那个世界。

胡塞尔所谓"自然的观点",实际就是人们常说的"朴素的观点"或"经验的观点"。持这种观点的人,既包括一些唯物主义者,也包括普通人。在唯物主义者和普通人眼里,所谓世界,也无非是现实的人及其周围环境的总体。而环境则包括自然环境、社会环境和文化环境。

胡塞尔从来没有对生活世界下过明确的定义,但他在《欧洲科学的危机与先验现象学》一书中对生活世界作过描述,我们仍可以从中看到他所谓的生活世界的某些特征。

在胡塞尔看来,所谓生活世界的特征是:

(1)它是可直观的世界。这个世界是"原则上可直观到的事物的总体"。

(2)它是与主观相对的世界。它随个体自我主观视域的变化而变化,是"始终在不断相对运动中为我的存在之物的总体"。

(3)它还是在先存在着的并在科学研究中被作为前提的世界。胡塞尔说过:"生活世界是一个始终在先被给予的、始终在先存在着的有效世界,但这种有效不是出于某个意图、某个课题,不是根据某个普遍的目的。每个目的都是以生活世界为前提,就连那种企图在科学真实性中认识生活世界的普遍目的也是以生活世界为前提。"

总括胡塞尔本人的论述,不难看出,胡塞尔所谓生活世界也无非是能为人直观到并能作为人们研究前提的现实的属人世界,这个世界也就是人类及其生活环境。

(二)"回问"生活世界

我们知道胡塞尔为建构自己的哲学体系,曾把人们的自然的观点当作干扰因素而悬置了,毫无疑问,在这悬置中作为这些观点内容的生活世界同样被抛在一边。既然生活世界是被抛弃的,胡塞尔又何必要提出返回生活世界的主张呢? 为什么要把"回问"生活世界当作推进自己哲学一项带根本性的措施呢? 在胡塞尔提出返回生活世界的主张之后有不少人对此提出了疑问,也有一些人提出了指责。例如:有人认为,这是胡塞尔在故作姿态和欺骗舆论;也有人认为,胡塞尔本人的哲学立场发生了变化,他由先验主义转向了经验主义。其实这两种说法都不正确,正确的答案还得到生活世界和胡塞尔现象学哲学①自身去寻找。在事实上,生活世界的本身的某些特点吸引了胡塞尔,也正是这种吸引使他实际上在哲学的天国中,把视线重新转向人间。

生活世界有着如下突出的特点:

一是以人类为中心或呈现出现实人的主体性。在生活世界中,居住着数以亿计的人,这些人都是活生生的"自我"和活生生的"主体"。正是这些自我和主体,主宰着这个世界,创造着自己的历史,从而使生活世界变得生机盎然,热气腾腾。在这种情形下,一种以弘扬自我

①胡塞尔:《欧洲科学的危机与先验现象学》,第461页,第37节。

和主体性自命的哲学,如果拒绝同这个现实世界对话和交往,它就成了同现实世界无关的"孤魂野鬼",也就不可能得到源源不断的现实经验来"充实"自己,也就不可能变得生机勃勃和具有活力,也就不可能在同现实世界接触中显示自己的哲学本性和功能。完全脱离现实的指导最终只能在枯竭中衰败,或者在玄空中消亡。

二是具有"形式上最普遍的结构"。在生活世界中,事实上存在着"形式上最普遍的结构"。按照胡塞尔的说法:"一方面是事物和世界,另一方面是事物意识和世界意识。"正是这种基础性结构和由此派生出的结构保证了生活世界的实存性和有效性。加之随着社会历史的进步,这种"形式上最普遍的结构",特别是其中的意识结构,必然发生着变化,不断改变着具体的形态。形成许许多多新的结构样态,在这样的情形下,一种以纯粹意识和意识构成为主要特征的哲学,如果拒绝与生活世界对话和交往,它就不可能了解意识的构成方式和表达方式新变化,不可能根据现实的发展来调整自己,最终因构成方式和表达方式陈旧过时而失去自身的效能①。

三是具有客观性和直观性。生活世界最突出的特点,应当是它的客观性、现实性和可直观性。正是基于这些特点,生活在其中的人们的认识也就具有了可靠性和自明性。在生活世界中, 无论是高明之士,还是寻常百姓,无不依据自己的感知和经验来建构自己的知识。面对生活世界的特点, 一种自诩为人类的知识提供可靠性基础的哲学,如果拒绝与之交往和对话,也就无法形成同本质相依为命的"经验现象",也就无法获得作为知识建构出发点和依托的"感知",在这种情况下, 构造出来的知识也只能是无根据的梦境和不着边际的妄想。

---

①胡塞尔:《欧洲科学的危机与先验现象学》,第461页,第37节。

　　胡塞尔一贯把自己的哲学视为最能关心人的和能为知识提供可能性基础的哲学。如果这种愿望是真诚的话,就得返回到生活世界中去,通过对生活世界的"回问",从中汲取新的"材料"和"能源",使哲学不断充实和强劲起来。胡塞尔自己在生命的晚年提出的"从生活世界出发通向先验现象学之路"观点,正是他在建构和发展现象学哲学的生涯中体悟出的学术真谛。

　　(三)"告别"或"返回"出于同一个需要

　　胡塞尔在建构现象学哲学的数十年间,他对待生活世界的态度,前后完全是两张面孔。在他建构自己的先验现象学哲学体系的时候,他毫不犹豫地把生活世界悬置了起来,到了体系大体建成的时候,又毫不犹豫地提出要返回生活世界并把生活世界当成通向他的哲学的一个出发点。他的这种前后相反的矛盾态度,使得许多人包括他的一些追随者难以置信,个别人因此对胡塞尔失去了信心。

　　其实,胡塞尔对待生活世界的矛盾态度,源出于哲学同现实的矛盾,或者说它是哲学同现实矛盾关系的反映。

　　哲学渊源于现实生活。一种有价值的哲学都是它那个时代的"时代精神的精华"。但是,哲学又高于现实生活,它以理念结构的方式来反映现实生活。人们在建构自己哲学体系之际,为观念的纯粹性和集中性,不得不暂时地告别现实生活从而使哲学变成了"空中楼阁"。然而,现实生活毕竟是哲学的发祥地,在那里有着它的深厚渊源,不断变化着的现实,又可能为之提供新的源泉。一种有前途的哲学就需要回到它的发祥地,从那里吸取"地气"以壮实自己,使自己得以充实和完善,这样,返回生活世界的要求也就发生了。在这时,已经建设起来的哲学"空中楼阁"又得放置到生活世界的基地之上使之变成与世相通的寻常性建筑。唯有如此,哲学的高深理念就在与生活世界中世俗生活息息相通了,生活充实着哲学,哲学引导着生活。这时,哲学才变成真正的哲学。基于这种见解,胡塞尔告别生活世界和返回生活世界也就变得可以理解了。胡塞尔前后的两种态度都是为了哲学的创建和发展,同是出于哲学自身的需要。尽管是两种作法,但都为着同一目标。

第五节　现象学哲学的成就和缺陷

胡塞尔一生致力于现象学事业,取得了很大成就。德国著名哲学家、人类学家米尔曼在《人类学史》一书中,对胡塞尔的成就中具有深远意义的部分作过概括。他认为胡塞尔在现象学的主要成就是:

(1)他有力地反驳了心理主义、人类主义、历史主义和怀疑论的相对主义;

(2)他揭示了作为客观主义的古典—自然科学方法的问题史;

(3)他发掘出作为主—客体之间的运动概念之连续"意向性"范畴;

(4)他创造出一种可以把握现象的"现象学还原"方法;

(5)他回返到了已被人们遗忘了的、作为科学之意义基础的生活世界;

(6)他克服了主客体的分裂。

米尔曼所说的六点,大体上反映了胡塞尔的工作的成就。从哲学发展角度看问题,胡塞尔在以下方面的贡献显得尤为突出:

一、在主体理论方面

(1)纯化和充实了主体范畴。在近代西方哲学史上,笛卡尔和康德曾明确地把自我作为认识的主体。但是,笛卡尔和康德的自我身上仍然残留着生物性和经验性的痕迹。胡塞尔吸收了先辈们自我即主体的思想,又洗刷掉自我身上的那些残迹,把自我确定为具有一定客观性的作为理念世界相对另一极的意识性存在。这样的自我,是作为本体的自我,在人们认识和实践活动中自然也就成了主体性的自我了。不仅如此,他还把单体性的自我建构成集合性的自我和群体性的自我,这样,主体也就成为集合性的主体和群体性主体了。

(2)对主体的能动性作了具体的规定。在西方近代哲学史上,唯心主义强调主体的能动性,但对它的具体所指却是含糊不清的。胡塞尔在自己的哲学中,把主体能动性具体规定为:一是为经验和知识提供支持;二是通过意向性活动创造出新的知识和表象。这两方面的规定,在实际上肯定了主体所具有的本原性和创造性,从而使人的主体能动性的概念更为明晰化。

二、在知识理论方面

在西方近代哲学史上,经验主义者肯定经验是知识的源泉,但同时又把知识限制在经验证实的范围内。理性主义者突出了逻辑推演的作用,但它仍以特定的公理和共识为前提。所谓公理和共识,实际是人们的共有经验。因此,理性主义如同经验主义一样,认识也是有局限的。胡塞尔的现象学依据意识呈现说和知识构成论,突破了认识范围的局限,使人类认识的可能性不断扩大。

依照意识呈现说,在意识中呈现物是没有限制的,实有的和虚拟的、现实的和可能的、实物形态的和理念形态的、感知的和想象的都有可能建构成为知识。

依照知识构成论,知识不是现成的而是构成的。人们正是凭着意向性的构成,形成其直观性的知识和非直观性的知识(如符号型的知识和图像型的知识)。

基于以上见解,也就使知识具有了开放性和发展的无限定性。加上胡塞尔从康德那里引来的统觉,也使得知识具有普遍性和必然性。

这样,胡塞尔也就把知识理论推进到一个新的高度。也正基于此,他的知识理论与当今的信息科学和计算机的工作机制有着相当大的相似性。

三、在方法论方面

胡塞尔在自己哲学研究过程中还创造了一套具有独特性的方法。例如,现象学悬置的方法,现象学本质还原和先验还原的方法,现象描述方法和知识构成方法等等,并形成了一个方法论体系,被总称为"现象学方法"。这种现象学方法,已经同分析的方法、结构的方法和解释学方法,被看作是当今西方哲学中"四大方法"。

当然,作为一种哲学,也必然具有自身的缺陷,它们最根本的缺陷在于它的玄空性。它把哲学看作是超乎现实世界的理念世界,在它的表达中,也因过于玄空使人难以把握。具体表现在:(1)它过于重视意识分析而疏于对现实的分析;(2)它过于重视基础理论的研究而疏于应用性研究;(3)它过于强调理论严整性而疏于通俗化等等,因此,尽管胡塞尔提出了返回生活世界的口号,但在实际上,它离现实生活和普通民众距离仍然是很远很远的。

另外,胡塞尔的现象学,为了保证知识的普遍性、必然性和可靠性,一味地排斥经验诉诸先验,并尽可能地强调自我的突出地位和作用,这样做,只能把自我绝对化,最终陷入主观主义。

弗洛伊德及其精神分析哲学①

第一节　弗洛伊德和弗洛伊德主义

一、弗洛伊德的生平和著作

西格蒙德·弗洛伊德(Sigmund freud,1856—1939)是奥地利的犹太人,于 1856 年生在莫拉维亚的弗莱堡(现属捷克),父亲是一位绸缎商人。弗洛伊德在四岁时随父迁至维也纳,以后长期在那里居住,直至 1938 年,由于不堪忍受纳粹的迫害,在友人帮助下逃亡至英国伦敦,于 1939 年因病在伦敦逝世。

弗洛伊德天资聪颖,勤奋好学,17 岁时进入维也纳大学医学院学习医学。1881 年,获医学博士学位。弗洛伊德酷爱生物学、生理学和心理学,年轻时就在这些方面打下坚实的基础。弗洛伊德是位崇尚科学精神的人,在青年时期就接受了达尔文进化论和迈尔等人的能量守恒和转换的观念。在大学毕业前就进入布吕克生理研究所从事科学研究,培养起良好的科研能力。所有这些都为他日后的理论研究打下良好的基础。

1886 年,弗洛伊德在维也纳开业从事精神病诊治,同时也开始对精神病展开研究。在长期精神病治疗实践中,弗洛伊德积累了丰富

---

① 收入《当代西方哲学思潮》,甘肃人民出版社 2001 年版。

的经验,同时也掌握大量的第一手资料,并将这些资料加工整理形成了一个包括精神病治疗学、心理学和精神分析哲学的理论体系。

弗洛伊德一生重视理论著述,成果颇丰。他的代表作有《精神分析的起源》(1887—1902 年)、《释梦》(1900 年)、《性学三篇》(1905 年)、《精神分析引论》(1910 年)、《精神分析引论新编》(1913 年)、《图腾和禁忌》(1913 年)、《文明和它的不满》(1920 年)、《自我和本我》(1939 年)。

二、弗洛伊德主义的产生

弗洛伊德作为一名精神病医生, 他的研究自然是从精神病学开始的。在 19 世纪之前,在欧洲,精神病被看作是"着了魔"或"中了邪",对于病患者常常采取一些迷信而残暴的手段来"除魔驱邪",自然谈不上真正的治疗。到了 19 世纪初期,随着科学进步和人文主义思潮日盛,精神病才渐渐被人当作疾病, 并采取不同的方法进行治疗。在当时,有所谓躯体派,按照这派理论,精神病是脑器官的疾患,因而采取治疗生理病的办法进行治疗。由于没有找到真正的病因,自然成效也不会显著。在当时,也有一些医生倾向心理病因说,采取心理调摄的办法来治疗精神病。在法国,有所谓南锡学派和巴黎学派的医生,他们或是采取催眠疗法,或是采取谈话疗法,或是采取宣泄疗法以求得患者精神协调从而恢复健康。

弗洛伊德倾向于心理病因说。为了获得先进的治疗经验,他两度去法国求教。回国以后,根据自身的实践,一面批判地吸收了沙可、伯恩海姆等人的治疗经验,一面依据自己的医疗实践中的体悟,创造出"自由联想法"和"释梦法"等精神分析方法。

所谓"自由联想",来自德文"freier Einfall","Einfall"本意是"突想"或"闪念"。Freier Einfall 就是让患者在清醒状态下,身心放松,随思随想,并尽可能引导他把想过的事说出来。这种方法实质上把人们心灵中的无意识在意识中显现出来，从而使患者把曾经受到压抑的本能真正解脱出来,以消除主观精神中的症结。所谓"释梦",就是让患者把近期所做的梦向医生叙述。而医生(受过特殊训练的医生)把梦作为一种症状加以处理,并且把已经为这类症状"所制订的解释应用于它"。患者的梦境,经过精神分析者的分析和解释,也就能够理解深藏在无意识深处的那些关系,从而使症状归于消失。

弗洛伊德的"自由联想"和"释梦"等精神分析法,既是精神病的治疗技术,又是深入人们内心的开掘技术。通过这种技术,弗洛伊德获得了重大发现:在人们的意识背后存在着一个神秘的无意识的"王国"。这个王国由人们精神压抑特别本能压抑所造成,它在事实上支配人们整个精神的活动和建构。它是一种无形的力量,又是一种无所不在的力量。

弗洛伊德关于无意识"王国"的发现,揭示出许多传统心理学中闻所未闻的心理现象,大大拓宽心理学的空间,为使这种心理学的新成就得到理论概括,弗洛伊德进而创建了一种新的心理学,一种以无意识为心理基础,并以精神分析为基本方法的心理学。

但是,弗洛伊德并没有停步,他把从精神病治疗实践和心理学建构过程中许多见解应用到社会历史和文化领域,从而形成了具有弗洛伊德个人特色的精神分析派哲学。

第二节　弗洛伊德的主观精神论

弗洛伊德的精神分析哲学包括主观精神论和社会文明论两大部分。主观精神论又由他的泛性主义、无意识理论和人格理论所构成。

一、性本能及其对人生的支配

弗洛伊德是个生物主义者。从他的生物主义立场出发,把人看作主要是生物意义上的人。在他看来,所谓人,不过是经过长期进化和发展了的高等动物。他认为:"对于人类现今发展阶段的解释似乎无须不同于对动物的解释。"

人既然是生物意义上的人,人身上那些生物的本能自然也就成了人的基本品性。弗洛伊德把人身上的生物性的本能分为生的本能和死的本能,把生的本能又区分为生存本能和性本能。在他看来,这些本能都是人生中的主要支配力量。

弗洛伊德在自己精神病治疗的实践中发现人的"性的本能冲动在神经的和心理的疾病成因中都起着不平凡的巨大作用",于是他认为,正是这些性的冲动对人类精神的最高的文化、艺术和社会成就做出了其价值不可能被估计过高的贡献。弗洛伊德也就在自己发现和认识的基础上建构起他的泛性主义。

弗洛伊德的泛性主义包括以下要点:

(一)原始性欲是人的基本品性

弗洛伊德认为,人类之所以能够世代相传,根本在于人身上都负载着"原始性欲"。他的性欲当然首先是指人有性交的欲望和快感,同时也泛指因触摸、抚弄、接吻、拥挤等身体接触行为而引起的快感。①

在他看来原始性欲的情感表现就是人的依恋感,两性之爱、亲子之爱、朋友之间的友情等等情感表现。弗洛伊德认为,原始性欲包含着一定的能量,他把它称为"里比多"(性力)。原始性欲正是通过"里

---

①《弗洛伊德后期著作选》,译文出版社,1986年版,第45页。

比多"的作用支配着人生和行为的。

(二)原始性欲支配着人的一生

弗洛伊德认为,人自出生到衰老,原始性欲都在发生作用。他曾对这种发生作用的过程,特别是对人的婴幼儿阶段作过详细的分析。他根据动欲区的部位,把人的一生分为"口唇期"、"肛门期"、"阴茎期"和"生殖期"等几个阶段。

(1)口唇期(0—1.5岁):人的动欲期在口唇部,孩子总是以口唇的吸吮为快乐。

(2)肛门期(1.5—3岁):此时孩子的动欲期转到肛门,孩子总是以排便为快乐。

(3)阴茎期(3—6岁):此时男孩子的生殖器开始能够勃起,男孩子以抚弄生殖为快乐。

(4)生殖期(12岁以后):这时人有了性交和生殖能力。

弗洛伊德认为,在"阴茎期"与"生殖期"之间,存在一个过渡期,称之为性潜伏期。在他看来,这是幼儿性心理向青年性心理的转变期,在这时期内,有的孩子还会产生性厌恶的心理。

(三)在人生早期,人还经历原始性欲由内向朝外向的转变

弗洛伊德认为,人在3—6岁期间还发生了性欲由内向朝外向的转变。他认为,人到了3岁,心灵中开始有了对象感,性欲也随之由内向的自恋向外向的他恋转化。在他看来,男孩子第一个他恋对象是自己的母亲,他依据古希腊奥狄浦斯"恋母杀父"的故事,把这种"恋母仇父"现象称之为"奥狄浦斯情结"。女孩子的第一个他恋对象是自己的父亲,他也借古希腊伊兰屈拉谋害母亲为父报仇的故事的情节,把这种"恋父仇母"现象称之为"伊兰屈拉情节"。

(四)原始性欲需要适当的控制和调摄

弗洛伊德认为,人身上的原始性欲在演变过程中需要得到适当

的处置和调节。若处置不当，或是因过渡不畅，或是因不适当压抑，就会造成人格缺陷和精神病症。在他看来，许多心理性的陋习和病症，如贪吃、孤僻、不讲卫生、强迫症、露体癖、窥阴癖、施虐狂、受虐狂、乱伦倾向等等都是由于性幼稚或性错位或性欲和情欲受压抑而生成的。若要消除这些心理疾患就必须进行心理调摄和治疗。

弗洛伊德认为，人的原始性欲和"里比多"并非都是消极的，如果引导得当，它还可以转化为强劲的创造力。

二、无意识是主观精神的基础和实质

弗洛伊德在自己的医疗实践中，还发现：在人的意识领域的后面存在着一个无意识领域。于是人的主观精神也就成了由无意识和意识相结合成的二部结构。人的精神既是意识的又是无意识的，是意识和无意识的统一。

弗洛伊德在自己的一生中，对人的主观精神中的无意识领域进行过深入的研究和发掘，并取得了一系列的成果。经过弗洛伊德的研究和发掘，无意识的庐山真面目渐渐展现在人们面前。从弗洛伊德的论述中，不难看出，人的主观精神中的无意识具有如下基本特征：

（一）隐秘性

按照弗洛伊德的看法，无意识主要来自于人的本能特别是性本能的压抑。在社会生活中，由于人的本能行为，为社会所不齿，渐渐沉沦于心灵的底部，成了"被遗忘了的角落"和不见天日的"黑暗王国"。但是，不被人们意识，并不等于不存在、不作为和不表现。相反，心灵中的无意识始终在人们意识的后面发挥着对人的支配作用和威力，它通过人们日常生活中的过失（为口误、笔误）、做梦、性变态和精神病患等方式顽强而又曲折地表现自己。弗洛伊德的精神分析方法，就其实质而言就是精神分析者通过对患者无意识王国信息的搜集和力量的感受,帮助患者变心中的隐秘为公开的方法。

(二)原发性

无意识就其主体部分来说, 大抵属于人的生理机能向心理现象转化的过程中,是原始人和现代人的婴幼儿时期心理状态。在无意识中,自然没有意识中通常具有的组织性、条理性和逻辑性,也缺乏意识中通常具有的现实感和规范性。无意识有的是任性、冲动和非理性。总之,无意识实际处在主观精神的心理机制、心理动能等方面还不健全和不成熟的低级阶段。

(三)基础性

无意识尽管在主观精神处于低级阶段, 但是它是通向意识这个高级阶段的真正起点,是整个精神活动的动力之源,没有无意识奠定的基础,也就没有处于高级阶段的意识,也就无所谓人的主观精神。

无意识相对于意识,它是基础和载体并发挥着决定和支撑作用。弗洛伊德曾经指出:无意识是精神生活的一般基础。无意识是个较大的圆圈,它包括意识这个小圆圈。每一个意识都具有一种无意识的原始阶段,而无意识虽然也许停留在那个原始阶段上,但却具有完全的精神功能,无意识乃是真正的"精神实质"。

弗洛伊德对人类精神领域中无意识部分的研究扩大了主观精神的领域,积累了许多资料,为建立完备的主观精神理论提供了可能。根据弗洛伊德提供的资料,人们不难得出以下结论:

(1)人类的主观精神是由无意识和意识共同组成的,是无意识和意识的有机统一体。

(2)人类的主观精神是一个分阶段的发展过程。无意识是其中的"原发性阶段",意识则是在无意识基础上逐步发展起来的,是"继发性阶段"。

(3)人类的主观精神还是一个分层的结构,无意识是存在于底部的基础,意识是在基础上耸立起来的高层建筑。

弗洛伊德关于无意识现象的揭示和研究,在实际上实现了主观精神理论研究的一个突破。人所共知,在西方哲学的历史上,绝大多数哲学家,习惯于把意识同人的主观精神等同起来,把无意识当成了"无意义"的问题而不屑一顾。到了近代,一些著名哲学家如莱布尼兹、叔本华、尼采和布伦坦诺等人,在自己的研究中才涉及了无意识问题。但敢于"触犯全世界"而直面无意识问题并对无意识问题全面深入探究的首先是这位弗洛伊德。在西方,人们称弗洛伊德为"无意识之父",这种称谓,无论是褒义的还是贬义的,都在事实上表明他在无意识和主观精神理论研究中的开创者的地位。

三、自我是人格体系的中心

20世纪20年代,弗洛伊德根据自己新的体悟,创建起由"本我"、"自我"和"超我"这三个基元建构起来的人格体系。在这人格体系中,自我被置于中心的地位。

"本我"(id)亦即本能和无意识意义上的我,它由本能、原始欲望而构成。它按"唯乐原则"和"超唯乐原则"活动。所谓"唯乐原则",就是"趋乐避苦"的倾向;所谓"超唯乐原则"就是"保守、退行和走向死亡"的趋向。本我不受理智约束,是人格中"被宠坏了的孩子"。

"自我"(ego)是人在同外界打交道过程中形成的人格。它是现实化的本我。自我以意识为底蕴,代表着人的常识和理性方面。自我按照"现实原则"活动。

"超我"(Superego),实际是自我的一个部分,是"道德化了自我"。超我由"理想"和"良心"构成,理想又包括自我理想和社会理想。超我一部分是意识的,另一部分则是无意识。无意识部分是人在儿时同父母的情绪联系及社会道德教训和社会禁制积淀而成。超我按照"至善原则"行动,它是人内心的监督者和自我惩罚的机制。因此,人在当理想不能实现或发生违反道德行为时, 内心中就会油然产生耻辱或内疚的感受。

弗洛伊德认为,本我、自我和超我,不是彼此孤立的,而是融为一体的。他认为,本我是整个人格的基础和动力源,由本我渐次派生出自我和超我, 本我还把自身的能量和作为通过曲折途径传递给自我和超我。在弗洛伊德看来,自我和超我也不是全然消极和被动的。自我总是要通过自己的"自居作用"即把自己当作本我的"爱的对象"方式来控制本我。而超我,则以提供理想和良心的方式支配自我,并通过自我间接地影响本我。

弗洛伊德还认为,在个体人格内部,始终存在着本我、自我和超我相互间的激烈冲突。正是基于这些冲突,造成了各色各样的人格和行为表现。弗洛伊德认为,在个体人格中,本我是心理能量贮藏所和泵站,人的精神活动的能量统统由本我发出。人格中的自我,本身并无能量,它们活动所需的能量全靠对本我发出的能量"中道截取"。于是,就发生了自我、超我"拦截"能量和本我"反拦截"的冲突和斗争。在这场人的内心冲突中,如果本我的反拦截取得成功,表现在人的行为上,就是行为失控,自我理想遭到破坏,本能冲动任意发泄。如果本我的反拦截归于失败,心理能量就转化为自我和超我的活力。如果自我获得了能量,它就用以"整合"整个人格系统,保持同外界环境正常交往,维持内心的协调和谐。如果超我获得了能量,超我用以追求人的理想境界。一当这种追求取得成效,内心和外表就显现出自豪和骄傲,当理想追求归于失败,内心和外表都显示出惭愧或不安。

在弗洛伊德设置的人格体系中,尽管各个构成因素"八仙过海,各显其能",但是,处于中心地位和发挥主导作用的是自我。自我既同外界环境打交道,又得同本我和超我相处,成了人心理中的"三岔路口"。弗洛伊德曾经说过:"有句谚语告诫人不得一仆同事二主。可怜的自我境况更糟:它要服侍三个严厉的主子,并要竭力把它们的要求和需要做到彼此协调"。"它的三个暴虐主子即外界、超我和伊特",它被"三面包围",承受"三种威胁",还要"为掌握使作用于它的三大力量和影响能协调一致的有益工作而大费力气"。这段拟人化的叙述,既表明了自我在人格体系中处境艰难性,同时,也表明了它的地位和作用的特殊重要性,它是人格中内部矛盾与人间环境矛盾的交错点,又是恰当调处这些矛盾的主持者。

在弗洛伊德看来,人的自我是人一出生就与外界打交道过程中形成的,是在父母师长等训练中发展起来的,它是人的社会经验和理性能力集中表现。只要这种能力不断充实和强化,就能把外界、本我和自我三者协调起来。

以上是弗洛伊德主观精神论的基本构架。在这个构架中,他不厌其烦地谈论本能和无意识,很少谈及意识和理性。这并不意味着他对本能和无意识表示赞赏,相反,他是为了突破理论上的成见,引导人们以理性来控制自己的非理性情感和意欲,以维持自己的心理健康,进而促使全社会的文明程度不断提高。

第三节　弗洛伊德的社会文明论

弗洛伊德还将他的泛性主义的无意识理论推广到社会历史领域,①形成自己的社会文明论。

一、以"爱欲"作为社会集体的成因

弗洛伊德认为,人生来就具有生的本能和死的本能两种品性。这

---

①宾克莱:《理想的冲突》,商务印书馆,第117页。

两种品性在社会交往中就情感化为"爱"与"恨"。

弗洛伊德所谓的爱，有着两种不同层次上的理解，一是发端于人类的本能，导源于无能为力意识并具有性的意义的爱，一是经过升华途径而转换为美德的爱。弗洛伊德依据不同的情况分别使用两种涵义有别的爱的概念。

弗洛伊德的"爱"，也有狭义和泛义之分。狭义的，主要指性爱、亲子之爱和友情，泛义的则是几乎包含着人与人之间一切积极的情感联系。他把精神病患者同精神病医生，教师同学生，以及团体的首领和追随者间情感联系都称之为爱。

弗洛伊德的爱，还被区分为内向的爱和外向的爱。内向的爱就是自爱，外向的爱就是爱他人。他把这两种爱，有时称之为利己主义的爱和利他主义的爱。在弗洛伊德看来，爱是人与人之间情感纽带，人们正是通过这种纽带的维系而成为整体。在他看来，"一个集体的本质在于它自身存在的一些里比多联系"。

在弗洛伊德看来，在一个集体中，集体的成员对其首领都表现出一定的爱(崇敬)，同时，集体首领也仿佛对所有成员施以平等的爱，在成员同成员之间也互相爱着。在他看来，正是这种爱的感受维系着集体的存在和稳定。否则，即使是有控制森严和铁的纪律的军队和教会也得迟早解体。他认为，在集体中，个人的自爱受到了严厉的限制，人们间他爱和互爱得到了肯定和弘扬。

弗洛伊德认为，在人们真正融为一体，成为集体一员之后，由于集体生活体验和锻炼，人们相互间的互爱情感还会不断强化。他指出，一群人，当其相处在一起但未形成集体的时候，人们之间相互厌恶，相互对立，而当这群人形成集体之后，原来那种相互"不宽容"的现象便暂时地或永久地消失了。他指出："只要一个集体的形式存在着，只要在它们限度内，该集体中的个人的举止行为就表现得好像他们是统一的,他们相互宽容其他成员的缺点,把自己和其他人看作是平等的,其他人也不会产生厌恶情绪。"在集体中,每个成员原先被压抑着的本能可以得到充分释放,干出那些以前不会干或不敢干的事情。

正是爱欲维系起集体,集体强化着爱欲,爱欲同集体互相推动,共同发展。

二、以原始社会涉性禁制阐明宗教和道德的发生

弗洛伊德在自己的研究中,发现原始性欲实际上是人的人格和行为发生的主因,不应强行压制,同时发现这种原始性欲又需要适当限制,如果放纵,就会给社会造成灾难。因此,一定的社会禁制是必要的。

为了说明社会禁制的必要性和合理性,弗洛伊德根据原始部落中图腾崇拜的事实,编起自己的故事,用寓言的方式阐发自己的见解。

按照弗洛伊德的说法,原始部落的图腾崇拜起源于父子间争夺性对象而发生的仇杀。按照他的说法,在原始部落中,父亲作为部落的权威①将部落的妇女统统占为己有并把对此不满的儿子们一个个逐出部落。这种做法非但没有使儿子们屈服,反而激起儿子们联合起来,杀死父亲并把他吃掉了。这样一来,家长的统治消失了,儿子们随着汲取父亲的精气和相互联合,变得强健起来,能够完成本来无法完成的任务,实现本来无法实现的目标。随着儿子们对父亲的仇恨渐渐淡化,儿子们心中也渐渐浮现起对父亲的爱和崇敬。就在对父亲的怀

---

① 弗洛伊德:《群众心理学和自我的分析》,纽约,1920版,第55-56页。

念和崇敬的同时,儿子们心中犯罪感也一天天加深起来。随着儿子们悔罪,部落内部出现了两条禁制:一是"杀父禁制",一是"乱伦禁制"。

按照弗洛伊德的说法,人们为了强化这种禁制意识,部落中兴起了图腾崇拜。所谓图腾崇拜就是将某种动物当作父亲的化身来崇敬。此种动物平时严禁宰杀,只在特定的节日,人们一面宰杀图腾让全部落人分而食之,一面又对被宰杀的动物进行悼念。与图腾崇拜相一致,儿子们放弃了已经获得的果实,不再占有本部落的妇女,以免乱伦。

弗洛伊德还指出,原始部落的两种禁制,同他在对人的儿时"杀父恋母"、"奥狄浦斯情结"分析互相照应着。弗洛伊德指出,这两种禁制"正好和奥狄浦斯情结的两种罪恶有着隐隐相互照应的地方"。

在经过图腾的寓言故事叙述之后,弗洛伊德得出结论说:至此,带有宗教意义的禁止屠杀图腾已逐渐再附上了带有社会意义的禁止兄弟相互残杀的禁制。原有的家长统治形态也开始首次为以血亲为基础的兄弟部落所取代了。因此,我们可以说,社会的存在是建筑于大家对某些共同的约定的认同;宗教则是由罪恶感及附于其上的懊悔①理所产生;至于道德,则一部分是基于社会的需要,一部分则出自因罪恶而促成的赎罪心理所造成。

三、性力升华与科学文化艺术创造

弗洛伊德在自己的精神病治疗实践中,发现人的原始性欲(情欲)不能压制但能转移,人们能够采取一种方式,使性力改变作用方向最终消耗在社会的有用方面,使它既符合超越的(及社会的)高尚

---

①弗洛伊德:《图腾和禁忌》,中国民间文艺出版社,1986 年版,第 165 页。

理想,也让本我得到满足。弗洛伊德认为,能够作为性本能冲动理想的代用渠道只有升华作用。

什么是升华作用?按照弗洛伊德的观点,就是将被压抑的性本能冲动,转向社会所许可或所要求的各种活动中去,以求得变相的或象征性的满足。

在弗洛伊德看来,人类的许多活动在本质上都是将性本能冲动升华为社会创造价值的活动的。在他看来,一个未婚的中小学女教师可以借爱他的学生(实际上等于她的孩子)这个方式来满足做母亲的欲望;一个传教士,可以通过献身教会,作所在教区的"孩子们"的"父亲",从而防止了独身生活形成的"性"的难局。在他看来,诗人和艺术家实际是靠借创作出的艺术品来表现自己的裸露癖,外科医生则通过手术刀来满足自己的施虐癖。诸如此类,不一而足。在弗洛伊德看来,在自己的行动中,把本能欲望转化为创造的欲望,把自己的性力转化为创造力,把性欲快乐转化为创造成就的快乐。

弗洛伊德力主社会的文明和进步。但在他看来,文明和进步总是以本能的压抑和升华作用为代价取得的。在他看来,可运用升华作用进行创造,只要不过于频繁,还能够帮助个人保持精神上健全。

四、本能与文明的冲突及其理性调节

从人的本能、性欲和情欲的角度上看问题,欲望越是放纵,情感越能满足。但是,社会必须进步和发展,而这种进步和发展,必然要压抑一部分本能和欲望,同时使一部分欲望通过升华转化为创造文明的动力。一方面要放纵,另一方面要压制和牺牲,这就形成了矛盾和冲突。于是,社会文明引起本能和欲望的"不满",整个社会也引发起"社会神经官能症"。

弗洛伊德指出,在现代文明国家中,一方面,凡是河流有倾覆河

岸的危险却受到了限制,流水由运河导向至需要的渠域。土壤勤加耕耘,栽培适宜的植物。矿产资源深入挖掘,制成会用的机具。交通工具迅速可靠,毒虫野兽已被消灭。家畜驯化工作兴旺发达,园林布置合理,清洁卫生设备良好。艺术、科学、宗教、哲学成就辉煌,人际关系融洽,这自然对人的生存是有利的。在另一方面,"爱与文化利益相冲突,文化的严酷的限制威胁着爱",在现代文明的社会里,"就性已成熟的人们而言,对性选择限于异性,凡属生殖以外的满足多作为反常而被禁止的","可以许可的爱情的统一出路还要受法律和一夫一妻制的进一步限制"。这就表明,文明的发展是以牺牲性本能和欲望的满足为代价的。

经过以上分析,他曾尖锐地指出,我们的痛苦要由我们的所谓文明来负责,如果我背弃了它,复还了原始的情境,我们将较幸福了。

弗洛伊德这番话语,危言耸听,但并不表示他要回到原始的自然状态,也不表示他是性解放的倡导者,而只表示他作为一个人文主义者和精神病学家对现代社会片面发展而造成对人损害的警示。

事实上,弗洛伊德是位坚定的理性主义者,他坚信,理性是人与人之间起协调统一作用最强的联结力量,只要按照理性的精神,全面地规划发展,兼顾文明进步同人性要求两方面,问题就可一步步得到解决。他说:"我们对未来的最美好的希望是,理智—科学精神、理性—随时间的进展可能在人的精神生活中建立独裁统治。理性的性质即一个保证,以后理性社会使人的情绪冲动及其所决定的事物得到应有的位置。但是这种理性的优势所发挥的一般强迫作用将证实是人与人之间最强的联系纽带,并能把人引向进一步的联合之路。"

从以上叙述中不难看出,弗洛伊德的社会文明论不过是他的主观精神论在社会历史领域里的引申和扩充。不过,社会现实的特点又不能不使理论发生变故,也就不能根据社会的特点进行修正。例如,社会是由众多的人员构成的，联结这些关系不是可以有性欲二字说得清楚的，于是他不得不把性欲提升为泛义的近乎柏拉图所倡导的"爱欲"；在社会中，众多人一起活动，难免要发生种种纠纷和动乱，为了保证社会的安全，他就不得不承认要对性欲和情欲加以限制，从而承认社会规范（禁制）的必要性和合理性；人在社会中，总得要生活，要学习要欣赏，也就得形成社会的物质的和精神的文明，因而就得承认社会文明的对人有用性，尽管对文明有所不满，但还是主张运用理性协调的办法调节文明同本能和情欲之间的关系。经过一系列的理论上的修正和补充，弗洛伊德植根于社会现实上的社会精神也就形成了。他的社会文明论也就是他的社会精神论①。

当然，弗洛伊德的理论是从他的精神分析医学和心理学中发展起来的，由于弗洛伊德不懂得社会经济对于人和社会发生发展的作用，因而理论不可能揭示社会历史存在和变动的深层机理，只能就人类的精神现象做出比较客观的和表面的描述。

第四节　弗洛伊德理论的修正和转向

弗洛伊德随着声名远播，招来了一批同道者和追随者。在这些同道者和追随者中间，有一些人，一开始就同他发生分歧，其中主要之点，就是他们不赞成弗洛伊德的泛性主义和以本能压抑说明无意识的产生。随着分歧的加剧，他们也就离弗洛伊德而去，建立起自己的精神分析理论。他们的观点，就探索人的主观精神的形成、构成和活动等基础问题的方面，大体同弗洛伊德是一致的，但他们所持的某些具体观点则同弗洛伊德有着明显的差异。相对于弗洛伊德本人的观

---

①宾克莱：《理想的冲突》，商务印书馆，第 130 页。

点而言,他们的观点,有的可以看作是补充,有的可以看作是深化,有的却是根本转向。

一、阿德勒的"向上意志"论和"生活风格"论

阿德勒(Alfred adler,1870—1937)是奥地利的精神病学家和"个体心理学"的创始人。1902 年,他开始参加弗洛伊德的每周讨论会,因而是弗洛伊德学派的核心人物之一。1911 年,他就公开批评弗洛伊德学说。弗洛伊德为了弥补俩人之间日益增长的分歧,曾邀请他担任维也纳精神分析学会会长。由于弗洛伊德在理论上固执己见,阿德勒愤而辞职,另立自己的门户。其主要著作有《自卑与超越》、《人性的研究》、《个体心理学的理论与实践》、《自卑与生活》等。

阿德勒是一位深受唯意志主义影响的精神学家。他的基本理论就是所谓"向上意志"论,按照这种理论,人类的一切行为都受"向上意志"支配,"人往高处走,水往低处流"。按照这一理论,一个人生来就有一种内驱力,它将人格各方面汇合成一个总目标:要求高人一等的"优越感"(superiority)或谓"出人头地"。在阿德勒看来,人们的一切动机,不论好歹,都是向着一个方向,追求优越,追求征服,继续奋斗,永不停留。他说:"一个透彻的研究已经使我们懂得,只要我们的最一般的前提,即精神是把优越的目标作为它的目标的,得到认可,我们就能够最好地了解精神的多种多样而又变化多端的运动。"在他看来,一切哲学家和心理学家所梦想的自我保存、快乐原则、均衡现象,都是表明向上的内驱力,它是我们生命的基本事实。在他看来这种为优越而进行的奋斗是内在的和必然的,它不仅在个体的水平上,而且在一切文明的历史上同样进行着这样的奋斗,它引导着人和种族永远不断进步。

阿德勒不同意弗洛伊德关于动机的原始基础集中于性因素的说

法。他认为人对"优越性"的渴望与追求,起源于人的"自卑感",而人的自卑感则起源于人在幼年时的无能。他最初把这种无能主要理解成"有着器官缺陷、体弱、多病"①。在他看来,由于这些人不能自助和弱小从而引起怯懦、优柔寡断、怕羞、听话服从等自卑感。他后来扩充了"无能"这个概念适用范围,把任何身体的、精神的或是社会的障碍(不管是真实的或想象的),都列入"无能"的范围。在阿德勒看来,这些障碍都会引起一般的自卑感。这样,他实际上把自卑感当作是任何人从幼年开始就具有的一种心理感受。阿德勒自豪地说,对"自卑情结"的发现是个体心理学的重大贡献。

人们如何去对抗自卑感呢?阿德勒认为,主要的途径就是"补偿"。阿德勒认为,具有自卑感的儿童一方面看到别人事事都能做,处处比自己强,感到愧不如人,另一方面又力图"补偿"自己的弱点,尽力克服自己的缺陷以求达到优越的目标。他举例说,德奥司尼斯从小就口吃,但他竭力补偿这个缺陷,面对大海,口含石子,勤学苦练,终于成为希腊的一位大演说家。阿德勒认为,自卑感可以激发人们去补偿,而补偿正是人们的"向上意志"的表现。它是推动人去追求优越目标的基本动力。阿德勒还说过,当个人面对一个他无法适当应付的问题时,他表示他绝对无法解决这个问题,此时出现的便是自卑情结。由这个定义,我们可以看出:愤怒和眼泪或道歉一样,都可能是自卑情结的表现。由于自卑感总是造成紧张,所以争取优越感的补偿动作必然会同时出现。阿德勒后来把补偿的概念从生理学引入到心理学领域,在他看来,不仅是儿童,即使成年人的心理,也差不多完全受补偿作用的支配。人们一方面感到自卑,另一方面又为争取优越而奋斗

①阿德勒:《个体心理学的理论和实践》,纽约,1929年,第7页。

的补偿心理所驱使。在他看来,这种"一推一拉"的过程,存在于人生的整个过程中。

阿德勒在弗洛伊德影响下,还提出男性钦羡(masculineprotest)的理论,他认为不论男性还是女性都有要求强壮有力的愿望,以补偿自己不够男性化的缺陷。他接受了德国哲学家怀亨格的见解,把树立"自我的理想"当作获得优越感和维护自我尊严的重要途径。在他看来,促使人类做出种种行为的,是人类对未来的期望,而不只是其过去的经验。

阿德勒那种主张消除自卑追求优越的观点实际是一种强化自我和发挥自我主导作用的观点,在实际上补充了弗洛伊德人格理论中对于人格自我肯定之不足,因而受到弗洛伊德的高度赞赏。

弗洛伊德曾经称阿德勒的这个观点是对自我心理学的一大贡献。

阿德勒还提出了"生活风格"的理论。他认为幼儿在掌握经验和应付环境中,逐渐形成和固定下来的行为方式,是"生活风格"。在他看来一个人的生活风格决定自己的人格。他还认为从童年"生活风格"中形成的人格,就是"创造性自我"。"创造性自我"受"向上意志"的支配,面向未来,而不是面对过去,所以人虽受环境制约,却能发挥出人的主观能动性。阿德勒的观点同弗洛伊德重视性本能的观点不同,他强调社会环境,主要是家庭教育的影响作用,强调从幼儿时起在"生活风格"中形成人格。这就说明,他的社会历史观已经超越了弗洛伊德生物学性本能无意识说,把自己的观点置于尼采人人都具有的"强力意志"和追求权势欲的无意识说的基础之上。不难看出,阿德勒的观点,已经实现了从作为人的生物制约性向它的社会文化决定论的方向转变。这种带方向性的转变将古典的弗洛伊德主义引向新弗洛伊德主义。

二、荣格的"生命力"论和集体无意识理论

荣格(Karl Jung,1875—1961)是瑞士著名的心理学家和"分析心理学"的创始人。1907年他同弗洛伊德会晤并受到弗洛伊德欣赏。1911年,在弗洛伊德的推举下,荣格担任国际精神分析学会首任主席,在1912年荣格发表了《无意识心理学》一书以后,两人关系恶化,1913年在国际精神分析会议上,两人因观点严重对立,以致弗洛伊德宣称荣格不再是精神分析学者。1914年,荣格离开了弗洛伊德,创立了自己的分析心理学派。荣格一生写下了大量著作,具有代表性的有:《变态和里比多的象征》《心理类型》《意识的起源》《分析心理学的理论和实践》《追求灵魂的现代人》《人及其象征》《记忆、梦、反省》等。

荣格是位受到柏格森生命哲学精神熏陶的学者。因此他的核心理论具有浓厚的生命哲学气息。他的精神分析的重要概念"性力"变成了生命力。在他的著作中,表示不赞成把"里比多"看作一种单纯的性力,而主张把它看作一种生命力或心力。他说:"里比多,较粗略地说是生命力,类似于柏格森的活力。"他强调要在比弗洛伊德更广泛的意义上使用"里比多"概念。在他看来,作为一种普通的生命力,它既表现于生长和生殖,也表现于其他活动。他反对弗洛伊德只用性爱去阐述人的行为,例如,他认为,儿童在3岁至6岁这段时期,其行为的内驱力不是性爱,而是获取营养和企求生长的需求。他对弗洛伊德的"恋母情结"虽不完全否定,但用一种随着与母亲的供食机能相联系着的满足与对抗而产生的需要来解释儿童对母亲的情爱。他认为,这个时期儿童的快乐不可能出于性的欲望,而是出于依赖母亲喂奶的营养需要。当然,他并不完全否认性爱因素的存在,但他认为,"里比多"的生命力只是在青春期以后才具有异性爱的形式。他把性

爱的作用降低到只是全部内驱力的一个组成部分。美国学者 R.S.斯蒂尔说:"荣格扩大了里比多一词的意义,以致此词几乎完全失去了性的涵义。"

荣格对弗洛伊德学说所做的补充,主要表现在以具有普遍意义和超个人性质的"集体的无意识"来支撑弗洛伊德的纯粹"个人的无意识"。他认为,弗洛伊德在意识底部揭示出无意识的存在对人格理论做出了重大贡献,但他把无意识看得太狭窄,也没有对之做出具体分析,弗洛伊德的无意识只是个人无意识,是属于个体的。其实在个人无意识下面还有一个更深的精神层次——集体无意识。对意识、个人无意识、集体无意识三者的关系可以作这样的比喻:意识犹如海洋中一个岛的可见部分,由于潮汐运动时露出来的水下陆地,代表着个体的个人无意识,而作为基地的海床是集体无意识。个人无意识和集体无意识所包含的内容不同,前者包括所有一切在个人的生活中"被遗忘、被压抑、在阈下被感知、被想到和被感受的东西",后者则包括所有一切"并非由个人获得而是由遗传所保留下来的普遍性精神机能"。他把个人无意识的内容称为情结,而把集体无意识的内容称为原型。在他看来,情结主要来自个人经验,由一切冲动和愿望、模糊的知觉以及无数的其他经验组成,它一度是意识的,但因被遗忘或压抑,从意识中消逝了。原型不是由个体习得的,而是从遗传中得来的。它包含着远祖在内的过去所有各个世代所积累起来的经验,而与个体当下的经验无关。

荣格轻视"个人无意识",重视"集体无意识"。因为"集体无意识",提供的是"原型",而"个人无意识"提供的只是"情结"。荣格从"人格"出发、认为"集体无意识"所提供的"原型"有四种:(1)人格面具(ponsona);(2)阿妮玛(anima);(3)阿尼姆斯(animns);(4)暗影(shdow)。它们都分别代表不同的人格系统。"人格面具"是人格的最外层，它是个体的人在环境影响下形成的与别人接触时所表现出来的假象，它掩饰真正的我，与真正的人格不符，它表现为个人为应付环境的要求而戴上的一种特殊的假面具。"阿妮玛"是指男人身上的女性特征，"阿尼姆斯"是指女性身上的男性特征，它们代表一种灵气，是自己觉察不到、别人也不能看见的、远祖遗传的"原始意象"，两性之间可借助于它们相互了解。"暗影"也叫作黑暗的自我，是人格的最内层，它们具有兽性的特征，它包括一切欲望、冲动、激情和不道德行为，实际上是指人的那些阴暗的、卑鄙龌龊的本能欲望，类似于弗洛伊德所说的"本我"。"自私"就是这种"原始意象"的核心内容。

荣格的分析心理学，还提出了所谓"性格类型"说。他把人格分为内倾型（内向）和外倾型（外向）。荣格认为："内倾的特征是他的里比多在一定程度上倾注于他自己的人格上——感觉到自己有绝对的价值。外倾型的里比多在一定程度上倾注于外，感觉到身外有绝对的价值。内倾的人看待一切事物，都以自己的观点为准则，外倾的人则依据客观的估价。"一般说来，内倾型的人喜寂寞、较沉静、好疑虑、多畏缩、对外人存有戒心，外倾型的人则喜活动、不沉静、善交际、易动情、比较开朗乐观。从心理机能上看，人虽有内外倾性格之分，但因心理机能不同又表现为个别差异。荣格认为，人的心理机能可分为感觉、思维、情感、真觉四种。荣格认为：感觉的主要机能是确定某一事物的存在，思维是将它的意义告诉我们，情感是以它的价值告诉我们，直觉是揣测它从哪里来，又往哪里去。感觉和直觉我将其称之为非理性的机能，因为它们只关心什么东西的出现和当前及可能的现实。思维和情感由于它们是辨别的机能，所以是属于理性的。他认为人的内倾和外倾这两种人格，在实践上经常同心理活动的感觉、思维、情感、直觉这四种机能相结合，构成许多可能的人格类型。荣格的"性格类型"说，因对教育、文艺和医疗工作都有一定的参考价值，因而受到人们的重视。

荣格的观点同阿德勒相比,同弗洛伊德的主旨理论较为接近。他的集体无意识理论和性格类型理论直接丰富着精神分析学说内涵。而他的生命力化的里比多学说,由于冲淡了性的色彩而离开了弗洛伊德。正是这种变化,使他更接近于后来的新弗洛伊德主义。

第五节　新弗洛伊德主义

20 世纪 30 年代开始,因不堪忍受法西斯主义的迫害,德奥的一批精神分析派的人士迁居到美国,继续进行他们的精神分析事业。因为这些人的观点与弗洛伊德本人的观点相比较差异很大,被称之为新弗洛伊德主义。

一、新弗洛伊德主义形成及理论特征

新弗洛伊德主义的代表人物有:霍妮、弗罗姆、沙利文、卡丁纳和艾里克森。

新弗洛伊德主义者,就其大多数而言,都未受过弗洛伊德主义正统精神分析科班式培训,有的新弗洛伊德主义者则是半路出家,对弗洛伊德的基本理论知之不深或半信半疑,加上 20 世纪 30 年代后的美国,世界上多种多样的思潮汇集其间,在观念上也不能不受到影响。基于以上情况,新弗洛伊德主义也就成了同古典的弗洛伊德主义差异明显的学说。

新弗洛伊德主义同古典弗洛伊德主义相比较,理论上的差异主要表现在以下两个方面:

(1)在人格成因上:古典弗洛伊德主义,强调本能特别是性本能对人格的决定作用。新弗洛伊德主义则逐渐承认社会、文化和心理因素对人格的影响,淡化甚至抛弃了本能特别是性本能对人格的决定

论的见解。

（2）在对"自我"的估价上：古典弗洛伊德主义，虽然在一定程度上肯定"自我"的中心地位，但是，这种观点还是以本我的基础和决定作用为前提的。新弗洛伊德主义则认为，自我在起源、发展和本能方面都独立于本我，它具有自身的能源，有着自己的动机和目的。还认为自我作为理智的指导系统，对智能和社会负责。这样，自我也就成了人格系统中名副其实的主导和中心。

正是由于新弗洛伊德主义在人格成因上的社会文化色彩，也就被人称之为"社会心理学派"或"社会文化学派"。

二、霍妮的社会文化成因论

霍妮（Karen Homey，1885—1952）美籍德国精神病学家和精神分析学家。年轻时曾在德国柏林精神分析研究所接受精神分析的培训，1932 年迁居美国，创立了美国精神分析研究所，对精神分析运动的发展有过重大的影响。

霍妮的主要著作有：《我们时代精神病的个性》《自我分析》《精神病与人类成员》等。

霍妮是一位面对社会现实的精神分析学家。20 世纪 30 年代的美国正处在经济危机时期，当时美国精神病患者的病因多为经济方面的因素。由于经济因素超过了性因素，因而她认为，弗洛伊德的性本能理论应当修正。作为一位女性，她竭力反对弗洛伊德的"恋母情结"论。她认为男女之间的心理差别，绝不是什么性本能区别，而是由社会条件和文化教育因素造成的区别。在她看来，所谓"恋母情结"说是没有科学根据的。

霍妮对弗洛伊德的一些基本概念，如无意识、压抑、抵抗、精神决定论等等观点还是赞同的，对弗洛伊德关于精神分析法的一些技术，如自由联想、释梦以及对情移作用的分析等等也很欣赏。但她坚决反对弗洛伊德关于性本能、"里比多"等等概念和说法,认为弗洛伊德的这些观点完全歪曲了人与环境的关系, 根本否定了社会条件和文化教育对人们行为的影响。

霍妮创造了一个概念:"基本的焦虑"。她认为,人不是受快乐原则统治,而是受安全的需要支配。一个人生来的主要动机就是寻求安全,避免威胁和恐惧,在她看来,实际上人一生下来就处于一个看不见的充满敌意的世界里,所以他往往充满着不安全和恐惧,这种不安全感又直接导致了焦虑。这样,寻求安全,消除焦虑就成了人主要的无意识冲动,成了人的行为的主要内驱力。

霍妮提出了自己关于人格形成的理论。她和弗洛伊德一样,相信人格是在人的童年发展起来的, 但是她不同意弗洛伊德用原始性欲发展阶段的进展来解释人格的形成。她强调社会环境,特别是家庭环境、双亲在对人格形成中的作用。霍妮认为,儿童寻求安全、消除焦虑主要是在家庭这一天地中发生的, 儿童能否满足这方面的冲动取决于家庭、双亲对儿童的具体态度。假如儿童从家庭、父母中得不到温暖和情爱, 就可能产生各种不现实的顾虑, 这种顾虑得不到及时清除,就可能发展成为神经性焦虑。相反,假如儿童从家庭、父母中得到了温暖和情爱, 就会感到安全和满足, 就不会产生焦虑并导致精神病。与此同时,儿童也必定要对来自家庭的影响做出自己的反应。儿童正是在对于家庭的影响做出的反复的反应中形成了人格。由于儿童生活在不同的家庭,也就形成了不同的人格。

霍妮还认为,当儿童在家庭中因环境影响而在心中产生焦虑时,就不得不采取一些行为策略来帮助自己克服孤独和不安全感。由于儿童的人格就是在他对于特殊的环境做出反复的反应中形成的,所以这些反应形式就成了她所说的"精神病需要"。把它们概括起来,有三种指向活动的行为模式，构成了三种不同的人格：（1）依从性人格——趋向于人们的活动，它是处于求爱的需要中形成的；（2）分离性人格——避开人们的活动，它是处于独立的需要中形成的；（3）攻击性人格——反对人们的活动，它是处于权力的需要中形成的。霍妮认为：所有"精神病需要"的这三种活动或行为模式都不是对付焦虑的最适当的手段。她认为"理想化的自我意象"与真正的自我之间的矛盾，是精神病中的一个主要冲突。精神分析者的任务就在于揭露这种内部冲突，采用精神分析的技术，如对梦的解释、了解患者的无意识过程，运用自由联想法，把无意识引导到意识中来，分析移情，了解病人和其他人的关系，从而使精神病患者得以治疗。在精神病治疗上，弗洛伊德强调的是先天遗传因素，表现出对精神病治疗持悲观态度，而霍妮从后天家庭环境影响和社会文化因素出发，对精神病治疗持乐观态度。

三、沙利文的人际关系成因论

沙利文（H.S.Sullivan，1892—1940）是美国精神病专家和精神分析学家。代表性著作有：《现代精神病学概论》、《精神病学·人际关系入门》、《精神病学的人际关系》等。

沙利文也是一位注意从社会文化决定作用的精神分析派学者。他的基本观点是：人只有在人际交往中才形成所谓人格。在他看来，一个人一出生，就处于复杂的、变动着的人际关系之中，于是形成了相对持久并且变动着的行为模型，这就是所谓的人格。沙利文这里所说的人与人关系，既指社会关系，也指心理关系。

沙利文还把人格发展看成是一个变化的过程。他认为，人格的发展，已证实的有三种过程：第一种是能动过程，第二种是人格化过程，第三种是认知过程。所谓能动过程，主要是讲有机体与环境的相互作用所感知到的自我意象,相当于弗洛伊德的"超我",它是一切人类行为的首要因素,它包括了个人追求生理需要和安全满足的全部内容。所谓人格化过程,主要是讲个人保持着从婴儿时期起就产生的关于别人和自己的意象过程。个人对自己人格的看法,总是和他对别人人格的看法相联系的,对别人人格看法上的局限和歪曲,在很大程度上同他对自己人格看法的不正确有关。因此,人人要保持对自己人格看法的定型化,不可对自己的人格进行歪曲。所谓认知过程,主要是讲儿童应付不同种类符号化的真实能力以及儿童对环境做出反应的这些能力之间的关系。它可分为三种经验模式:(1)未分化模式—是幼儿特有的心理状态,在个人的自我与世界之间缺乏界限,只是直接体验着一种原始感觉,不附有任何意义,同时缺乏时间的组织;(2)不完善反应形式—是儿童在自己和外界之间开始觉察出了主要区别,有了语言和经验,有了一种共同有效符号可以参照,但由于经济和能力的限制,这种符号还未受到现实的检验,经验之间还缺乏联系,仍然是种偶然的结合;(3)综合模式—由于能够运用共同有效的符号以及其他一些有效方式而形成了逻辑联系,这种符号是集团公认的,最普通的就是语词,它们的主要作用就是思想交流。

同其他精神分析学家一样,他也把人格破坏与精神病发作联系起来,沙利文认为,如果正常的、满意的人与人之间的关系受到破坏,人格发展阶段受到歪曲,认知过程的三种经验模式不能实现,就会导致精神病。因而,精神病患者应当从过去的不幸经验中,从对自己人格的歪曲中解放出来,消除焦虑,以便对问题进行清醒地思考。所以,沙利文特别强调要把精神病患者当作一个人看待,帮助他重新发现自己已很脆弱的自尊心,培养起对未来的正确看法,给他指出未来的广阔前景,实现他的人与人之间关系的安全保证。这样患者的自我系统的失调就会得到逐渐改变,精神病患者也就会恢复健康。

从上不难看出,沙利文并没有离开弗洛伊德主义,而是把弗洛伊德的理论和带有社会倾向的精神分析的理论糅合在一起,从社会文化方面来推进弗洛伊德主义。

四、弗洛姆的"人道主义的分析"论

弗洛姆(Erich Fromm,1900—1980)是哲学家、社会学家和心理学家,是新弗洛伊德主义和法兰克福学派的代表人物。20世纪30年代迁居美国,同霍妮一起创建了美国新弗洛伊德主义学会。代表作有《逃避自由》、《寻找自我》、《弗洛伊德的使命》、《马克思关于人的概念》以及《对人的破坏性之研究》等。

弗洛姆,作为新弗洛伊德主义主要代表人,一方面继续坚持弗洛伊德确定的一些基本观点,但更多的是运用社会文化成因说取代弗洛伊德的本能论。突出自我,压低本我。突破精神分析局限于个人问题研究传统,把研究的方向转向整个现实社会。他视野之开阔、观点之犀利,在新弗洛伊德主义者中间特别突出。

在弗洛姆看来,精神分析学实质上是一种人道主义理论,因为它确认,有一种一般的、规范的"人性"之存在,还构造了一个"人的本性的模式"。它的片面性在于把人性简单地归结为饿、渴、性等这样的生物需求。在弗洛姆看来人性并不只是生理上种种需求的总和,人性中还包含着属于社会过程的形成的需求。社会过程创造了人,也创造了人的需求。弗洛姆所说的社会需求主要是指人的逃避孤独,寻求与他人建立关联的需求。他认为,无论从"人种发生",还是从"个体发生"来看,人从自然状态向社会状态的过渡中,都充满着"生存的矛盾"。其中主要的一种是所谓"个体化"与"孤独感"之间的矛盾。在一个人从母胎里诞生出来不断成长的过程中,一方面逐渐脱离束缚,变得越来越独立和自由,越来越"个体化",另一方面由于切断了使自己获得

安全、得到保护并把自己与他人联系在一起的"原始纽带",因而变得越来越不安全,越来越滋生了一种"孤独感"与"失落感"。虽然这对矛盾的存在是不可避免的,但它的尖锐化与表现的程度完全取决于社会历史条件。他认为在现代资本主义社会里,"个体化"与"孤独感"之间的矛盾已到了白热化的程度。在这种情况下,人就产生了一种逃避自由、逃避孤独、寻求与他人结合的强烈的需求。这就构成了现代人人性的基本内容。

弗洛姆这个对于社会心态的分析,尽管没有真正抓住问题的实质和关键,但他确实注意到了经济发展引起人们心态变化的真实情景,并以之作为观察人与社会的根据。他的分析较之霍妮把社会因素等同于家庭因素的分析前进了一大步。

弗洛姆在分析的基础上,还开出了救治的药方。这就是他主张的心理革命。他的心理革命包括两个主要方面:一是对病患者治疗和拯救,二是对人格健全者进行培训,通过说服引导,促使他们的人格健康地发展。

在弗洛姆看来,心理革命的关键在于人的自觉。而自觉实际就是将无意识转变为意识。他认为,所谓意识和无意识同为个人内在的主观状态,它们之间的区别只在于,意识是指已被觉察到的人的情感、欲望和经验,而无意识是指尚未被觉察到的人的情感、欲望和经验。将人的无意识变为意识实质上就是使尚未被人觉察到的情感经验让人觉察到。他认为存在着某种"社会过滤器"阻止了某些"情感经验通过它,变成人的意识"。他所谓"社会过滤器"一是指语言,二是指思维的逻辑方法。在他看来一定的情感经验需要一定的思维的逻辑方法和一定的语言领会和表达。如果受文化背景和社会制度的限制,缺少表达和领会某种情感经验的语言和思维的逻辑方法,这些情感经验就不能进入意识的领域。在这种情况下,改变文化背景和社会制度,创造新的语言和思维的逻辑方法,就成了心理革命的关键。

弗洛姆认为,在启发人的自觉以后,还必须帮助人们培育起一种使人融为一体的"爱的关系",通过"爱"的纽带把人们联结起来。弗洛姆认为,一切时代文化中的人,永远面临着一个如何消除孤独、达到与他人结合的问题。心理革命中的一项重要任务就是设法使人们满足这一人性的最基本的需求。现在,人们往往通过"自恋"的方式,即以个人为中心,或去屈服于别人,成为他人的附属,或去控制别人,使他人成为自己的附属,来达到消除孤独、获取安全的目的。他认为这一方式实不可取。在他看来唯一可行的办法在于培育自己"爱的能力","同他人建立起一种融洽的爱的关系"。他把这种爱称作是"创发性的爱"。这种爱是一个人的潜力充分得到发展的结果,是活生生的生命流露,是一种至高无上的艺术。他还强调必须把培育"创发性的爱"同培育创发性的人格,即独立自主的人格结合起来。他还认为,这种爱只有在人的社会化过程中才能形成,所以,主张把培育爱的工作纳入到改变现行社会制度的斗争中去。

弗洛姆的精神分析,已从对个人人格分析挺进到对整个社会的矛盾的分析,而且是主张用人道主义的原则去化解社会矛盾的分析。事实上,社会问题决不会等同于个人心理问题,因而绝不是用软弱无力的人道主义精神可以化解的。这样做最终也只能成为牧师布道式的甜蜜说教。

第六节　弗洛伊德主义的马克思主义

从 20 世纪 30 年代开始,欧美的一批学者如赖希、弗洛姆和马尔库塞等人,致力于弗洛伊德主义同马克思主义"嫁接"工作,创建起弗洛伊德主义的马克思主义。

在这些学者看来,马克思主义着眼于社会,重视社会冲突,弗洛伊德主义着眼于个人并重视个人心理冲突；马克思主义注意意识和理性，弗洛伊德主义强调无意识和非理性。双方各有千秋又各有缺陷。在他们看来，如果把二者结合起来，就会变成既深刻又完整的理论。

赖希等人经过一番努力，形成了互不统属的弗洛伊德主义的马克思主义的理论体系。他们进而运用这种理论观察现代资本主义社会，揭示这个社会的"病态"，并主张发动心理革命来消除它的病态。这样，弗洛伊德主义的马克思主义实际成了法兰克福学派批判哲学的重要理论武器。

一、赖希的"性格结构"理论

赖希（Wilhelm Reich，1897—1957）是奥地利的精神病学家和社会批评家。1922 年，曾经获得医学博士学位。赖希在大学毕业之前，就投入精神分析的运动并成为运动的积极分子和杰出人物，因而得到弗洛伊德本人的欣赏和器重。1927 年起，又投入了共产主义运动，同样成为运动中的积极分子。赖希因喜欢自作主张和标新立异而为双方所不容。1939 年，他迁居美国，专门从事"倭格昂"（生命能）的研究，以后渐渐为人们所淡忘。

赖希的代表作有：《辩证唯物主义和精神分析》、《性格分析》、《青年人的性斗争》、《性道德突破》和《文化斗争的性行为》等。

赖希的理论中较有特色的是他的"性格结构"理论。

赖希认为，每个人身上都有一种性格结构。这种结构是人在儿童和青年时期承受家庭、宗教和教育的压抑而形成的。它是有组织习惯"内在化的范型"，它支配着人在日常生活和工作中的行为。

在赖希看来，人身上的性格结构，在人未成熟之时，它是抵御压力而形成的"自我陶醉的保持装置"，在成熟以后，它是用来堵塞内部冲动并使冲动改道的机制。因此,性格结构既是人受压抑的表征,又是因压抑而产生焦躁情绪的控制器。

在事实上,赖希所谓的性格结构,只不过是弗洛伊德以无意识为基础的人格结构的另一种称谓罢了。

在弗洛伊德那里,人格的基础是无意识,意识只是建筑在无意识基础上的特殊部分。在赖希那里情形也大体如此。在他看来,人们都有自己的意识形态,但这种意识形态总是"锚入"个人的"性格结构"之中的。性格结构是意识形态的载体,意识形态是性格结构的承载物。

赖希依据弗洛伊德的人格理论设计出性格结构以后,就转而批评历史唯物主义的意识形态理论。他认为,历史唯物主义肯定人的意识是经济过程的产物是正确的,但它(1)由于缺乏像性格结构一类的中间环节,因而无法说明是如何转化的;(2)由于它缺乏一个独立的稳定的载体,也无法说明它为何具有相对独立性和对经济过程具有反作用。

经过一番批评之后,赖希就抛出了他设计的"性格结构",在他看来,当社会观念一旦植入他的性格结构之后,也就说明经济过程如何转化为意识的。有了性格结构这个载体承载,意识形态也就有了独立性并在此基础上发挥反作用了。

尽管意识必须附着于性格结构的观点本是弗洛伊德意识必须受制于无意识的派别成见,无须认真对待,但赖希却自以为因此克服了历史唯物主义中的理论缺陷,宣称随着他的性格结构概念的提出"架桥"而跨越了马克思主义理论中关于社会状况同意识形态之间的沟壑。

二、马尔库塞的"爱欲解放"理论

马尔库塞(Herbert Marcuse,1898—1979)德国出身的犹太人,著名的哲学家,法兰克福学派左翼代表人物。年轻时就投入共产主义运动,不久就到柏林大学和弗莱堡大学学习哲学。1932年,加入法兰克福社会研究所。1934年,随迁至美国,在美国的一些高校和研究所工作。他的思想激进,是20世纪60年代欧美左翼青年学生运动的精神领袖。

马尔库塞著作等身。属于弗洛伊德主义的马克思主义的著作有《爱欲与文明》、《本能结构与社会》、《论当代工业社会的攻击性》和《单向度的人》。

马尔库塞长期致力于弗洛伊德主义同马克思主义的结合工作,创立了多种有特色的理论,其中最著名、影响最大的是他的爱欲解放理论。

马尔库塞以自己深厚的哲学根基来解读弗洛伊德主义,同时借用马克思主义的思想来充实它。因此,使弗洛伊德主义获得了全新的意义。

马尔库塞的"爱欲解放"理论,包含着以下基本内容:

(一)爱欲是人的本质,属于哲学范畴

弗洛伊德创造了爱欲的概念来代表性的本能,马尔库塞把它提升到哲学基本范畴的高度。

马尔库塞认为,他所谓的爱欲是与性欲不同的,它是一个具有广泛性和普遍适用的范围,它既指生物性的性欲,也指生物人其他的欲求,如食欲、休息、消遣等等,它更是指交往、亲密、利人等等道德性的欲求和情感。因此,在他看来,爱欲会给人带来全面的和持久的快乐,也使社会形成一种新的关系——互助协调的关系。这样,爱欲实际成了物欲、性欲和情欲的概括。

马尔库塞把爱欲当作人的本质。他说,弗洛伊德的"元伦理学企图对存在的本质作出规定,认为这种本质就是爱欲"。

(二)爱劳动是爱欲的重要内容

弗洛伊德曾经说过,人从事一定的工作,实际为里比多构成的各种冲动的释放提供了大量的机会。这实际是说,人的劳动和工作也是人的本质性的要求。这种说法同马克思把劳动看作"乐生的第一需要"有某种近似之处。马尔库塞综合了前人的观念,进一步提出,劳动的本性就是满足爱欲。在他看来,人在爱欲支配下劳动,等于让自己的器官和机能自由消遣,就如人们自觉自愿地从事体育运动一样。

(三)现代资本主义使爱欲受到越来越严重的压抑

马克思青年时代,曾经指出,雇佣劳动者在资本家工厂里劳动,不是为了乐生,只是为了生活,劳动者的成果甚至劳动者本人为资本家占有。马克思称这种情况为"异化劳动"。马尔库塞根据现代资本主义现实体悟指出,随着科学技术高度发展,劳动分工进一步细化,劳动过程中千篇一律、单调乏味的情况变得越来越严重,马尔库塞指出,劳动异化的状况变得越来越严重,人也变得越来越麻木不仁。

在马尔库塞看来,在现代资本主义社会中,从表面看,性自由,或性解放,但在实际上,性越来越依附于社会关系,性活动越来越成为手段而不是目的。在他看来,在这样的性自由的后面,对爱欲的压抑不是小了而是变得更严重了。

马尔库塞还认为,现代资本主义不仅压抑着人的本质的爱欲,而且还把本不属于人的本质的东西强加于人,把人的欲望和需要统统纳入资本主义秩序之中,使人不成其为人。

(四)解放爱欲必须建立一个新的文明

弗洛伊德曾经把爱欲同文明看作相互对立相互冲突的两个方

面。因此,在他看来,不是爱欲承受压抑,就是毁坏文明。因而陷入悲观主义。马尔库塞认为,弗洛伊德的看法是不正确的。按照马尔库塞的看法,一方面,他所谓爱欲实际是一种凝聚力,而且本身具有自我约束机制,因而不具有反社会性;另一方面,对于文明带来的压抑也要作具体分析。他把压抑区分为两种:一是基本压抑,一是额外压抑。基本压抑主要是经济贫困和克服这种贫困的劳动,这种压抑是难以避免的也是合理的,这类压抑,随着科技进步,物质资料丰富,劳动条件改善,一句话随着文明不断发展也就逐步消除了。额外压抑,是由于制度(分配方式、劳动组织方式)造成的,它代表着统治阶级的利益,是强加于人的,在他看来,这样的压抑,只有推翻现行社会,建立起非压抑的社会才能消除。

马尔库塞的非压抑性的社会,既是文明高度发展,同时又消灭了剥削制度的社会,实际就是共产主义社会。在他看来,在这样的社会中马克思倡导的社会解放同他力主的爱欲解放得到同步实现。

弗洛伊德在开创他的精神分析说的时候曾经说过,他的精神分析实际上是"一门关于无意识心理过程的科学"。他的追随者和后继者们尽管意见分歧,各说各话,但有一点却是共同的,即承认无意识是人主观精神的重要构成部分;无意识实际上支配着人们品格和行为;无意识可能在社会上产生积极的或者消极的影响。这些观点,不仅为本派人所共有,而且也为其他的一些哲学流派如存在主义、结构主义和法兰克福学派的批判哲学逐渐理解和接受。当今西方的一些人文科学的理论中,如人类学、民俗学、文化学、文艺理论和犯罪心理学,也在不同程度上运用无意识的观点说明问题。甚至在经济领域中,人们为了追求利益,在商品设计和制造中也在一定程度上注意满足人们无意识心理方面的需求。无意识问题几乎成了无所不在的问题。

人类具有无意识的问题，对于马克思主义者来说，并不是不可思议的。马克思主义是承认人是从古猿进化而成的。因此作为古猿后代的人类，身上具有的本能性行为和"动物心理"都是十分自然的。马克思曾经说过："任何人类历史的前提无疑是有生命的个人存在。因此，第一个需要确定的事实就是这些个人的本体组织，以及受肉体组织制约的他们与自然的关系。"列宁说过："本能的人，即野蛮的人没有把自己同自然界区分开来。自觉的人则区分开来了。"在这里列宁实际上把原始人看作精神上大体还处在本能和无意识水平上。如果人们正视这些问题，做出理论的说明，马克思主义的科学的无意识的理论就会应运而生。而只有用马克思主义科学的无意识理论为工具，才能评判出弗洛伊德主义的理论是非。

但是，不幸的是，长期以来，人们由于囿于某种理论上的成见，讲人只讲人的社会性，不讲人的自然性，讲精神只讲意识不讲无意识。于是社会人因没有自然人的承载成了悬空的人，意识没有无意识为依托成了半截子精神。正是由于基本理论不彻底，精神领域中的许多实际问题也不可能得到有效的解决。

弗洛伊德主义的无意识理论前后相承和广泛流传的事实提醒我们，无意识的问题绝不是一个无意义的问题，更不是什么旁门左道的问题，而是哲学精神论中的一个不可或缺的重要的理论问题，缺了它，哲学必然残缺不全。因此以马克思主义为指导，对无意识问题进行深入研究和科学说明是无法回避的了。

研究无意识问题需要多方面的协同。首先由经验科学部门如生理学、心理学、人类学和文化学等部门在充分研究基础上提供出可能的实际资料，再由哲学部门在这些资料的基础上，深入思考和加工以求得理论上的正确概括。

附录

范汉森先生论著目录

一、论文类

1.《我爱我师,我又爱真理》,甘肃日报,1979 年 5 月 27 日。

2.《培根哲学认识论是唯物主义实践论》,《甘肃社会科学》,1979 年第三期。

3.《试论亚里士多德的中道伦理观》,《西方哲学史研究集刊》第四集,中国社会科学院,1980 年。

4.《毛泽东人民群众观的应用和发展》,收入《毛泽东哲学思想研究》,甘肃人民出版社,1982 年。

5.《积极的宣传和践行社会主义的人道主义》,《甘肃理论学习》,1984 年增刊。

6.《论责任制的道德意义》,《甘肃理论学习》,1985 年第二期。

7.《论文明是人们对自己本质的自觉》,《西北师范学院学报》,1987 年第二期,人大复印资料转载。

8.《佛罗伊德精神分析哲学述评》,《甘肃理论学刊》,1988 年,人大复印资料全文复印。

9.《树立科学的思维方式,增强建设主体力量》,收入《建设有中国特色社会主义基本理论与实践》,甘肃人民出版社,1989 年。

10.《结构主义》,收入《西方哲学史稿》下册,中央党校出版社,1990 年。

11.《邓小平在新时期坚持和发展了毛泽东哲学思想》,收入《毛泽东哲学思想与当代中国现实》,甘肃人民出版社,1991年。

12.《强化社会主义意识形态,推动社会主义事业前进》,《学习动态(甘肃)》,1991年第十期。

13.《对立面协调和谐与矛盾的正确调处》,《甘肃理论学刊》,1991年第五期。

14.《中华民族是富有珍贵道德遗产的民族》,收入《中华文化与民族精神》,甘肃人民出版社1992年。

15.《恩格斯论历史和逻辑的统一释义》,收入《马克思主义哲学经典文选导读》,甘肃人民出版社,1993年。

16.《普列汉诺夫论个人在历史上的作用问题导读》,收入《马克思主义哲学经典文选导读》,甘肃人民出版社,1993年。

17.《学习邓小平同志的革命风格科学态度和创新精神》,收入《邓小平建设有中国特色社会主义理论研究》,甘肃文化出版社,1994年。

18.《市场经济模式与甘肃经济改革》,《经济管理研究》,1994年第四期。

19.《邓小平与生产力理论》,收入《邓小平理论——建设有中国特色社会主义实践》,中共中央党校出版社,1995年。

20.《试论邓小平价值论的基本骨架》,《甘肃理论学刊》,1995年第六期。

21.《西部市场经济理论的哲学基础》,《新视野》,1996年第六期,人大复印资料全文转载。

22.《学习哲学,尤其要讲实效》,收入《中国特色社会主义文库》,团结出版社,1997年。

23.《西部大开发中的若干矛盾关系》,全国经济哲学研讨会约稿,

1998 年。

24.《西部发展与西部人口的现代化》,收入《人口现代化——建设有中国特色社会主义》,中共中央党校出版社,1998 年。

25.《经济价值理论的重估》,收入全国经济哲学研讨会论文集《经济哲学—经济观念与市场调整》,云南人民出版社,2000 年 5 月。

26.《胡塞尔和现象学运动》,收入《当代西方哲学思潮》,甘肃人民出版社,2001 年。

27.《英国经验主义—关于认识论发生的哲学》,收入《西方哲学史稿》,甘肃人民出版社 2003 年。

28.《大陆理性主义关于认识的升华的哲学》,收入《西方哲学史稿》,甘肃人民出版社 2003 年。

29.《培根哲学—知识价值论的早期形态》,收入《西方哲学史稿》,甘肃人民出版社 2003 年。

30.《斯宾诺莎哲学—近代辩证法发展的重要环节》,收入《西方哲学史稿》,甘肃人民出版社 2003 年。

二、论著和译作

1. 翻译《人口学基础》【威廉·杰斐逊】,与兰州大学《人口研究》合作。本人承担约 16 万字。甘肃人民出版社 1984 年出版。

2. 翻译《关于我的哲学》【雅斯贝尔斯】发表于北京大学《强国学习》,1988 年第五期。

3. 主编《建设有中国特色社会主义基本理论与实践》,甘肃人民出版社,1989 年 3 月。

4. 主编《马克思主义哲学专题 14 讲》,中共甘肃省委党校内部发行,1990 年。

5. 主编《毛泽东哲学思想与当代中国实践》,甘肃人民出版社

1991 年。

6. 主编《农村社会主义精神文明建设讲座》,甘肃人民出版社 1993 年 10 月。

7. 主编《马克思主义哲学经典文选导读》,甘肃人民出版社 1993 年。

8. 主编《马克思主义哲学原理》,甘肃文化出版社 1995 年。

9. 主编《当代西方哲学思潮》,人民出版社 2001 年。

10. 主编《西方哲学史稿》,甘肃人民出版社 2003 年。

《陇上学人文存》已出版书目

第一辑

《马　通卷》马亚萍编选　　《支克坚卷》刘春生编选
《王沂暖卷》张广裕编选　　《刘文英卷》孔　敏编选
《吴文翰卷》杨文德编选　　《段文杰卷》杜琪　赵声良编选
《赵俪生卷》王玉祥编选　　《赵逵夫卷》韩高年编选
《洪毅然卷》李　骅编选　　《颜廷亮卷》巨　虹编选

第二辑

《史苇湘卷》马　德编选　　《齐陈骏卷》买小英编选
《李秉德卷》李瑾瑜编选　　《杨建新卷》杨文炳编选
《金宝祥卷》杨秀清编选　　《郑　文卷》尹占华编选
《黄伯荣卷》马小萍编选　　《郭晋稀卷》赵逵夫编选
《喻博文卷》颜华东编选　　《穆纪光卷》孔　敏编选

第三辑

《刘让言卷》王尚寿编选　　《刘家声卷》何　苑编选
《刘瑞明卷》马步升编选　　《匡　扶卷》张　堡编选
《李鼎文卷》伏俊琏编选　　《林径一卷》颜华东编选
《胡德海卷》张永祥编选　　《彭　铎卷》韩高年编选
《樊锦诗卷》赵声良编选　　《郝苏民卷》马东平编选

第四辑

《刘天怡卷》赵　伟编选　　　《韩学本卷》孔　敏编选
《吴小美卷》魏韶华编选　　　《初世宾卷》李勇锋编选
《张鸿勋卷》伏俊琏编选　　　《陈　涌卷》郭国昌编选
《柯　杨卷》马步升编选　　　《赵荫棠卷》周玉秀编选
《多识·洛桑图丹琼排卷》杨士宏编选
《才旦夏茸卷》杨士宏编选

第五辑

《丁汉儒卷》虎有泽编选　　　《王步贵卷》孔　敏编选
《杨子明卷》史玉成编选　　　《尤炳圻卷》李晓卫编选
《张文熊卷》李敬国编选　　　《李　恭卷》莫　超编选
《郑汝中卷》马　德编选　　　《陶景侃卷》颜华东　闫晓勇编选
《张学军卷》李朝东编选　　　《刘光华卷》郝树声　侯宗辉编选

第六辑

《胡大浚卷》王志鹏编选　　　《李国香卷》艾买提编选
《孙克恒卷》孙　强编选　　　《范汉森卷》李君才　刘银军编选
《唐　祈卷》郭国昌编选　　　《林家英卷》杨许波　庆振轩编选
《霍旭东卷》丁宏武编选　　　《张孟伦卷》汪受宽　赵梅春编选
《李定仁卷》李瑾瑜编选　　　《赛仓·罗桑华丹卷》丹　曲编选